The Delights of
Learning Turkish

Companion Workbook

Practice Book
for Learners of Turkish

With Answer Key

Beginner to Intermediate

Yaşar Esendal Kuzucu

Front cover photo: © Depositphotos.com/yavuzsariyildiz
Back cover photo: © Depositphotos.com/Koraysa

To my Dear Wife Shirley

Acknowledgements

I would like to say thank you to Evan Harrel and Nusret Demirkan for proofreading and editing my book.
I would also like to say thank you to my wife Shirley for her support and help.
And I would like to say thank you to A. Gill Miles and Christine Brailey for their precious support.

Contents

Contents

Contents

About the author

Yaşar Esendal Kuzucu is the author of the best-selling Turkish language self-study course book, *'The Delights of Learning Turkish'*.

He has extensive experience of teaching and lecturing in both English and Turkish. He taught English at high school and Ankara University before setting up courses for learners of Turkish in Turkey.

He has translated novels from English to Turkish including *Jonathan Livingston Seagull* by Richard Bach *(Martı, published 1994)*; *Of Mice and Men* by John Steinbeck *(Fareler ve İnsanlar, published 1995)* and *The Zürau Aphorisms* by Kafka from its English edition *(Aforizmalar, published 1997)*. He has also written a series of storybooks for children in English and grammar books for students of English in Turkey, published 1996. He is the author of *'The Delights of Learning Turkish: A self-study course book for learners of Turkish'*, published 2014 and *'The Delights of Learning Turkish: Companion Workbook - Exercise book for Learners of Turkish'*, published 2020.

He is currently an interpreter and linguist living in England where he has continued his own Turkish classes.

About the book

This is a supplementary workbook to accompany the comprehensive self-study course book, *'The Delights of Learning Turkish'* which has been the most popular Turkish language book since it was first published in 2014.

And now, this workbook is a great companion to the main course book, which will let you practise and reinforce your knowledge of Turkish language across a wide range of exercises. It is easy and practical to use where you can write your answers directly in the book and check them in the *'Key to the exercises'* section.

The book consists of exercises parallel to the knowledge presented in the main course book, *'The Delights of Learning Turkish'*, following the same unit order. The exercises in each unit are based on the grammar explanations, language points, tense forms, sentence structures and vocabulary covered in the corresponding unit in the main book. There is also new vocabulary added to the exercises.

Although this workbook is primarily a companion to *'The Delights of Learning Turkish: A self-study course book for learners of Turkish'*, it is also designed to function as a stand-alone practice and refreshing reference book for a wide range of learners from beginner to advanced levels who want to test and reinforce their Turkish language skills.

In the book, each unit starts with a conversation or text following the explanation of the vocabulary used in that reading section. And respectively, there are comprehension questions to answer and statements to mark as true or false to help you practise your understanding of the conversation or the text. The exercises follow as:

- Completing conversations
- Filling in the blanks
- Putting sentences in the correct order
- Practising the tense forms of the verbs
- Answering questions
- Practising and learning new vocabulary
- Matching questions and answers
- Practising daily expressions
- Answering yes-no questions
- Practising suffixes
- Filling in the blanks to complete sentences
- Filling in the blanks with the tense forms of the verbs
- Matching statements in Turkish and English
- Using verb forms in sentences
- Matching words in Turkish and English
- Using the question particle in the right place
- Translating statements from English to Turkish and Turkish to English
- Practising the positive, negative, question and negative question forms of the verbs in different tenses

After the exercises, you will find the answer key. There are also *'Turkish - English'* and *'English - Turkish'* glossary sections, revised and extended with added more vocabulary to the existing one which is in the main course book.

At the end of the book, you will find the *'Notes'* section which consists of ruled, blank pages where you can take your notes directly in the book to help your study.

If you do not remember a grammar rule, a tense form or a sentence structure used in these exercises, you can refer to the main course book, *'The Delights of Learning Turkish',* for all the explanations to refresh your knowledge.

As you already know, although Turkish seems to be a difficult language to learn because of its different grammar structure, it is quite easy with its own systematic rules. When you apply these rules, the learning process will mostly depend on practising. This supplementary practice book will add more practice to your study, reinforce and improve your Turkish language skills with a variety of exercise types and help you feel more confident in using the language.

Good luck!

Unit 1

Exercises

A. Read the conversation and answer the questions.

Aylin ve Peter
Aylin and Peter

Aylin and Peter live in Fethiye, Turkey. They are a married couple. They are in a bank, opening an account, and in the meantime, they are having a friendly chat with the customer representative.

Görevli	"İyi günler. Hoş geldiniz. Nasılsınız?"
Aylin	"İyi günler. Hoş bulduk. İyiyiz, teşekkür ederiz. Siz nasılsınız?"
Görevli	"Ben de iyiyim. Teşekkür ederim. Adınız ve soyadınız lütfen."
Aylin	"Adım Aylin. Soyadım Adams."
Peter	"Benim adım Peter. Benim de soyadım Adams. Evliyiz."
Görevli	"Memnun oldum. Nerelisiniz? Nerede oturuyorsunuz?"
Aylin	"Ben Antalyalıyım. Fethiye'de oturuyorum."
Peter	"Ben Yorkluyum. Ben de Türkiye'de, Fethiye'de oturuyorum."
Görevli	"Çok iyi. Ben Muğlalıyım. Ben de Fethiye'de oturuyorum. Milliyetiniz ne? Türk müsünüz?"
Aylin	"Ben Türk'üm."
Peter	"Ben Türk değilim. İngiliz'im."
Görevli	"Ne iş yapıyorsunuz?"
Peter	"Ben emekliyim."
Aylin	"Ben hemşireyim."
Görevli	"Çok memnun oldum."
Peter	"Biz de çok memnun olduk."
Görevli	"Fethiye çok sıcak, değil mi?"
Peter	"Evet, çok sıcak, ama çok güzel. Türkiye ve Fethiye çok güzel."

görevli - *employee, staff, officer, attendant*
iyi günler - *good day*
hoş geldiniz - *welcome*
nasılsınız? - *how are you?*
hoş bulduk - *thanks for your welcome*
teşekkür ederiz - *(we) thank you*
iyi - *good, well*
ad - *name*
adınız - *your name*
soyadınız - *your surname*
teşekkür ederim - *(I) thank you*
ne iş yapıyorsunuz? - *what's your job?*
Fethiye'de oturuyorum - *I live in Fethiye*
nerede oturuyorsunuz? - *where do you live?*
-(y)im, -sin, -(y)iz, -siniz, -ler - *personal endings*

Türkiye - *Turkey*
Türk - *Turkish (person)*
lütfen - *please*
soyadı - *surname*
soyadım - *my surname*
memnun oldum - *I am pleased*
memnun olduk - *we are pleased*
evli - *married*
evliyiz - *we are married*
nerelisiniz? - *where are you from?*
Antalyalı - *a person from Antalya*
-de, -da - *at, on, in*
de, da - *too, as well, and*
çok - *very, many, a lot, much, plenty*
ama - *but*

benim adım - *my name*	**benim** - *my*	**iş** - *job, work, business*
milliyetiniz - *your nationality*	**milliyet** - *nationality*	**-y-** - *buffer letter*
İngiliz - *English (person)*	**emekli** - *retired*	**ve** - *and*
siz - *you (plural, singular formal)*	**gün** - *day*	**hemşire** - *nurse*
Yorklu - *a person from York*	**günler** - *days*	**nerede?** - *where (at)?*
Muğlalı - *a person from Muğla*	**biz** - *we*	**sıcak** - *hot*
güzel - *beautiful, good, well, nice*	**ben** - *I*	**değil** - *not*
mi, mı, mü, mu - *question particle*	**ne?** - *what?*	**değil mi?** - *is it not?*

1. Aylin evli mi? ....
2. Peter Türk mü? ....
3. Aylin Fethiyeli mi? ....
4. Görevli İstanbullu mu? ....
5. Fethiye sıcak mı? ....
6. Aylin emekli mi? ....
7. Aylin hemşire mi? ....

B. Read the conversation in exercise *A*. Mark as (D) 'doğru' *(true)* or (Y) 'yanlış' *(false)*.

1. Peter evli değil. **(D)**   **(Y)**
2. Aylin evli. **(D)**   **(Y)**
3. Aylin hemşire değil. **(D)**   **(Y)**
4. Aylin Antalyalı. **(D)**   **(Y)**
5. Peter Fethiyeli. **(D)**   **(Y)**
6. Görevli Muğlalı değil. **(D)**   **(Y)**
7. Peter Türk değil. **(D)**   **(Y)**

C. Write the questions in Turkish.

1. What is your name? *(informal)* ....
2. What is your name? *(formal)* ....
3. Where are you from? *(informal)* ....
4. Where are you from? *(formal)* ....
5. Where do you live? *(informal)* ....
6. Where do you live? *(formal)* ....
7. What is your job? *(informal)* ....
8. What is your job? *(formal)* ....

D. Put the following sentences in the correct order to turn them into a dialogue between two people.

1. .... a. Ben de iyiyim sağ ol.
2. .... b. Sen de. Hoşça kal Kenan.
3. .... c. Merhaba Kenan, nasılsın?
4. .... d. Görüşürüz Aysel, kendine iyi bak.
5. .... e. Teşekkürler. İyiyim, Aysel. Sen nasılsın?

E. Use the phrases on the right in the correct order to fill in the blanks in the conversation.

Cem	"Merhaba! Nasılsınız?"	a.	"Ben Yorkluyum."
Mary	"(1) ...."	b.	"Milliyetiniz ne?"
Cem	"Ben de iyiyim. Teşekkür ederim."	c.	"Benim adım Mary. Nerelisiniz?"
Mary	"(2) ...."	d.	"İyiyim. Teşekkür ederim. Siz nasılsınız?"
Cem	"Adım Cem. Sizin adınız ne?"	e.	"Ben İngiliz'im."
Mary	"(3) ...."	f.	"Adınız ne?"
Cem	"Ben Bodrumluyum. Siz nerelisiniz?"	g.	"Ben de çok memnun oldum. Görüşürüz."
Mary	"(4) ...."	h.	"Fethiye'de oturuyorum. Siz nerede oturuyorsunuz?"
Cem	"Nerede oturuyorsunuz?"		
Mary	"(5) ...."		
Cem	"Ben de Fethiye'de oturuyorum."		
Mary	"(6) ...."		
Cem	"Ben Türk'üm. Sizin milliyetiniz ne?"		
Mary	"(7) ...."		
Cem	"Çok memnun oldum. Görüşürüz."		
Mary	"(8) ...."		

F. Fill in the blanks with the correct form of the personal endings '-(y)im', '-sin', '-(y)iz', '-siniz' or '-ler' as in the examples.

gitarist

(ben) Gitarist**im**........
(sen) Gitarist............
(o) Gitarist.
(biz) Gitarist............
(siz) Gitarist............
(onlar) Gitarist(............)

mimar

(ben) Mimar............
(sen) Mimar............
(o) Mimar.
(biz) Mimar............
(siz) Mimar**siniz**....
(onlar) Mimar(............)

postacı

(ben) Postacı............
(sen) Postacı............
(o) Postacı.
(biz) Postacı**yız**......
(siz) Postacı............
(onlar) Postacı(............)

aktör

(ben) Aktör............
(sen) Aktör**sün**......
(o) Aktör.
(biz) Aktör............
(siz) Aktör............
(onlar) Aktör(............)

komşu

(ben) Komşu............
(sen) Komşu............
(o) Komşu.
(biz) Komşu............
(siz) Komşu............
(onlar) Komşu(**lar**......)

garson

(ben) Garson değil**im**........
(sen) Garson değil............
(o) Garson değil.
(biz) Garson değil............
(siz) Garson değil............
(onlar) Garson değil(............)

sizin - *your (plural, singular formal)*
görüşürüz - *see you*
gitarist - *guitarist*
mimar - *architect*
postacı - *postman, postwoman*

aktör - *actor*
komşu - *neighbour*
garson - *waiter*

gazeteci		hazır		genç	
(ben)	Gazeteci değil..........	(ben)	Hazır ....?	(ben)	Genç değil .miyim.....?
(sen)	Gazeteci değil..........	(sen)	Hazır ....?	(sen)	Genç değil ....?
(o)	Gazeteci değil.	(o)	Hazır ....?	(o)	Genç değil ....?
(biz)	Gazeteci değiliz........	(biz)	Hazır ....?	(biz)	Genç değil ....?
(siz)	Gazeteci değil..........	(siz)	Hazır ....?	(siz)	Genç değil ....?
(onlar)	Gazeteci değil(.........)	(onlar)	Hazır(.lar..) .mı..?	(onlar)	Genç değil(.......) ......?

gazeteci - *journalist*
hazır - *ready*

genç - *young*

G. Fill in the blanks with the personal pronouns 'ben' (I), 'sen' (you), 'o' (he, she, it), 'biz' (we), 'siz' (you) or 'onlar' (they).

Example: ..Ben.. Ankaralıyım.

1. .... müdür değil mi?
2. .... başarılısın.
3. .... memur değiliz.
4. .... futbolcu değil misin?
5. .... işçi mi?
6. .... eczacıyım.
7. .... aktör mü?
8. .... kuaför müsün?
9. .... garson mu?
10. .... hostes değiliz.
11. .... arkadaşız.
12. .... yolcuyuz.
13. .... yaşlı değilsiniz.
14. .... aşçı mısın?
15. .... üyeyiz.
16. .... çok güzelsin.

müdür - *manager*	**eczacı** - *chemist (pharmacist)*	**yolcu** - *passenger*
başarılı - *successful*	**kuaför** - *hairdresser, hairdresser's*	**yaşlı** - *old (person)*
memur - *officer, clerk*	**hostes** - *hostess, stewardess*	**aşçı** - *cook*
futbolcu - *footballer*	**arkadaş** - *friend*	**üye** - *member*
işçi - *worker*		

H. Fill in the blanks with the question particle 'mi', 'mı', 'mü' or 'mu' to make questions as in the examples. Add the related personal endings where appropriate.

1. O Türk .mü....? *Is she/he Turkish?*
2. Hava soğuk .mu....? *Is the weather cold?*
3. Beş ....? *Is it five?*
4. Onlar arkadaş değil(ler) ....? *Are they not friends?*
5. Adam Muğlalı ....? *Is the man from Muğla?*
6. Karen İngiliz ....? *Is Karen English?*

7. Sabah ....? *Is it morning?*
8. Meltem doktor ....? *Is Meltem a doctor?*
9. Doğru değil ....? *Is it not correct?*
10. Yanlış ....? *Is it wrong?*
11. İyi değil ....? *Is it not good?*
12. O bir lamba ....? *Is it a lamp?*
13. Elbise pahalı değil ....? *Is the dress not expensive?*
14. Gömlek ucuz ....? *Is the shirt cheap?*
15. Nilgün şoför ....? *Is Nilgün a driver?*
16. Oda boş ....? *Is the room vacant?*
17. Mutsuz ....? *Are you unhappy?*
18. İyi değil ....? *Are you not well?*
19. Kötü ....? *Are you (feeling) bad?*
20. O aşçı ....? *Is she a cook?*
21. Araba yeşil ....? *Is the car green?*
22. Cem yakışıklı değil ....? *Is Cem not handsome?*
23. Türkçe kolay ....? *Is Turkish easy?*
24. Siz öğrenci ....? *Are you a student?*
25. O yorgun ....? *Is he tired?*

soğuk - *cold*
beş - *five*
lamba - *lamp*
bir - *one, a/an*
pahalı - *expensive*
Türkçe - *Turkish (language)*
sabah - *morning, in the morning*
boş - *empty, vacant, free*
doğru - *correct, straight, true*

elbise - *dress*
gömlek - *shirt*
ucuz - *cheap*
doktor - *doctor*
yanlış - *wrong, false*
şoför - *driver*
oda - *room*
mutsuz - *unhappy*
hava - *weather, air*

kötü - *bad*
araba - *car*
yeşil - *green*
adam - *man, guy, chap*
yakışıklı - *handsome*
kolay - *easy*
öğrenci - *student*
yorgun - *tired*

I. Fill in the blanks with the words below to complete the conversation.

hastayım / nasılsın / değilim / iyiyim / nasılsın / teşekkürler

Osman "Selam! Nasılsın?"
Nermin "İyiyim, teşekkürler. Sen (1) …………..……….…...?"
Osman "Ben de (2) …………..………......., sağ ol. Kenan sen (3) …………..…………......?"
Kenan "Ben iyi (4) …………..………......."
Osman "Hasta mısın?"
Kenan "Evet, (5) …………..…..……....?"
Nermin "Geçmiş olsun."
Kenan "(6) …………..……….....?"
Osman "Kendine iyi bak."
Kenan "Sağ ol. Sen de."

selam - *hi*
teşekkürler - *thanks (informal)*
sağ ol - *thanks, ta (more informal)*

hasta - *sick, ill, patient*
geçmiş olsun - *get well soon*
kendine iyi bak - *take (good) care (of yourself)*

J. Match the daily Turkish expressions with their English meanings.

1. hoş geldin		a.	*see you*
2. lütfen		b.	*hi*
3. özür dilerim		c.	*thanks*
4. tamam		d.	*say hello*
5. evet		e.	*no*
6. görüşürüz		f.	*hello*
7. bir şey değil		g.	*(I'm) sorry, I apologize*
8. hayır		h.	*OK, all right*
9. hoş bulduk		i.	*yes*
10. kendine iyi bak		j.	*welcome*
11. hoşça kal		k.	*take care*
12. geçmiş olsun		l.	*have a nice day*
13. selam		m.	*not at all*
14. teşekkür ederim		n.	*good morning*
15. günaydın		o.	*please*
16. merhaba		p.	*thanks for your welcome*
17. iyi akşamlar		q.	*goodbye*
18. teşekkürler		r.	*get well soon*
19. iyi günler		s.	*thank you*
20. selam söyle		t.	*good evening*

K. Write the numbers in Turkish.

a. 92 ....
b. 76 ....
c. 471 ....
d. 2.803.798 ....
e. 345.543 ....
f. 680.314 ....
g. 539.444 ....

L. Answer the questions with 'evet' *(yes)* and 'hayır' *(no)* in full sentences.

1. Bugün hava kapalı mı?

Evet, ...

Hayır, ...

2. Ev temiz mi?

Evet, ...

Hayır, ...

bugün - *today*
kapalı - *closed, overcast*
ev - *house, home*
temiz - *clean*

M. Make plurals as in the examples.

harita	*haritalar*	papatya	....
misafir	....	gelincik	....
dağ	....	şeker	*şekerler*
lokanta	....	kadın	....
cadde	....	bıçak	....
bakkal	....	aile	....
diş	*dişler*	soru	*sorular*
erkek	....	yüzük	....
sayı	....	yaprak	....
mısır	....	hayat	....
kahve	....	raf	....
öğretmen	....	taksi	....
para	....	su	....
tencere	....	çay	....
koltuk	....	dolap	....

harita - *map*
misafir - *guest*
dağ - *mountain*
lokanta - *restaurant*
cadde - *street, avenue*
bakkal - *grocery store, grocer*
diş - *tooth*
erkek - *man*
sayı - *number*
mısır - *corn*
kahve - *coffee*
öğretmen - *teacher*
para - *money*
tencere - *saucepan*
koltuk - *armchair, seat*

papatya - *daisy*
gelincik - *poppy*
şeker - *sugar*
kadın - *woman*
bıçak - *knife*
aile - *family*
soru - *question*
yüzük - *ring*
yaprak - *leaf*
hayat - *life*
raf - *shelf*
taksi - *taxi*
su - *water*
çay - *tea*
dolap - *cupboard*

N. Make the statements negative.

1. Bugün çok mutluyum. ....
2. Mehmet bir satıcı(dır). ....
3. Sorular zor. ....
4. Kutu boş ve hafif. ....
5. Nilgün sarışın(dır). ....
6. Torbalar dolu ve ağır. ....

mutlu - *happy*
satıcı - *salesman*
ağır - *heavy, slow*
-dir, -dır, -dür, -dur - *am, is, are*

hafif - *light*
zor - *difficult*
sarışın - *blonde*
torba - *carrier bag*

dolu - *full*

O. Translate the following into English. What's the difference?

1. Nasılsın? ....
2. Nasılsınız? ....

3. Adın ne? ....
4. Adınız ne? ....

P. Practise your vocabulary. Fill in with the corresponding language.

Turkish	English
bugün	....
....	house, home
....	yes
....	woman
lokanta	....
cadde	....
....	man
....	family
sayı	....
....	tea
....	friend
....	dress
ve	....
adam	....
....	morning
....	lamp
komşu	....
....	room
....	student
....	cold
postacı	....
sıcak	....
....	passenger
....	married
kuaför	....
....	what
merhaba	....
nerede	....

Unit 2

Exercises

A. Read the text and answer the questions in full sentences.

Pelin ne yapıyor?
What is Pelin doing?

Pelin bir danışman. Bir bilgisayar firmasında çalışıyor. Ankara'da oturuyor. Bekâr, yalnız yaşıyor. Sabahları altıda kalkıyor. Kahvaltıdan önce duş alıyor ve giyiniyor. Sonra kahvaltı ediyor. Kahvaltıdan sonra gazete okuyor. Daha sonra hazırlanıyor ve dışarı çıkıyor. Akşamleyin eve yedide geliyor. Önce biraz koşuyor, sonra yemek yiyor ve bilgisayarda çalışıyor. Bazen dışarı çıkıyor, bazen arkadaşları geliyor ve eğleniyorlar. Yemek yiyorlar, müzik dinliyorlar ve sohbet ediyorlar. Cumartesi günleri alışveriş yapıyor. Pazarları evde ev işi yapıyor. Gece geç yatıyor, ama yine erken kalkıyor.

danışman - *consultant*
bilgisayar - *computer*
firma - *firm, company*
bilgisayar firması - *computer firm*
bilgisayar firmasında - *at (a) computer firm*
çalışmak - *to work, to study*
oturmak - *to sit, to live (reside)*
bekâr - *single (unmarried)*
yalnız - *alone, on one's own, lonely*
yaşamak - *to live*
sabahları - *in the mornings*
altıda - *at six*
kalkmak - *to get/stand up, to depart, to take off*
duş almak - *to take a shower*
giyinmek - *to get dressed*
kahvaltı - *breakfast*
kahvaltı etmek - *to have breakfast*
yapmak - *to do, to make*
önce - *first, firstly, ago, before*
sonra - *later, then, after*
-den önce, -dan önce - *before ....*
-den sonra, -dan sonra - *after ....*
gazete - *newspaper*
okumak - *to read*
hazırlanmak - *to get ready/prepared*
dışarı - *out, outside, outwards*
dışarı çıkmak - *to go out*
akşamleyin - *in the evening*
yemek yemek - *to have (eat) a meal*
'-iyor', '-ıyor', '-üyor', '-uyor' - *-ing (suffixes for 'present continuous tense' in Turkish)*
çıkmak - *to go/come out, to come off, to go up, to go out on a date*

-e / -a - *to*
eve - *to home (literally)*
evde - *at home*
gelmek - *to come, to arrive*
biraz - *a little, some*
koşmak - *to run*
yemek - *meal, to eat*
bilgisayarda - *on the computer*
bazen - *sometimes, occasionally*
arkadaşları - *her/his/their friends*
eğlenmek - *to have fun*
müzik - *music*
dinlemek - *to listen*
sohbet etmek - *to chat*
cumartesi - *Saturday, on Saturday*
cumartesi günleri - *on Saturdays*
alışveriş - *shopping*
alışveriş yapmak - *to do shopping*
pazar - *Sunday, on Sunday, market, bazaar*
pazarları - *on Sundays*
ev işi - *housework*
gece - *night, at night*
geç - *late*
yine - *again*
erken - *early*
daha sonra - *later on*
yatmak - *to go to bed, to lie down*

1. Pelin bir danışman mı? ....
2. Pelin evli mi? ....
3. Pelin nerede oturuyor? ....
4. Pelin kahvaltıdan sonra ne yapıyor? ....
5. Pelin cumartesi günleri ne yapıyor? ....
6. Pelin pazarları ne yapıyor? ....

B. Read the text in exercise *A*. Mark as (D) 'doğru' *(true)* or (Y) 'yanlış' *(false)*.

1. Pelin bekâr değil. **(D)** **(Y)**
2. Pelin Ankara'da oturmuyor. **(D)** **(Y)**
3. Pelin yalnız yaşamıyor. **(D)** **(Y)**
4. Pelin kahvaltıdan sonra duş alıyor ve giyiniyor. **(D)** **(Y)**
5. Pelin akşamleyin bazen dışarı çıkıyor. **(D)** **(Y)**
6. Pelin erken kalkmıyor. **(D)** **(Y)**

C. Add the suffixes '-iyor', '-ıyor', '-üyor' or '-uyor' and the relevant personal endings to the verbs to make sentences in *present continuous tense* as in the examples.

içmek

(ben) Çok su ....
(sen) Çok su *içiyorsun*.....................
(o)   Çok su ....
(biz) Çok su ....
(siz) Çok su ....
(onlar) Çok su .... /
....

seyretmek

(ben) Film ....
(sen) Film ....
(o)   Film ....
(biz) Film ....*seyrediyoruz*............
(siz) Film ....
(onlar) Film .... /
....

yemek

(ben) Şimdi yemek .*yiyorum*...........
(sen) Şimdi yemek ....
(o)   Şimdi yemek ....
(biz) Şimdi yemek ....
(siz) Şimdi yemek ....
(onlar) Şimdi yemek .... /
....

yıkamak

(ben) Bugün çamaşır ....
(sen) Bugün çamaşır ....
(o)   Bugün çamaşır .*yıkıyor*.........
(biz) Bugün çamaşır ....
(siz) Bugün çamaşır ....
(onlar) Bugün çamaşır .... /
....

yürümek

(ben) Her sabah ....
(sen) Her sabah ....
(o)   Her sabah ....
(biz) Her sabah ....
(siz) Her sabah ....
(onlar) Her sabah .*yürüyor*....... /
.*yürüyorlar*.........

koşmak

(ben) Her pazar ....
(sen) Her pazar ....
(o)   Her pazar ....
(biz) Her pazar ....
(siz) Her pazar .....*koşuyorsunuz*.......
(onlar) Her pazar .... /
....

içmek - *to drink*
şimdi - *now, at the moment*
yıkamak - *to wash*
seyretmek - *to watch*
çamaşır - *laundry, underwear*
çamaşır yıkamak - *to do the washing*

her - *every*
yürümek - *to walk*
film - *film, movie*
her sabah - *every morning*

D. Add the suffixes '-iyor', '-ıyor', '-üyor' or '-uyor' and the relevant personal endings to the verbs to make negative sentences in *present continuous tense* as in the examples.

seyretmek

(ben) Televizyon ....
(sen) Televizyon ....
(o) Televizyon .seyretmiyor............
(biz) Televizyon ....
(siz) Televizyon ....
(onlar) Televizyon .... /
....

çıkmak

(ben) Yarın dışarı .çıkmıyorum.....
(sen) Yarın dışarı ....
(o) Yarın dışarı ....
(biz) Yarın dışarı ....
(siz) Yarın dışarı ....
(onlar) Yarın dışarı .... /
....

yüzmek

(ben) Her gün ....
(sen) Her gün ....
(o) Her gün ....
(biz) Her gün .yüzmüyoruz.........
(siz) Her gün ....
(onlar) Her gün .... /
....

uyumak

(ben) Şu anda ....
(sen) Şu anda ....
(o) Şu anda ....
(biz) Şu anda ....
(siz) Şu anda ....
(onlar) Şu anda .uyumuyor............ /
.uyumuyorlar......

televizyon - *television*
her gün - *every day*
yarın - *tomorrow*

uyumak - *to sleep*
yüzmek - *to swim*
şu anda - *at the moment, now*

E. Add the suffixes '-iyor', '-ıyor', '-üyor' or '-uyor' and the relevant personal endings to make sentences in question form in *present continuous tense* as in the examples.

içmek

(ben) Sigara ....?
(sen) Sigara .içiyor musun...........?
(o) Sigara ....?
(biz) Sigara ....?
(siz) Sigara ....?
(onlar) Sigara ....? /
...............................?

çalışmak

(ben) Şimdi ....?
(sen) Şimdi ....?
(o) Şimdi ....?
(biz) Şimdi ....?
(siz) Şimdi ....?
(onlar) Şimdi .çalışıyor mu........? /
.çalışıyorlar mı......?

sürmek

(ben)	Araba ....?
(sen)	Araba ....?
(o)	Araba ......*sürüyor mu*......?
(biz)	Araba ....?
(siz)	Araba ....?
(onlar)	Araba ....? / ....?

konuşmak

(ben)	.............................?
(sen)	.............................?
(o)	.............................?
(biz)	.............................?
(siz)	*Konuşuyor musunuz*......?
(onlar)	.........................? / ....?

sigara içmek - *to smoke a cigarette*
konuşmak - *to speak, to talk*
sürmek - *to drive/ride, to last, to rub, to spread, to put on (perfume)*

sigara - *cigarette*

F. Add the suffixes '-iyor', '-ıyor', '-üyor' or '-uyor' and the relevant personal endings to make sentences in negative question form in *present continuous tense* as in the examples.

sevmek

(ben)	Çay ....?
(sen)	Çay ..*sevmiyor musun*......?
(o)	Çay ....?
(biz)	Çay ....?
(siz)	Çay ....?
(onlar)	Çay ....? / ....?

oynamak

(ben)	Tenis ....?
(sen)	Tenis ....?
(o)	Tenis ....?
(biz)	Tenis ..*oynamıyor muyuz*......?
(siz)	Tenis ....?
(onlar)	Tenis ....? / ....?

düşünmek

(ben)	.............................?
(sen)	.............................?
(o)	.............................?
(biz)	.............................?
(siz)	..*Düşünmüyor musunuz*....?
(onlar)	.........................? / ....?

oturmak

(ben)	İzmir'de ....?
(sen)	İzmir'de ....?
(o)	İzmir'de ....?
(biz)	İzmir'de ....?
(siz)	İzmir'de ....?
(onlar)	İzmir'de ..*oturmuyor mu*......? / ..*oturmuyorlar mı*......?

sevmek - *to love, to like*
oynamak - *to play, to perform, to act*

tenis - *tennis*
düşünmek - *to think*

G. Fill in the blanks with the verbs in brackets using the suffixes '-iyor', '-ıyor', '-üyor' or '-uyor' as in the examples. Add the relevant personal endings to complete the sentences. Match the English meanings.

1. Bugün (gezmek) ....*geziyoruz*.................. *We are strolling today.*
2. Hiç (hatırlamak) .....*hatırlamıyorum*....... *I do not remember at all.*
3. Siz her yaz Türkiye'ye (gitmek) ....*gidiyor musunuz*.......? *Do you go to Turkey every summer?*
4. Dokuzdan sonra kitap (okumak) .... *I read a book after nine.*

5. Onlar yarın alışverişe (gitmek) .... *They are going shopping tomorrow.*
6. Öğleden önce Türkçe (çalışmak) .... *I study Turkish before noon.*
7. Öğleden sonra (gezmek) .... *I stroll in the afternoon.*
8. Önce (kahvaltı etmek) ...., sonra dışarı (çıkmak)
   .... *First, we are having breakfast, (and) later we are going out.*
9. Her gün bisiklete (binmek) .... *I ride a bike every day.*
10. Her sabah erken (kalkmak) .... *We get up early every morning.*
11. Akşamları geç (yatmak) ...., ama erken kalkıyoruz. *We go to bed late in the evenings, but we get up early.*
12. Ahmet İngilizce dersi (almak) .... *Ahmet is taking English lessons.*
13. Şu anda araba (sürmek) .... *She is driving a car at the moment.*
14. Şimdi yemek (yemek) .... *We are eating now.*
15. Biz (gitmek) .... Siz (gelmek) ....? *We are going. Aren't you coming?*
16. Ben sabahları çay (içmek) .... Kahve (sevmek) .... *I drink tea in the mornings. I do not like coffee.*
17. Sen kahve (sevmek) ....? *Do you like coffee?*
18. Her sabah (koşmak) .... *I do not run every morning.*
19. Cumartesi ve pazar sabahları (koşmak) .... *I run on Saturday and Sunday mornings.*
20. Lorenzo İtalya'da, Milano'da (oturmak) .... *Lorenzo lives in Milan, (in) Italy.*
21. Gelecek ay yeni bir araba (almak) .... *I am buying a new car next month.*
22. O Türkçe (öğrenmek) .... *She is learning Turkish.*
23. Hiç (konuşmak) .... *You are not talking at all.*
24. Sen Fanta (içmek) ....? *Are you not drinking Fanta?*
25. David ve Linda Amerikalı. Amerika'da, Atlanta'da (oturmak) .... *David and Linda are American. They live in Atlanta, in America.*
26. Susan biraz Türkçe (bilmek) .... *Susan knows a little Turkish.*
27. Nilgün kahvaltıdan önce diş (fırçalamak) .... Kahvaltıdan sonra diş (fırçalamak) .... *Nilgün does not brush teeth before breakfast. She brushes teeth after breakfast.*
28. Kuaför saç (fırçalamak) .... *The hairdresser is brushing hair.*
29. İyi günler (dilemek) .... *I wish you a nice/good day (have a nice day).*

hatırlamak - *to remember*
gitmek - *to go*
bisiklet - *bicycle*
yaz - *summer*
her yaz - *every summer*
yeni - *new, recently, recent, just now*
dokuz - *nine*
dokuzdan sonra - *after nine*
İngilizce - *English (language)*
İngilizce dersi - *English lesson*
kahvaltı etmek - *to have breakfast*
cumartesi sabahları - *(on) Saturday mornings*

İtalya - *Italy*
Milano - *Milan*
kitap - *book*
öğrenmek - *to learn, to find out*
Amerikalı - *American (person)*
Amerika - *USA, America*
bilmek - *to know*
fırçalamak - *to brush*
sabahleyin - *in the morning*
saç - *hair*
dilemek - *to wish*
ders - *lesson*

gelmek - *to come, to arrive*
ay - *month, moon*
pazar sabahları - *(on) Sunday mornings*
akşamları - *in the evenings*
gelecek - *future, next*
gelecek ay - *next month*
almak - *to take, to buy, to get, to receive*
alışverişe gitmek - *to go shopping*
öğleden önce - *before noon*
öğleden sonra - *afternoon, in the afternoon*
gezmek - *to tour, to stroll, to walk around*
hiç - *none, any, at all, nothing, never, ever*
binmek - *to get on/in a bus/car, to ride a bicycle/horse*
bisiklete binmek - *to ride a bicycle*

H. Match the time expressions with their corresponding meanings.

1. bu akşam	a. *in the afternoon*
2. bu sabah	b. *this morning*
3. her gece	c. *every month*
4. yarın	d. *in the mornings*
5. gelecek hafta	e. *in the morning*
6. her akşam	f. *every evening*
7. öğleden sonra	g. *every night*
8. öğleyin/öğlen	h. *this evening, tonight*
9. bu ay	i. *every week*
10. her ay	j. *tomorrow*
11. geceleyin	k. *next week*
12. sabahleyin	l. *at noon*
13. sabahları	m. *this month*
14. her hafta	n. *at night*

I. Write the *imperative* and *negative imperative* forms of the verbs as in the examples.

infinitive form		imperative form		imperative form (negative)	
beklemek	*to wait*	bekle	*wait*	bekleme	*do not wait*
kalmak	*to stay, to remain*	kal	*stay*	kalma	*do not stay*
görmek	*to see*	....	*see*	....	*do not see*
unutmak	*to forget*	....	*forget*	....	*do not forget*
girmek	*to go in, to enter*	....	*go in*	....	*do not go in*
denemek	*to try*	....	*try*	....	*do not try*
anlatmak	*to tell*	....	*tell*	....	*do not tell*
ödemek	*to pay*	....	*pay*	....	*do not pay*
gülmek	*to laugh*	....	*laugh*	....	*do not laugh*
söylemek	*to say, to sing*	....	*say*	....	*do not say*

J. Fill in the blanks with time expressions. Match the English meanings as in the example.

1. Alev ve Sedat ....*gelecek ay*...... evleniyorlar. *Alev and Sedat are getting married **next month**.*
2. .... ne yapıyorsun? *What are you doing **at the weekend**?*
3. .... dinleniyoruz. *We are resting **on Sundays**.*
4. Tren .... geliyor. *The train arrives **in the evening**.*
5. .... çalışıyor. Rahatsız etme. *He is studying **at the moment**. Do not disturb.*
6. .... yemek yemiyorum. *I am not eating **now**.*
7. .... çalışmıyor. *She is not working **this month**.*
8. Ben aşçıyım. .... yemek pişiriyorum. *I am a cook. I cook **every day**.*
9. .... tatile gidiyoruz. *We are going on holiday **tomorrow**.*
10. .... tiyatroya gidiyor musunuz? *Are you going to the theatre **this evening**?*
11. .... Türkçe çalışmıyor muyuz? *Are we not studying Turkish **today**?*
12. Biz .... kart oynuyoruz. *We play cards **every evening**.*

evlenmek - *to get married*
dinlenmek - *to rest*
tren - *train*
rahatsız etmek - *to disturb*
pişirmek - *to cook*
yemek pişirmek - *to cook meal*
tatil - *holiday*
tatile gitmek - *to go on holiday*
akşam - *evening, in the evening*
tiyatro - *theatre*
tiyatroya gitmek - *to go to the theatre*
kart - *card*
kart oynamak - *to play cards*

K. Match the daily expressions with their corresponding meanings.

1. buyurun
2. aferin
3. iyi yolculuklar
4. rica ederim
5. iyi tatiller
6. tebrikler
7. olur mu?
8. olur
9. olmaz
10. boş ver
11. ne haber?
12. iyilik
13. haydi
14. başın sağ olsun

a. *is that all right? / is it OK?*
b. *come on, let's ..., go on*
c. *how are things? / what's up?*
d. *never mind, forget it*
e. *here you are*
f. *I'm fine, goodness*
g. *well done*
h. *my condolences*
i. *you're welcome, not at all*
j. *have a nice journey*
k. *have a nice holiday*
l. *it is all right, OK*
m. *no, it is not all right*
n. *congratulations*

L. Translate the following into English. What's the difference?

1. sabah ....
2. sabahları ....

3. bugün ....
4. her gün ....

M. Practise your vocabulary. Fill in with the corresponding language.

Turkish	English
tatil	....
....	tomorrow
....	new
....	night
diş	....
kitap	....
....	newspaper
....	in the evening
bisiklet	....
....	music
....	every day
....	early
Türkçe	....
alışveriş	....
....	now
....	in the morning
İngilizce	....
....	late
....	today
....	to work
bekâr	....
bazen	....
....	to go
....	to come
biraz	....
....	week
saç	....
kalkmak	....

Unit 3

Exercises

A. Fill in the blanks with the *present continuous* form of the verbs in brackets using '-iyor', '-ıyor', '-üyor' or '-uyor' as in the example. Add the personal endings as well to complete the conversation.

Jane ve Robert Türkçe öğrenmek istiyorlar
Jane and Robert want to learn Turkish

Jane and Robert meet Demet at a tea garden by the sea in Fethiye while they are having tea and watching the sea. They are chatting.

Demet   "Türkiye'de mi (yaşamak) ..... yaşıyorsunuz .... **(a)** ?"

Jane   "Evet, biz Fethiye'de (oturmak) …….......................…… **(b)** . Bazen İngiltere'ye gidiyoruz."

Demet   "Türkçe (bilmek) ……................................ **(c)** . Oldukça iyi konuşuyorsunuz."

Robert   "Evet, biraz Türkçe biliyoruz. Hâlâ (öğrenmek) …….......................…… **(d)** ."

Jane   "Siz İngilizce (bilmek) …….......................…… **(e)** ?"

Demet   "Ben biraz (bilmek) …….......................…… **(f)** . Çok iyi bilmiyorum. Henüz öğreniyorum. İyi öğrenmek (istemek) …….......................…… **(g)** ."

Jane   "Biz evde Türkçe (çalışmak) …….......................…… **(h)** , ama kursa da gitmek istiyoruz. Sabah erken kalkıyoruz, kahvaltı (yapmak) …….......................……........ **(i)** , ondan sonra burada, deniz kıyısında çay (içmek) …….......................…… **(j)** . Garsonla Türkçe (konuşmak) …….......................…… **(k)** . Bazen yanlış (söylemek) …….......................…… **(l)** , garson (gülmek) …….......................…… **(m)** , ama bize yardımcı oluyor."

Robert   "Siz kursa gidiyor musunuz?"

Demet   "Gitmiyorum, ama gitmek (istemek) …….......................…… **(n)** Ben bazen yabancı arkadaşlarla biraz İngilizce pratik (yapmak) …….......................…… **(o)** , bazen de evde İngilizce (çalışmak) …….......................…… **(p)** ."

Jane   "Neyse, neden birlikte pratik yapmıyoruz?"

Demet   "Çok iyi fikir. Şimdi başlıyor muyuz?"

Jane   "Öyleyse, haydi! Hemen şimdi."

oldukça - *quite*	**-mek/-mak istemek** - *want to* .....
hâlâ - *still, yet*	**kurs** - *course*
henüz - *still, yet, just now*	**-le / -la** - *with, by*
burada - *here*	**garsonla** - *with the waiter*
deniz - *sea*	**yardımcı** - *helpful*
kıyı - *shore, coast*	**pratik yapmak** - *to practise*
deniz kıyısı - *seaside*	**birlikte, beraber** - *together*
bize - *to us*	**fikir** - *idea*
olmak - *to be, to happen, to become*	**başlamak** - *to start*
ondan sonra - *(and) then, after that, afterwards*	**pratik** - *practice*

istemek - *to want*
yardımcı olmak - *to be helpful*
yabancı - *foreigner, foreign, stranger*
arkadaşlar - *friends*
arkadaşlarla - *with friends*

neden? / niçin? / niye? - *why?*
öyleyse - *in that case, then*
neyse - *anyway, whatever, never mind*
haydi - *come on, let's ..., go on*
hemen - *straight away, right now, immediately*

B. Read the conversation in exercise *A* and mark as (D) 'doğru' *(true)* or (Y) 'yanlış' *(false)*.

1. Jane ve Robert Türkçe öğrenmek istemiyorlar. **(D)** **(Y)**
2. Jane ve Robert oldukça iyi Türkçe konuşuyorlar. **(D)** **(Y)**
3. Jane ve Robert kursa gidiyorlar. **(D)** **(Y)**
4. Jane ve Robert Türkiye'de oturuyorlar. **(D)** **(Y)**
5. Demet çok iyi İngilizce bilmiyor. **(D)** **(Y)**
6. Demet kursa gidiyor. **(D)** **(Y)**
7. Jane, Robert ve Demet birlikte pratik yapmak istiyorlar. **(D)** **(Y)**

C. Fill in the blanks with '-e', '-a', '-de', '-da', '-den' or '-dan' as in the examples. Use the buffer 'y' where necessary. Apply the *vowel harmony* rules.

1. Bu gece bar*a*.... gidiyoruz. *We are going to a bar tonight.*
2. Nilgün ve Ekrem tiyatro*ya*.. gidiyorlar. *Nilgün and Ekrem are going to the theatre.*
3. Bar*da*.. müzik dinliyoruz. *We are listening to music in a bar.*
4. Hastane...... geliyorlar. *They are coming from the hospital.*
5. Restoran...... çıkıyoruz. *We are going out of the restaurant.*
6. Restoran...... yemek yiyoruz. *We are eating at a restaurant.*
7. Gülnaz ve Osman restoran...... gidiyorlar. *Gülnaz and Osman are going to the restaurant.*
8. Nevin saat iki...... lokanta...... geliyor. *Nevin is coming to the restaurant at two o'clock.*
9. Saat bir...... çarşı...... buluşuyoruz. *We are meeting at the shops at one o'clock.*
10. Balkon...... dergi okuyorum. *I am reading a magazine on the balcony.*
11. Çarşı...... geliyoruz. *We are coming from the shops.*
12. Sinema...... kimle gidiyorsun? *With whom are you going to the cinema?*
13. Ev...... ne yapıyorsun? *What are you doing at home?*
14. Ev...... gidiyorum. *I am going home. (literally: to home)*
15. Ev...... geliyorum. *I am coming from home.*
16. Çarşı...... gidiyorlar. *They are going to the shops.*
17. Tatil...... çok eğleniyoruz. *We are having a lot of fun on holiday.*
18. Onlar her hafta sonu plaj...... gidiyorlar. *They go to the beach every weekend. (lit.: are going)*
19. Çarşı...... yürümüyorum, çünkü çok uzak. *I am not walking to the shops because it is very far.*

bar - *bar*
saat - *watch, clock, hour, time*
kimle? / kiminle? - *with whom?*
hafta sonu - *weekend, at the weekend*
hafta sonunda - *at the weekend*
buluşmak - *to meet (someone somewhere)*

hastane - *hospital*
restoran - *restaurant*
çarşı - *shops, market*
dergi - *magazine*
sinema - *cinema*
hafta - *week*

balkon - *balcony*
plaj - *beach*
çünkü - *because*
uzak - *far*

D. Answer the questions in full sentences.

1. İşe neyle (ne ile) gidiyorsun?

....

2. Nerede tatil yapıyorsun?

....

3. Bisikletle geziyor musun?

....

4. Kalemle anahtarlar nerede? *(use 'çanta')*

....

5. Perşembe günü alışverişe gidiyor musun?
Evet, ...
Hayır, ...

6. Tarkan'la arkadaş mısınız?
Evet, ...
Hayır, ...

7. Bugün günlerden ne?

....

8. Kaç yaşındasın?

....

9. Şu anda saat kaç?

....

10. İşe (saat) kaçta gidiyorsun?

....

11. Saat kaça? *(use '912 TL')*

....

12. Toplantı kaç saat sürüyor?

....

13. Kursa kaç öğrenci geliyor? *(use 'sekiz')*

....

14. Kaç kişi Türkçe biliyor? *(use 'dört')*

....

15. Yarın Nilgün ne yapıyor? *(use 'alışveriş')*

....

ne ile? / neyle? - *with what? by what?*
Tarkan - *Turkish pop singer*
kalem - *pencil*
anahtar - *key*
tatil yapmak - *to have a holiday*
kaç? - *how many?*
(saat) kaçta? - *what time?*
kaç saat? - *how many hours?*

kaça? - *how much? (what's the price?)*
saat kaç? - *what is the time?*
toplantı - *meeting*
kişi - *person*
kaç kişi? - *how many people?*

E. Write the sentences in English.

1. Palto arabada. ....
2. Araba da yavaş. ....
3. Fanta içmek istiyorum. ....
4. Çiğdem de yemek yemek istiyor. ....
5. Türkçe öğrenmek istiyor musunuz? ....
6. Bugün çalışmak istemiyor musun? ....
7. Tatilde evde kalmak istiyoruz. ....
8. Bu yaz tatil de sıkıcı. ....
9. Tatilde sıkılmıyorum. ....
10. Evde sıkılıyorum. ....

palto - *coat*
yavaş - *slow, slowly*

sıkıcı - *boring*
sıkılmak - *to be/get bored*

F. Match the question words on the left with the corresponding English meanings on the right.

1. neden?
2. niye?
3. ne?
4. kimler?
5. nasıl?
6. kaç tane?
7. kaça?
8. kimin?
9. kaçta?
10. ne zaman?
11. kim?
12. hangi?

a. *who?*
b. *how?*
c. *which?*
d. *how much?*
e. *when?*
f. *what?*
g. *why?*
h. *whose?*
i. *what time?*
j. *how many?*

G. Match the questions and answers.

1. Evden kaçta çıkıyorsun?
2. Kimler bara geliyor?
3. Neden oturuyorsun?
4. Geziye kaç kişi gidiyor?
5. Kaç yaşındasın?
6. Sorular zor mu?
7. Bodrum'da kaç hafta kalıyorsunuz?
8. Ne zaman araba alıyorsun?
9. O kim?
10. İşe neyle gidiyorsun?

a. Hayır, çok kolay.
b. İki hafta.
c. Çünkü çok yorgunum.
d. Yürüyerek gidiyorum.
e. Yirmi beş yaşındayım.
f. Sabah yedide çıkıyorum.
g. Bu ay.
h. Dört kişi gidiyor.
i. Biz geliyoruz.
j. O Cengiz.

gezi - *tour, trip*

H. Write the sentences in English.

1. Okul yazın bitiyor. ....
2. İlkbaharda yeni bir araba alıyoruz. ....
3. Kışın tatile gitmiyoruz. ....
4. Sonbaharda okul başlıyor. ....
5. Bugün günlerden ne? ....
6. Saat ikiyi beş geçiyor. ....
7. Film saat üçü çeyrek geçe bitiyor. ....
8. Aynur hep aynada makyaj yapıyor. ....
9. Tren ikiye yirmi kala hareket ediyor. ....
10. Saat kaç? ....
11. Şu anda sahilde yürüyoruz. ....

sahil - *seaside, shore, coast*
aynada - *in (front of) the mirror*
makyaj yapmak - *to put on makeup*
hareket etmek - *to depart, to move*
hep - *all the time, always, forever, all*
sahilde - *at the seaside, by the coast*

makyaj - *makeup*
sonbahar - *autumn*
bitmek - *to finish*
ilkbahar - *spring*
ayna - *mirror*
yazın - *in the summer*

kış - *winter*
okul - *school*
kışın - *in winter*
çeyrek - *quarter*
geçe - *at .... past*
kala - *at .... to*

I. Write the statements in Turkish.

1. *It is six past seven.* ....
2. *It is half past ten.* ....
3. *It is a quarter to six.* ....
4. *At two o'clock.* ....
5. *At ten past ten.* ....
6. *At quarter past seven.* ....
7. *The film starts at quarter past eight.* ....
8. *It is twenty to seven.* ....
9. *It is twenty past seven.* ....
10. *The train arrives at one.* ....
11. *The plane departs at ten to five.* ....

J. Fill in the blanks with 'nereye', 'nerede' and 'nereden'.

1. .... tatil yapıyorsunuz? *Where do you have a holiday?*
2. Akşam .... gidiyorsunuz? *Where are you going in the evening?*
3. Nilgün .... arıyor? *Where is Nilgün calling from?*
4. .... çalışıyorsun? *Where do you work (at)?*
5. .... başvuruyorsun? *Where are you applying to?*
6. Kangurular .... yaşıyor? *Where do kangaroos live?*

başvurmak - *to apply*
aramak - *to call (make a telephone call), to look for, to search*
kanguru - *kangaroo*

K. Fill in the blanks with 'ne kadar', 'ne zaman', 'kaç tane', 'kaç', 'hangi', 'kim', 'kaça', 'ne', 'neden', 'kaçta' or 'kimin'.

1. .... konuşmuyorsun? *Why do you not talk?*
2. O ....? *Who is that?*
3. Bu araba ....? *Whose is this car?*
4. .... yapıyorsun? *What are you doing?*
5. Adam .... bakıyor? *Why is the man looking?*
6. İnşaat .... ay sürüyor? *How many months will/does the construction take?*
7. Türkiye'de .... şehirler kalabalık? *Which cities are crowded in Turkey?*
8. .... para istiyorsun? *How much money do you want?*
9. Bu gömlek ....? *How much is this shirt?*
10. Otobüs .... hareket ediyor? *What time is the bus departing?*
11. .... gömlek alıyorsun? *How many shirts are you buying?*
12. Toplantı saat ....? *What time is the meeting?*
13. Yolculuk .... saat sürüyor? *How many hours will/does the travel take?*
14. Kurs ....? *When is the course?*
15. Tamirat .... günde bitiyor? *In how many days will the repair finish?*
16. .... eve geliyorsun? *What time are you coming home?*
17. Seminer .... hafta sürüyor? *How many weeks will/does the seminar take?*
18. Bir günde .... su içiyorsun? *How much water do you drink in one day?*
19. Araba .... duruyor? *Why is the car stopping?*
20. .... sorular kolay? *Which questions are easy?*

bozuk - *broken, out of order*
(bir) günde - *in a/one day*
.... günde - *in ...... day(s)*
kalabalık - *crowded, crowd*
yolculuk - *travel, journey*
ne kadar? - *how much? (price or amount)*
bakmak - *to look (at/after), to browse, to face*

inşaat - *construction*
ne zaman? - *when?*
seminer - *seminar*
şehir - *city*
kaç tane? - *how many?*
kaç? - *how many?*

otobüs - *bus*
durmak - *to stop*
tamirat - *repair*
kim? - *who?*
hangi? - *which?*
kimin? - *whose?*

L. Write questions for the answers below in Turkish.

1. Uçak dokuzu çeyrek geçe kalkıyor. ....?
2. Saat yedi. ....?
3. İşe otobüsle gidiyorum. ....?
4. Tren saat ikide geliyor. ....?
5. Ders altıda bitiyor. ....?
6. Derse yedi kişi geliyor. ....?
7. İstanbul'da müzelere gidiyoruz. ....?
8. Bu elbise 50TL. ....?
9. Film yedide. ....?
10. Film iki saat sürüyor. ....?

uçak - *aeroplane*   müze - *museum*

M. Fill in the blanks with '-(y)e', '-(y)a', '-de', '-da', '-den', '-dan', '-(y)le' or '-(y)la' as in the examples.

1. Tatil*de*...... nere*ye*...... gidiyorsun? *Where are you going on holiday?*
2. Hakan'*a*........ mektup yazıyorum. *I am writing a letter to Hakan.*
3. Restoran.......... telefon ediyorum. *I am calling from the restaurant.*
4. Sabah sekiz.......... iş başlıyor. *The work starts at eight in the morning.*
5. Tiyatro.......... on.......... çıkıyoruz. *We are coming out of the theatre at ten.*
6. Fethiye'....... İstanbul'....... araba........ gidiyoruz. *We are going from Fethiye to İstanbul by car.*
7. Bütün gün ev......... ne yapıyorsunuz? *What are you doing at home all day?*
8. Dalyan'......... Ölüdeniz'......... dolmuş......... gidiyoruz. *We are going to Dalyan from Ölüdeniz by a shared taxi.*
9. Cuma günleri pazar......... gidiyorum ve pazar......... alışveriş yapıyorum. *I go to the bazaar, and I shop at the bazaar on Fridays.*
10. Tatil......... Bodrum'......... gidiyorlar. *They are going to Bodrum on holiday.*
11. Yarın tiyatro......... gidiyoruz. *We are going to the theatre tomorrow.*
12. Bakkal......... sebze satmıyorlar. *They do not sell vegetables at the grocery shop.*
13. Bakkal......... çok müşteri geliyor. *A lot of customers come to the grocery shop.*
14. Ev......... iş......... otobüs......... geliyorum. Sen işe ne......... geliyorsun? *I come from home to work by bus. How do you come to work?*
15. Saat yedi......... on var. *It is ten to seven.*
16. Ölüdeniz'......... yüzüyoruz. *We swim in Ölüdeniz.*
17. Turistler Ölüdeniz'......... geliyorlar. *The tourists are coming from Ölüdeniz.*
18. Bu uçak nere......... geliyor? *Where is this plane coming from?*
19. Bu tren nere......... gidiyor? *Where is this train going?*
20. Bu dolmuş nere......... duruyor? *Where does this shared taxi stop?*
21. Ankara'......... ne zaman gidiyor? *When is she going to Ankara?*
22. Pelin kurs......... Ayşe'......... gidiyor. *Pelin is going to the course with Ayşe.*
23. Sen her gün iş......... sekiz......... gitmiyor musun? *Don't you go to work at eight every day?*
24. Tren kaçıncı peron......... kalkıyor? *From which platform is the train leaving (departing)?*

mektup - *letter*
telefon etmek - *to make a call*
müşteri - *customer, client*
var - *there is, there are, to have*
kaçıncı? - *which ....? (in ordinal series)*

yazmak - *to write*
peron - *platform*
turist - *tourist*
sebze - *vegetable*

satmak - *to sell*
bütün - *all, whole*
bütün gün - *all day*
dolmuş - *shared taxi*

N. Write the days in the corresponding language.

1. .... — *Friday*
2. pazartesi — ....
3. .... — *Sunday*
4. perşembe — ....
5. .... — *Tuesday*
6. cumartesi — ....
7. .... — *Wednesday*

O. Translate the following into English. What's the difference?

1. Saat kaç?   ....
2. Saat kaça?   ....

3. Çarşıda geziyoruz.   ....
4. Çarşı da kalabalık.   ....

P. Practise your vocabulary. Fill in with the corresponding language.

Turkish	English
temmuz	....
....	but
....	here
....	foreigner, foreign, stranger
haydi	....
söylemek	....
....	a little
....	to do, to make
başlamak	....
....	why
....	together
....	crowded, crowd
hemen	....
bütün	....
....	to speak, to talk
....	very, much, many, a lot
nisan	....
....	December
....	winter
....	Saturday
kaça	....
kaçta	....
....	who
....	November
turist	....
....	when
kimin	....
deniz	....

Unit 4

Exercises

A. Read the conversation below and answer the questions.

Sema ve Tülin eğleniyorlar
Sema and Tülin are having fun

After breakfast, Sema is preparing her children for school. Her husband Ahmet is about to leave for work. Her best friend Tülin calls at that moment. They are on the phone.

Tülin	"Bugün ne yapıyorsun?"
Sema	"Hiç bilmiyorum. Ahmet işe gidiyor, çocuklar okula gidiyor, ben evdeyim. Bugün Ahmet müdür Özgür Bey'le görüşüyor, çünkü terfi ediyor. Bana gelsene. Çocukları okula gönder, Mehmet'i de uğurla, atla arabaya gel."
Tülin	"İyi fikir aslında. Çok sıkıldım. Her gün hep aynı şeylerle uğraşıyorum. Yemek yap, sofra hazırla, ev topla, bulaşık yıka, çamaşır yıka, ütü yap, alışveriş yap! Hep aynı şey. Bıkıyorum artık."
Sema	"Ben de bugün yemek yapıyorum. Akşam müdür Özgür Bey ve eşi Gülnur Hanım geliyorlar. Hep beraber yemek yiyoruz. Haydi bekliyorum. Atla arabaya gel."
Tülin	"İyi o zaman. Yarım saat sonra oradayım. Bekle! Sana bir sürprizim var."
Sema	"Ne sürprizi?"
Tülin	"Söylemiyorum. Sonra görüşürüz."

Half an hour later, Tülin arrives with two bags, full of stuff.

Sema	"Bu torbalar ne? Ne var bu torbalarda?"
Tülin	"Şimdi söylemiyorum. Sürpriz sonra."
Sema	"Peki, tamam. Önce yemek pişiriyoruz, sürpriz sonra o zaman. Sen biber doğra, ben soğan doğruyorum."
Tülin	"Tamam. Ne yemek pişiriyorsun?"
Sema	"Biber dolma, patlıcan musakka, pilav, yanında da hoşaf. Özgür Bey ve Gülnur Hanım çok seviyorlar."

After a while, they prepare the food, put the aubergine meal in the oven. And the time comes for the surprise. Tülin opens the bags and takes out some weird costumes once which belonged to their parents. Tülin and Sema wore them at a costume party when they graduated from high school long ago.

Tülin	"Hatırlıyor musun bunları?"
Sema	"Ne? Hatırlıyorum. Ne yapıyorsun sen?"
Tülin	"Şimdi bunları giyiyoruz. Ben içki hazırlıyorum. Sen müzik aç. Biraz parti verelim."
Sema	"Ne! Sen deli misin? Bu akşam Ahmet'le müdür bey geliyor. Ahmet terfi ediyor biliyorsun. İyi misin sen?"
Tülin	"Evet, çok iyiyim. Ya sen? Haydi, durma. Hazırlan! İki kişilik bir parti veriyoruz burada."
Sema	"Peki, o zaman biraz bekle."

They wear the costumes, and put heavy and funny make-up on their faces. Then they turn up the music and start singing and dancing. They drink a lot and end up passing out. The meal in the oven burns. The flat turns into a right mess with smoke all over the place. After a while, they hear a loud knocking on the door. They open their eyes and look at each other. Ahmet, Özgür Bey, Gülnur Hanım and the kids are all waiting outside, at the door for Sema to open the door.

Tülin "Kim açıyor? Sen mi yoksa ben mi?"
Sema "Beraber açalım, ... bir.... iki.... üç!"

çocuk - *child*
göndermek - *to send*
atlamak - *to jump*
terfi etmek - *to be promoted to a higher rank*
aslında - *actually, in fact*
bıkmak - *to be/get fed up*
aynı - *the same*
şey - *thing*
biber - *pepper*
soğan - *onion*
doğramak - *to chop*
yanında - *beside, alongside, with ....., next to*
yemek yapmak - *to cook*
bulaşık - *dirty dishes*
hep beraber - *all together*
beraber - *together*
bunlar - *these*
içki - *drink, alcoholic drink*
dolma - *stuffed vegetables*
biber dolma - *stuffed peppers*
pilav - *rice (meal)*
hoşaf - *stewed fruit, compote*
orada - *there*
iyi o zaman - *OK then, well then*
sürpriz - *surprise*
sana bir sürprizim var - *I have a surprise for you*
ne sürprizi? - *what surprise?*
bunları - *accusative form of 'bunlar'*
sofra - *dining table which has a meal laid out on it*
açmak - *to open, to turn on, to turn up the volume*
toplamak - *to tidy, to gather, to pick, to add, to collect*
bulaşık yıkamak - *to wash the dirty dishes, to do the washing up*
hazırlamak - *to prepare, to get someone/something ready*
uğraşmak - *to strive, to be busy (with), to be engaged in, to work on*
patlıcan musakka - *an aubergine-based dish with ground meat, peppers, tomatoes and onion*
uğurlamak - *to be with someone in order to say goodbye (to see off) when that person is leaving*
görüşmek - *to see one another, to have a talk with, to have an interview, to discuss, to meet*
artık - *no longer, from now on, anymore, any longer, residue, leftover, finally (I'm fed up, that's enough of that, I've stood it long enough)*

bana - *to me, for me*
sana - *to you, for you*
tamam - *OK, all right, complete*
ütü - *iron*
ütü yapmak - *to iron*
eş - *spouse*
eşi - *his/her spouse*
bey - *Mr*
hanım - *Mrs, Miss, Ms*
yarım - *half*
yarım saat sonra - *half an hour later*
patlıcan - *aubergine*
giymek - *to wear, to put on clothes*
parti - *party*
parti vermek - *to give a party*
deli - *mad*
iki kişilik - *for two people*
ya sen? - *and you? / what about you?*
peki - *well, well then, all right*
o zaman - *then, in that case, at that time*
yoksa - *or, otherwise*
-sene / -sana - *why don't you ...? (informal)*
gelsene - *why don't you come?*
kimle? / kiminle? - *with whom?*

1. Ahmet bugün kimle görüşüyor? ....
2. Tülin her gün ne yapıyor? ....
3. Ahmet müdürle neden görüşüyor? ....
4. Tülin niye sıkılıyor? ....
5. Sema bugün ne yapıyor? ....
6. Sema ne yemek pişiriyor? ....
7. Akşamleyin kimler geliyor? ....

B. Read the conversation in exercise *A* and mark as (D) 'doğru' *(true)* or (Y) 'yanlış' *(false)*.

1. Tülin bugün işe gidiyor. **(D)   (Y)**
2. Ahmet terfi ediyor. **(D)   (Y)**
3. Özgür Bey müdür değil. **(D)   (Y)**
4. Çocuklar işe gidiyor. **(D)   (Y)**
5. Tülin her gün aynı şeylerle uğraşıyor. **(D)   (Y)**
6. Tülin her gün yemek yapıyor, sofra hazırlıyor, ev topluyor. **(D)   (Y)**
7. Tülin soğan doğruyor. **(D)   (Y)**
8. Sema biber doğruyor. **(D)   (Y)**
9. Özgür Bey terfi ediyor. **(D)   (Y)**
10. Akşamleyin Özgür Bey ve Gülnur Hanım geliyorlar. **(D)   (Y)**
11. Özgür Bey ve Gülnur Hanım hoşaf seviyor. **(D)   (Y)**

C. Write the imperative form of the verbs as in the examples.

ödemek

(sen) *Öde*
(o) ....
(siz) ....
(onlar) ....

bakmak

(sen) ....
(o) *Baksın*
(siz) ....
(onlar) ....

görüşmek

(sen) ....
(o) ....
(siz) *Görüşün / Görüşünüz*
(onlar) ....

durmak

(sen) ....
(o) ....
(siz) ....
(onlar) *Dursun / Dursunlar*

D. Fill in the blanks to make imperative statements as in the examples.

1. Ona sor*sun(lar)*..... *Tell them to ask him. (they should ask him)*
2. Mehmet'e söyle yarın çalış*sın*.............. *Tell Mehmet to work tomorrow.*
3. Siz yarın mutlaka buraya gel................... *You definitely come here tomorrow.*
4. Onlar yarın gel................... *Tell them not to come tomorrow. (they shouldn't come tomorrow)*
5. Lütfen gürültü yap.............. *Please do not make noise.*

6. Ona söyle, yarın dükkâna git............, Kenan'la konuş........... ve ona para ver........... *Tell him to go to the shop tomorrow, talk to Kenan, and give him money.*

7. Filme bilet al................ *Tell him to buy a ticket for the film.*

8. (sen) Çok ye................ *Don't eat much.*

9. (siz) Çok ye................ *Don't eat much.*

10. Tamirci kapıda bekliyor. Bekle................ yoksa git...............? *The repairman is waiting at the door. Should he wait or should he go?*

11. Adaylar burada. Form doldur.............. yoksa doldur.............? *The applicants are here. Should they fill in a form or should they not fill in a form?*

12. Aç mısınız? Lütfen söyle................! *Are you hungry? Please say!*

13. Şimdi mi gel........... yoksa yarın mı gel................? *Should she come now or tomorrow?*

14. Ona söyle dikkatli ol................ *Tell him to be careful.*

15. Erdinç eczaneye git................ ve ilaç al................ *Tell Erdinç to go to the chemist and buy medicine.*

ona - *to her/him/it*	**dükkân** - *shop, store*	**vermek** - *to give*
sormak - *to ask*	**gürültü** - *noise*	**kapı** - *door, gate*
onlara - *(to) them*	**mutlaka** - *definitely, certainly*	**bilet** - *ticket*
buraya - *(to) here*	**aday** - *candidate, applicant*	**form** - *form*
doldurmak - *to fill (in)*	**dikkatli** - *careful, carefully*	**aç** - *hungry*
gürültü yapmak - *to make noise*	**dikkatli olmak** - *to be careful*	**ilaç** - *medicine*
eczane - *chemist (shop), pharmacy*	**tamirci** - *mechanic, repairman*	

E. Match the adverbs with the corresponding meanings in English.

1. hiç
2. sık sık
3. her zaman
4. bazen
5. nadiren
6. ara sıra
7. çoğunlukla
8. asla
9. hiçbir zaman
10. genellikle
11. arada bir
12. hep

a. *often*
b. *occasionally, sometimes*
c. *always*
d. *never*
e. *rarely*
f. *mostly, usually*

F. Fill in the blanks with the suitable adverbs in brackets as in the examples.

1. ...Asla / Hiç / Hiçbir zaman... kereviz yemiyorum, çünkü ....hiç.......... sevmiyorum. *(hep/hep, asla/hiç, hiç/hiç, hiçbir zaman/hiç, bazen/sık sık)*

2. Sabahları .... erken kalkıyorum, çünkü işe erken gidiyorum. *(genellikle, hiç, hiçbir zaman, çoğunlukla, nadiren, hep, asla)*

3. Cumartesi geceleri .... geç yatıyoruz, çünkü çok sohbet ediyoruz. *(hiç, hep, çoğunlukla, asla, genellikle)*

4. ....… sigara içmiyorum, çünkü hastayım. *(nadiren, asla, hiç, hep, hiçbir zaman)*

5. ....…........ sinemaya gidiyoruz. *(ara sıra, nadiren, asla, sık sık, genellikle, hiçbir zaman)*

6. Konsere ....….................. gitmiyoruz. *(çoğunlukla, hiç, asla, hiçbir zaman, genellikle)*

7. ....…....... piyango bileti alıyorum. *(ara sıra, bazen, hiç, nadiren, asla, hiçbir zaman)*

8. ....…...... geç kalıyor. *(asla, hiçbir zaman, nadiren, hiç, hep, çoğunlukla, genellikle, bazen)*

9. ....…..... geç kalmıyor. *(asla, hiçbir zaman, nadiren, hiç, hep, çoğunlukla, genellikle, bazen)*

10. ....…..... komşular bize geliyor, beraber çay içiyoruz. *(bazen, hiç, ara sıra, asla, sık sık)*

11. O ....…...... iyi giyiniyor. *(hiç, hep, asla, bazen, nadiren, ara sıra, çoğunlukla, genellikle)*

12. Ayşe ....… çok makyaj yapıyor. *(hep, hiç, çoğunlukla, genellikle, bazen, asla)*

13. Ümit ....…....... konuşmuyor. *(hiçbir zaman, hep, hiç, çoğunlukla, genellikle, bazen, asla)*

14. İşe ....…...... arabayla gidiyorum. *(asla, hep, hiç, çoğunlukla, genellikle, bazen, sık, sık)*

15. Alışverişe ....…....... otobüsle gitmiyorum. ....…....... yürüyorum. *(her zaman/bazen, hep/genellikle, hiç/her zaman, asla/hep, hiçbir zaman/her zaman, genellikle/bazen)*

16. ....…........ konuşuyoruz. *(sık sık, hiçbir zaman, çoğunlukla, bazen, hiç, hep, asla)*

17. ....…...... yalan söylemiyor. *(asla, hiç, hiçbir zaman, kesinlikle)*

iyi giyinmek - *to dress up*	**kereviz** - *celeriac*	**cumartesi geceleri** - *on Saturday nights*
piyango bileti - *lottery ticket*	**yalan** - *lie*	**ara sıra** - *occasionally, sometimes*
kesinlikle - *definitely, certainly*	**piyango** - *lottery*	**arada bir** - *occasionally, sometimes*
geç kalmak - *to be late*	**konser** - *concert*	**çoğunlukla** - *mostly, usually*
hiçbir zaman - *never*	**asla** - *never*	**her zaman** - *always*
yalan söylemek - *to lie*	**sık sık** - *often*	
genellikle - *usually, generally*	**nadiren** - *rarely*	

G. Match the adjectives with the corresponding meanings in English.

1. kapalı	a. *transparent*
2. lezzetli	b. *large, wide, broad*
3. sessiz	c. *noisy*
4. hızlı	d. *open, clear, light*
5. kalın	e. *quick, fast*
6. zayıf	f. *high*
7. dikkatsiz	g. *close, near*
8. yakın	h. *interesting*
9. gürültülü	i. *big*
10. açık	j. *long*
11. genç	k. *young*
12. ilginç	l. *closed, overcast*
13. yüksek	m. *quiet*
14. uzun	n. *thin, slim, weak*
15. büyük	o. *old, elderly*
16. geniş	p. *delicious*
17. yaşlı	q. *careless*
18. saydam	r. *thick*
19. taze	s. *fresh*

H. Add '-li', '-lı', '-lü', '-lu', '-siz', '-sız', '-süz' or '-suz' onto the nouns to make adjectives as in the examples.

1. şeker!li....... çay   *tea with sugar*
2. tuzsuz.. çorba   *soup without salt*
3. dikkat......... öğrenci   *careful student*
4. çizme......... adam   *man with boots*
5. çilek......... dondurma   *strawberry ice cream (ice cream with strawberry)*
6. şapka......... çocuk   *child with a hat*
7. gözlük......... kadın   *woman without glasses*
8. süt......... çay   *tea with milk*
9. peynir......... sandviç   *cheese sandwich (sandwich with cheese)*
10. manzara......... ev   *house with a view*
11. şeker......... kahve   *coffee without sugar*
12. çikolata......... kek   *chocolate cake (cake with chocolate)*
13. yağ......... yemek   *meal without oil*
14. muz......... pasta   *banana cake (cake with banana, banana gateau)*
15. üzüntü......... kadın   *sad woman*
16. telaş......... adam   *man in a hurry*
17. sabır......... birisi   *someone patient*
18. rüzgâr......... hava   *windy weather*
19. yağmur......... gün   *rainy day*

dikkat - *care, attention*	**şapka** - *hat*	**telaş** - *hurry, rush*
tuz - *salt*	**süt** - *milk*	**kek** - *cake*
çorba - *soup*	**peynir** - *cheese*	**sabır** - *patience*
çizme - *boot*	**manzara** - *scenery, view*	**yağ** - *oil, fat*
birisi - *someone*	**çikolata** - *chocolate*	**muz** - *banana*
dondurma - *ice cream*	**rüzgâr** - *wind*	**pasta** - *cake (gateau)*
gözlük - *eyeglasses, spectacles*	**yağmur** - *rain*	**üzüntü** - *sadness, sorrow*
çilek - *strawberry*		

I. Make imperative statements in negative form with the verbs as in the examples.

başlamak

(sen) ....
(o) ....
(siz) ....
(onlar) Başlamasın / Başlamasınlar

içmek

(sen) ....
(o) ....
(siz) İçmeyin / İçmeyiniz
(onlar) ....

J. Make imperative statements in question form with the verbs as in the examples.

yürümek

(o) Yürüsün mü ....?
(onlar) ....?

çalışmak

(o) ....?
(onlar) Çalışsın mı / Çalışsınlar mı ?

K. Make imperative statements in negative question form with the verbs as in the examples.

yapmak   **dinlemek**

(o) ....?   (o) *Dinlemesin mi* ....?

(onlar) *Yapmasın mı / Yapmasınlar mı* ..?   (onlar) ....?

L. Answer the questions in full sentences.

1. Otelde çok turist var mı?

   Evet, ...

   Hayır, ...

2. Odada (hiç) kimse var mı?

   Evet, ... (*use* 'Nermin')

   Hayır, ...

3. Saat yarımda otobüs var mı?

   Evet, ...

   Hayır, ...

4. Cüzdanda kaç para var? (*use* '25TL')

   ....

5. Sende fazla para var mı?

   Evet, bende ....

   Hayır, bende ....

6. Kütüphanede kaç kişi var? (*use* '22')

   ....

7. Evde ekmek var mı?

   Evet, ...

   Hayır, ...

8. Listede kim var? (*use* 'Ömer, Meltem ve İpek')

   ....

9. Sırada kim var? (*use* 'biz')

   ....

10. Oyun oynuyoruz, var mısın?

    Evet, ...

    Hayır, ...

bende - *on me, with me*
sende - *on you, with you*
hiç kimse - *nobody, anybody*
sıra - *queue, desk, row, turn, line*
yarım - *half past noon/midnight (12:30)*
fazla - *spare, much, too much, too many*

kimse - *nobody, anybody*
cüzdan - *wallet, purse*
kütüphane - *library*
oyun - *game, play*
yok - *there is/are not*
var mısın? - *are you in?*

liste - *list*
otel - *hotel*
ekmek - *bread*

M. Translate the following into English. What's the difference?

1. Lezzetli yemek. ....
2. Yemek lezzetli. ....

3. Bende 100 TL var. ....
4. Bende de 100 TL var. ....

N. Practise your vocabulary. Fill in with the corresponding language.

Turkish	English
burada	....
....	slow
....	fresh
....	magazine
hiç kimse	....
erken	....
....	blue
....	game, play
yağmur	....
....	American
....	chemist (shop)
....	interesting
bozuk	....
yağmurlu	....
....	never
....	floor, ground, place, seat
asansör	....
....	library
....	cake
....	entrance
var	....
cüzdan	....
....	queue
....	view
fazla	....
....	ice cream
kadın	....
liste	....

Unit 5

Exercises

A. Rewrite the text below in *simple past tense*, in Turkish as if it happened in the past. Use the *past tense* suffixes '-di', '-dı', '-dü' and '-du'. Make the necessary consonant changes.

Hakan pazar günleri çalışıyor mu?
Does Hakan work on Sundays?

Hakan pazar günleri çalışmıyor. Erken kalkmıyor; geç kalkıyor, çünkü işe gitmiyor. Kahvaltıdan sonra bahçede oturuyor. Araba yıkıyor. Daha sonra, arkadaşları Nilgün, Özlem, Burak ve Hasan geliyorlar. Onlar da pazar günü çalışmıyorlar. Bahçede hep beraber sohbet ediyorlar, barbekü yapıyorlar, müzik dinliyorlar. Hakan bira içiyor. Hasan çok iyi gitar çalıyor. Nilgün şarkı söylüyor. Eğleniyorlar.

Daha sonra, Burak ve Hasan maç seyrediyorlar; Hakan seyretmiyor. Sonra arkadaşları gidiyor. Hakan bulaşık yıkıyor, biraz ütü yapıyor ve yatıyor. Hakan pazar günleri sadece tembellik yapıyor.

sadece - *only, just*
tembellik - *laziness*
tembellik yapmak - *to be lazy*
gitar - *guitar*
bahçe - *garden*
şarkı söylemek - *to sing a song*
barbekü yapmak - *to barbecue*
pazar günü - *on Sunday*
çalmak - *to play a musical instrument, to steal, to ring*

pazar günleri - *on Sundays*
şarkı - *song*
bira - *beer*
maç - *match (football)*
tembel - *lazy*

B. Match the time expressions with their English meanings.

1. dün gece
2. geçen hafta
3. bir süre önce
4. geçen gün
5. evvelki gün
6. geçen yıl
7. üç saat önce
8. iki ay sonra
9. geçen ay
10. iki sene önce
11. dün
12. geçen perşembe
13. beş yıl önce
14. geçen gece
15. bir yıl sonra
16. daha şimdi

a. *last year*
b. *five years ago*
c. *last week*
d. *the other night*
e. *three hours ago*
f. *one year later*
g. *two years ago*
h. *a while ago*
i. *the day before yesterday*
j. *just now*
k. *last month*
l. *yesterday*
m. *last night*
n. *the other day*
o. *two months later*
p. *last Thursday*

C. Write the past form of the verbs using the *past tense* suffixes '-di', '-dı', '-dü' or '-du' and the personal endings '-m', '-n', '-k', '-niz'/'-nız'/'-nüz'/'-nuz' or '(-ler/-lar)' as in the examples. Make the necessary consonant changes.

beğenmek

(ben) Çok *beğendim* ....
(sen) Çok ....
(o) Çok ....
(biz) Çok ....
(siz) Çok ....
(onlar) Çok .... /
....

yapmak

(ben) Daha şimdi çay ....
(sen) Daha şimdi çay ... *yaptın* ....
(o) Daha şimdi çay ....
(biz) Daha şimdi çay ....
(siz) Daha şimdi çay ....
(onlar) Daha şimdi çay .... /
....

uyumak

(ben) Dün gece çok az ....
(sen) Dün gece çok az ....
(o) Dün gece çok az ....
(biz) Dün gece çok az ....
(siz) Dün gece çok az ....
(onlar) Dün gece çok az ... *uyudu* .... /
... *uyudular* ......

gülmek

(ben) Sinemada çok ....
(sen) Sinemada çok ....
(o) Sinemada çok ....
(biz) Sinemada çok ... *güldük* ....
(siz) Sinemada çok ....
(onlar) Sinemada çok .... /
....

D. Write the negative form of the verbs in *past tense*. Add the personal endings as well to complete the sentences as in the examples.

okumak

(ben) Bugün gazete ....
(sen) Bugün gazete ....
(o) Bugün gazete ....
(biz) Bugün gazete ....
(siz) Bugün gazete ....
(onlar) Bugün gazete ... *okumadı* .... /
... *okumadılar* ......

içmek

(ben) Kahvaltıda kahve ....
(sen) Kahvaltıda kahve ....
(o) Kahvaltıda kahve ... *içmedi* ....
(biz) Kahvaltıda kahve ....
(siz) Kahvaltıda kahve ....
(onlar) Kahvaltıda kahve .... /
....

E. Write the question form of the verbs in *past tense*. Use the personal endings as well to complete the sentences as in the examples.

söylemek

(ben) ... *Söyledim mi* ....?
(sen) ....?
(o) ....?
(biz) ....?
(siz) ....?
(onlar) ....? /
...........................?

yüzmek

(ben) Havuzda ....?
(sen) Havuzda ....?
(o) Havuzda ....?
(biz) Havuzda ....?
(siz) Havuzda ... *yüzdünüz mü* ....?
(onlar) Havuzda ....? /
...........................?

çok az - *very little, very few*
az - *little (quantity, amount), few*

beğenmek - *to like*
havuz - *pool*

daha şimdi - *just now*
çay yapmak - *to make tea*

koşmak		çalışmak	
(ben)	Sabahleyin ....?	(ben)	Dün Türkçe ....?
(sen)	Sabahleyin ....?	(sen)	Dün Türkçe ...*çalıştın mı*........?
(o)	Sabahleyin ....?	(o)	Dün Türkçe ....?
(biz)	Sabahleyin ....?	(biz)	Dün Türkçe ....?
(siz)	Sabahleyin ....?	(siz)	Dün Türkçe ....?
(onlar)	Sabahleyin ...*koştu mu*.........? / ...*koştular mı*......?	(onlar)	Dün Türkçe ....? / ....?

F. Write the negative question form of the verbs in *past tense*. Use the personal endings as well to complete the sentences as in the examples.

ödemek		yazmak	
(ben)	Para ....?	(ben)	Mektup ....?
(sen)	Para ....?	(sen)	Mektup ....?
(o)	Para ....?	(o)	Mektup ....?
(biz)	Para ...*ödemedik mi*.......?	(biz)	Mektup ....?
(siz)	Para ....?	(siz)	Mektup ....?
(onlar)	Para ....? / ....?	(onlar)	Mektup ...*yazmadı mı*.......? / ...*yazmadılar mı*.....?

G. Fill in the blanks with the time expressions below as in the example.

dün öğleden sonra / yıllar sonra / evvelki gün öğleden önce / sekiz yıl önce / dün sabah / bir saat sonra / geçen yılbaşı / aylar önce / dün gece / yarım saat önce / daha şimdi / geçen sene / dün bütün gün / biraz önce

1. .....*Evvelki gün öğleden önce*.................... İstanbul'a vardık.
   The day before yesterday, before noon, we arrived in İstanbul.
2. .... üniversiteden mezun oldu.
   She graduated from university last year.
3. .... çok eğlendik.
   We had a lot of fun last New Year's Day.
4. .... araba bozuldu.
   The car broke down yesterday morning.
5. Program .... başladı.
   The program started just a moment ago.
6. .... paket geldi.
   Yesterday, in the afternoon, the parcel came (arrived).
7. .... çok güldük.
   Last night we laughed a lot.
8. Buraya ilk defa .... geldim.
   I came here eight years ago for the first time.
9. Tren .... hareket etti.
   The train departed half an hour ago.
10. Randevuya .... geldi.
    She came to the appointment one hour later.
11. .... görüştük.
    We saw each other years later.

12. .... randevu aldık.

    We made an appointment months ago.

13. .... konuştuk.

    We have talked just now.

14. .... çarşıda dolaştık.

    Yesterday, all day, we walked around at the market.

ilk defa, ilk kez, ilk sefer - *for the first time*
ilk - *first, for the first time*
randevu almak - *to make an appointment*
biraz önce, az önce - *just a moment ago, just now*
dolaşmak - *to walk around, to stroll*
bozulmak - *to break down, to go bad/off (food), to be upset*

varmak - *to arrive*
randevu - *appointment*
mezun olmak - *to graduate*
program - *program*
yılbaşı - *New Year's Day*
paket - *parcel*

H. Translate the following into Turkish.

1. *Have you ever been to England?*

....

2. *Have you ever eaten kebab?*

....

3. *I was ill yesterday.*

....

4. *Where were you two days ago?*

....

5. *Did you work yesterday?*

....

6. *When did she come?*

....

7. *Who called?*

....

8. *I was not ill yesterday.*

....

9. *Did you not buy water?*

....

10. *Was she not in Bodrum last year?*

....

11. *Did you not sleep last night at all?*

....

12. *Did they eat?*

....

13. *What was (there) in the bag?*

....

14. *There were keys in the bag.*

....

gitmek - *to go, have been to (to have gone to a place and come back)*
kebap - *kebab (grilled meat dishes)*

I. Translate the following into English.

1. Hiç çiğ köfte yemedim.

....

2. Hiç paraşütle atladın mı?

....

3. Dün sabah evde ekmek yoktu.

....

4. Dün akşam televizyon seyretmedin mi?

....

5. Fethiye'de hiç pazara gittin mi?

....

6. Fethiye'de hiç pazara gitmedim.

....

7. Sabah geç kalktım.

....

8. Dün çok soğuktu.

....

9. Konser sıkıcı değil miydi?

....

10. Onlar kimdi?

....

11. Dün çok rüzgârlı bir gündü.

....

12. Nerede yemek yediniz?

....

13. Tatile kimle gittin?

....

14. Otelde çok turist var mıydı?

....

15. Restoranda pek müşteri yoktu.

....

16. Trende çok İspanyol yolcu vardı.

....

17. Eskiden burada bir ev yok muydu?

....

18. Dün burada değildin.

....

paraşüt - *parachute*
İspanyol - *Spanish (person)*
eskiden - *in the past*
çiğ - *raw, uncooked*
köfte - *meatball*
rüzgârlı - *windy*
pek - *very, much, a lot, not really ....., not much, not many*
çiğ köfte - *raw meatballs made of fatless minced raw meat and cracked wheat treated with spice*

J. Match the Turkish everyday expressions with their English meanings.

1. neyse	a. *enjoy your meal*
2. neden olmasın?	b. *have fun*
3. şerefe	c. *it's not important*
4. afiyet olsun	d. *actually, in fact*
5. belki	e. *I understand*
6. iyi eğlenceler	f. *it makes no difference*
7. birdenbire	g. *bless you*
8. acele et	h. *in the end, finally, at last*
9. bu arada	i. *maybe, perhaps*
10. merak etme	j. *I do not understand*
11. eminim	k. *for example*
12. örneğin	l. *I'm sure*
13. aslında	m. *do not worry*
14. galiba	n. *in the meantime, by the way*
15. önemli değil	o. *let it be, forget it, that's okay*
16. anlıyorum	p. *why not?*
17. olsun	q. *suddenly*
18. fark etmez	r. *anyway, whatever, never mind*
19. sonunda	s. *hurry up*
20. anlamıyorum	t. *cheers*
21. çok yaşa	u. *I think, probably, I assume*

K. Fill in the blanks to make past statements as in the examples. Make necessary changes. Add the suffix 'y' and personal endings where appropriate.

1. Çarşıda her şey çok pahalı*ydı*............. *Everything was very expensive at the shops.*
2. Biz dün burada ..*değildik*.... *We were not here yesterday.*
3. Elbise ucuz ....? *Was the dress cheap?*
4. Hayır, elbise ucuz .... *No, the dress was not cheap.*
5. Evet, elbise ucuz.................. *Yes, the dress was cheap.*
6. Tatilde hava nasıl...................? *How was the weather on holiday?*
7. Tatilde hava çok iyi................... *The weather was very good on holiday.*
8. Tatilde hava çok soğuk................... *The weather was very cold on holiday.*
9. Adana kebap çok lezzetli................... *Adana kebab was very delicious.*
10. Bugün Ömer evde .... *Ömer was not at home today.*
11. O lisede öğrenci ....? *Was she not a student at high school?*
12. Onunla dün konuş................... *I talked to him yesterday. (lit.: I talked with him yesterday)*
13. Aniden yağmur başla................... *Suddenly rain started.*
14. Hiçbir şey iyi değil................... *Nothing was good.*
15. Pencereler çok kirli................... *The windows were very dirty.*

her şey - *everything*
onunla, onla - *with her/him/it*
aniden - *suddenly*
lise - *high school*

hiçbir şey - *anything, nothing*
pencere - *window*
kirli - *dirty*

L. Fill in the gaps to make statements in *past tense* and write them in English as in the example.

1. (ben)   Orada mıydım ....?   a. .... Was I there ....?
2. (sen)   Orada ....?   b. ....?
3. (o)   Orada ....?   c. ....?
4. (biz)   Orada ....?   d. ....?
5. (siz)   Orada ....?   e. ....?
6. (onlar)   Orada ....? /   f. ....? /
     Orada ....? /   ....? /
     Orada ....?   ....?

M. Fill in the gaps to make statements in *past tense* and write them in English as in the example.

1. (ben)   Daha şimdi burada.......................   a. ....
2. (sen)   Daha şimdi burada.......................   b. ....
3. (o)   Daha şimdi burada.......................   c. ....
4. (biz)   Daha şimdi burada.......................   d. ....
5. (siz)   Daha şimdi burada.......................   e. ....
6. (onlar)   Daha şimdi buradaydı .... /   f. ..... They were here just now ..... /
     Daha şimdi buradalardı .... /   ..... They were here just now ..... /
     Daha şimdi buradaydılar .... They were here just now

N. Match the questions and answers.

1. Çantada ne vardı?   a. Çarşıdaydık.
2. Bakkaldan ne aldın?   b. Gelecek sene.
3. Evde kimler vardı?   c. İyi filmler var.
4. Televizyonda ne var?   d. Hiçbir şey yoktu.
5. Ne zaman görüştünüz?   e. Değildi.
6. Ne zaman yeni araba alıyorsun?   f. Arkadaşlar vardı.
7. İlk kez mi motosiklet sürüyorsun?   g. İki kere.
8. Dün neredeydiniz?   h. Hiçbir şey almadım.
9. Mutlu muydu?   i. Geçen sene.
10. Türkiye'ye kaç defa gittiniz?   j. Hayır, ikinci defa.

O. Make the sentences negative.

1. Yemekte patlıcan musakka vardı.   ....
2. Acıktım.   ....
3. Dün hastaydım.   ....
4. Bugün ders var mıydı?   ....
5. Türkçe konuştum.   ....
6. Susadın mı?   ....

acıkmak - *to be/get hungry*   **motosiklet** - *motorcycle*
susamak - *to be/get thirsty*   **iki kere** - *twice*
ikinci - *second (in ordinal series)*   **ikinci defa** - *second time*
kaç defa? / kaç kere? / kaç kez? / kaç sefer? - *how many times?*

P. Translate the following into English. What's the difference?

1. Dün sinemaya gitmedik. ....
2. Hiç İngiltere'ye gitmedik. ....

3. Yemek çok lezzetli. ....
4. Yemek çok lezzetliydi. ....

Q. Practise your vocabulary. Fill in with the corresponding language.

Turkish	English
tembel	....
....	pool
....	to make an appointment
....	nothing, anything
her şey	....
yılbaşı	....
....	just a moment ago
....	actually, in fact
orada	....
....	to pay
....	to be/get thirsty
....	to be/get hungry
aniden	....
paket	....
....	maybe
....	why not
köfte	....
....	for the first time
....	to understand
....	just, only
eskiden	....
kalmak	....
....	rain
....	the day before yesterday
bu arada	....
....	do not worry
onunla	....
kaç defa	....

Unit 6

Exercises

A. Read the dialogue and answer the questions.

Sinemaya gidelim mi?
Shall we go to the cinema?

Selma iki gündür evde. İşe gitmiyor; izinli. Bugün çok canı sıkılıyor. Hülya'yla telefonda konuşuyor. Sinemaya gitmek istiyor.

Selma	"Selam. Ne haber?"
Hülya	"İyilik. Senden ne haber? Nasıl gidiyor?"
Selma	"Fena değil. İki gündür evdeyim. İşe gitmiyorum. Çok sıkıldım. O yüzden sana telefon ettim."
Hülya	"Çok iyi ettin. Hasta mısın?"
Selma	"Hayır, çok yorgunum. İzin aldım. Biraz dinleniyorum."
Hülya	"Bir şeyler yapalım o zaman. Bir yere gidelim."
Selma	"İyi fikir aslında. Dışarı çıkmak istiyorum. Kızılırmak Sineması'nda çok iyi bir film oynuyor. Johnny Depp'le Angelina Jolie oynuyorlar. Ne hakkında, tam olarak bilmiyorum, ama çok heyecanlı bir film herhâlde. Venedik'te geçiyor sanırım. Gidelim mi? Ne dersin?"
Hülya	"Neden olmasın? Haydi gidelim. Ben de sıkıldım."
Selma	"Brad Pitt'le Angelina Jolie ayrılıyorlar. Duydun mu?"
Hülya	"Ne? Gerçekten mi? Çok şaşırdım. Neden?"
Selma	"Tam olarak bilmiyorum. Daha yeni gazetede okudum. Şöyle bir göz gezdirdim."
Hülya	"İnanmıyorum. Brad Pitt'e hayranım. Ah canım!"
Selma	"Arzu'ya da haber vereyim mi? O da gelsin sinemaya. Olur mu?"
Hülya	"Kime? Arzu'ya mı? Tabii olur. Uzun süredir görüşmedik. Ben mi telefon edeyim?"
Selma	"Sen telefon et. Ben önce bir duş alayım, sonra hazırlanayım. Kaçta buluşalım?"
Hülya	"Dört uygun mu?"
Selma	"Uygun. Mudo'da ucuzluk var duydun mu? Pazartesi günü başladı. İki hafta sürüyor sanırım."
Hülya	"Ya! Öyle mi? Bir bluzla bir pantolon almak istiyorum aslında."
Selma	"Ben de bir etekle çanta bakmak istiyorum. Gidelim mi? Ne dersin?"
Hülya	"Oldu. Arzu'ya da söyleyelim. Sinemaya gitmeyelim, boş ver. Johnny Depp'i de zaten sevmiyorum. Angelina Jolie için de üzüldüm."
Selma	"Ucuzluk gelecek hafta sonu bitiyor sanıyorum. Hemen çıkalım mı?"
Hülya	"Tamam. Hemen! Kaçırmayalım. Birazdan çıkıyorum. McDonald's'ın önünde buluşalım."
Selma	"Tamam, oldu."

iki gündür - *for two days*
izinli - *on leave*
fena - *bad*

oldu - *OK, all right*
zaten - *already, anyway, in any case*
boş ver - *never mind, forget it*

fena değil - *not bad*
canı sıkılıyor - *she/he is bored*
canı sıkılmak - *to get/be bored*
ne haber? - *how are things? / what's up?*
iyilik - *(I'm) fine, goodness*
nasıl gidiyor? - *how is it going?*
iyi ettin - *you did well*
etmek - *to do/make/perform*
izin - *permission*
izin almak - *to take permission*
iyi fikir - *good idea*
geçmek - *to take place, to pass*
uzun - *long*
ucuzluk - *sale*
ah canım! - *oh dear!*
canım - *(my) dear, darling*
ya! - *gosh! (exclamation)*
öyle mi? - *really? / is that right? / is that so?*
sanmak - *to assume, to think, to presume*
sanırım, galiba - *I assume, I think*
bir şey - *something, anything*
bir şeyler - *something, some things*
herhâlde - *probably, presumably, I assume*
hakkında - *about, concerning, regarding*
-e/-a hayran (olmak) - *to admire*
uzun süredir - *for a long time*
şaşırmak - *to be surprised, to be confused*
uygun - *suitable, convenient, appropriate*
birazdan - *soon, in a little while, a little later*
haber vermek - *to inform, to let someone know*
bir şeyler yapalım - *let's do something, let's do things*
kaçırmak - *to miss a vehicle/chance, to kidnap, to hijack*
ayrılmak - *to separate/get divorced/split up, to leave*
o yüzden, onun için, bundan dolayı - *that's why, therefore*
ne dersin? - *what do you say/think? / how/what about …….?*
-eyim, -ayım, -elim, -alım - *the suffixes that express wish, desire, suggestion, offering help,*
(come on) let's …., let me …., shall I/we ….?

heyecanlı - *exciting, excited*
kime? - *to whom?*
tam olarak - *exactly*
ne hakkında? - *about what?*
daha yeni - *just, recently*
üzülmek - *to be/feel sad/sorry*
yer - *place, seat, ground, floor*
bir yer - *somewhere, a place*
şöyle bir - *roughly, briefly*
göz gezdirmek - *to take a look at*
inanmak - *to believe*
etek - *skirt*
önünde - *in front of*
ön - *front*
tabii - *of course, natural, surely*
olur mu? - *is that all right? / is it OK?*
olur - *it is all right, OK*
için - *for, in order to*
bluz - *blouse*
pantolon - *trousers*
duymak - *to hear, to feel*
gerçekten mi? - *really?*
süre - *period, duration, time*

1. Selma neden evde? ....
2. Selma neden işe gitmiyor? ....
3. Selma hasta mı? ....
4. Selma neden izin alıyor? ....
5. Film nerede geçiyor? ....
6. Filmde kimler oynuyor? ....
7. Hülya kime hayran? ....
8. Nerede ucuzluk var? ....
9. Selma ne bakmak istiyor? ....

10. Hülya ne almak istiyor? ....
11. Ucuzluk ne zaman bitiyor? ....
12. Nerede buluşmak istiyorlar? ....

B. Read the dialogue in exercise *A* and mark as (D) 'doğru' *(true)* or (Y) 'yanlış' *(false).*

1. Selma dışarı çıkmak istiyor. **(D)   (Y)**
2. Selma işe gitmiyor, çünkü hasta. **(D)   (Y)**
3. Selma Angelina Jolie'den dolayı dışarı çıkmak istemiyor. **(D)   (Y)**
4. Selma Arzu'yla telefonda konuşuyor. **(D)   (Y)**
5. Brad Pitt'le Angelina Jolie evleniyorlar. **(D)   (Y)**
6. Brad Pitt Selma ile konuşuyor. **(D)   (Y)**
7. Hülya Johnny Depp için üzülüyor. **(D)   (Y)**
8. Selma bir çantayla etek bakmak istiyor. **(D)   (Y)**
9. Hülya bir etekle çanta almak istiyor. **(D)   (Y)**
10. Arzu bir bluzla pantolon almak istiyor. **(D)   (Y)**
11. Ucuzluk bu hafta sonu bitiyor. **(D)   (Y)**
12. Mudo'nun önünde buluşmak istiyorlar. **(D)   (Y)**

-den/-dan dolayı - *because of* ....

C. Add the suffixes '-(y)eyim', '-(y)ayım', '-(y)elim' or '-(y)alım' to the verbs to express a wish/suggestion as in the examples.

gezmek	çalışmak	yürümek	davet etmek
(ben) *Gezeyim*	(ben)	(ben)	(ben) ....
(biz)	(biz) *Çalışalım*	(biz)	(biz) ....

D. Add the suffixes '-(y)eyim', '-(y)ayım', '-(y)elim' or '-(y)alım' to the verbs to express a wish/suggestion in negative form as in the examples.

çay içmek	oturmak	beklemek	yürüyüşe çıkmak
(ben)	(ben)	(ben) *Beklemeyeyim*	(ben) ....
(biz)	(biz) *Oturmayalım*	(biz)	(biz) ....

E. Make suggestions in question form adding the suffixes '-(y)eyim', '-(y)ayım', '-(y)elim' or '-(y)alım' to the verbs as in the examples.

söylemek	dinlenmek	başvurmak	almak
(ben) ....?	(ben) ....?	(ben) ....?	(ben) *Alayım mı*?
(biz) ....?	(biz) *Dinlenelim mi*?	(biz) ....?	(biz) ....?

davet etmek - *to invite*
yürüyüş - *walk (noun)*
yürüyüşe çıkmak - *to go out for a walk*

F. Make suggestions in negative question form adding the suffixes '-(y)eyim', '-(y)ayım', '-(y)elim' or '-(y)alım' to the verbs as in the examples.

<table>
<tr><td>sohbet etmek</td><td>müzik dinlemek</td><td>tanıştırmak</td></tr>
<tr><td>(ben) ....?</td><td>(ben) ....?</td><td>(ben) Tanıştırmayayım mı ?</td></tr>
<tr><td>(biz) Sohbet etmeyelim mi ?</td><td>(biz) ....?</td><td>(biz) ....?</td></tr>
</table>

tanıştırmak - *to introduce (somebody to another)*

G. Match the occupations with the corresponding English meanings.

1. diş hekimi	a. *estate agent*
2. avukat	b. *fire fighter*
3. hemşire	c. *carpet seller / carpet shop*
4. kasap	d. *spice seller / spice shop*
5. kitapçı	e. *plumber*
6. aşçı	f. *driver*
7. şoför	g. *teacher*
8. emlakçı	h. *salesman, seller*
9. inşaatçı	i. *electrician / electrician's*
10. bankacı	j. *player, actor, performer*
11. oyuncu	k. *lawyer, solicitor*
12. postacı	l. *butcher*
13. çantacı	m. *dentist*
14. baharatçı	n. *nurse*
15. elektrikçi	o. *cook*
16. öğretmen	p. *bag seller / bag shop*
17. satıcı	q. *builder*
18. muslukçu	r. *postman, postwoman*
19. itfaiyeci	s. *bookseller / bookstore*
20. halıcı	t. *banker, bank employee*

H. Add '-ci', '-cı', '-cü' or '-cu' to the nouns to make occupational titles as in the example. Make the necessary consonant changes.

1. şarkı *(song)*	şarkıcı	*(singer)*
2. sanat *(art)*	....	*(artist)*
3. gözlük *(eyeglasses, spectacles)*	....	*(optician)*
4. dondurma *(ice cream)*	....	*(ice cream seller)*
5. balık *(fish)*	....	*(fishmonger, fisherman)*
6. fotoğraf *(photograph)*	....	*(photographer / photographer's shop)*
7. futbol *(football)*	....	*(footballer)*
8. tamir *(repair)*	....	*(repairman / repair shop)*
9. gazete *(newspaper)*	....	*(journalist / newsagent)*
10. ayakkabı *(shoe)*	....	*(shoe seller, shoemaker / shoe shop)*
11. basketbol *(basketball)*	....	*(basketball player)*
12. cam *(glass)*	....	*(glazier / glass shop)*

I. Translate the following into Turkish as in the example.

1. *Shall we go out?* .....Dışarı çıkalım mı?.....
2. *Shall I call?* ....
3. *Let me help.* ....
4. *Shall we talk?* ....
5. *Shall we not go?* ....
6. *Shall I not drink?* ....
7. *Let me cook.* ....
8. *Let's walk.* ....
9. *Let me drink coffee.* ....
10. *Let's go to a restaurant.* ....
11. *Shall we not buy two each?* ....
12. *Let's talk on the phone.* ....

J. Translate the following into English.

1. Alışverişe gidelim mi? ....
2. Yardım edeyim mi? ....
3. Ben çorba almayayım. Köfte alayım. ....
4. Geç kalmayalım. ....
5. Sohbet edelim. ....
6. Konsere gitmeyelim. ....
7. Haydi! Koşalım. ....
8. Televizyon seyretmeyelim mi? ....
9. Manavdan meyve alayım mı? ....
10. Kahvaltıdan önce duş alayım. ....
11. Beşer tane alalım. ....
12. Saat on ikide gidelim. ....
13. Bira içelim mi? ....
14. Biraz para vereyim mi? ....

manav - *greengrocer's shop, greengrocer*
meyve - *fruit*
beşer - *five each*
tane - *item, piece*

yardım - *help*
yardım etmek - *to help*

K. Match the verbs formed with *'etmek'* and *'olmak'* with their English meanings.

1. tereddüt etmek
2. şikâyet etmek
3. park etmek
4. tahmin etmek
5. fark etmek

a. *to repeat*
b. *to imagine*
c. *to repair*
d. *to be careful*
e. *to give something as a gift*

6. rahatsız etmek   f. *to be patient*
7. tamir etmek   g. *to complain*
8. tercih etmek   h. *to get lost*
9. ihmal etmek   i. *to check*
10. tekrar etmek   j. *to suppose*
11. kontrol etmek   k. *to forgive*
12. hayal etmek   l. *to be/get ready*
13. dikkat etmek, dikkatli olmak   m. *to be ill*
14. hediye etmek   n. *to hesitate*
15. sabretmek   o. *to be helpful*
16. kaybetmek   p. *to park*
17. zannetmek   q. *to disturb*
18. affetmek   r. *to prefer*
19. reddetmek   s. *to refuse*
20. hasta olmak   t. *to predict, to guess*
21. hazır olmak   u. *to regret*
22. pişman olmak   v. *to notice*
23. yardımcı olmak   w. *to lose*
24. kaybolmak   x. *to neglect*

L. Match the following with their English meanings.

1. çok daha fazla   a. *a lot of, much, many, very, plenty*
2. bütün   b. *insufficient, not enough*
3. daha, daha fazla, daha çok   c. *more*
4. kaç (tane)?   d. *how much?*
5. bazı   e. *some*
6. yetersiz   f. *much more*
7. az   g. *all, whole*
8. daha az   h. *too much, too many*
9. birkaç (tane)   i. *enough, sufficient*
10. yeterli   j. *very little, very few*
11. çok az   k. *a little*
12. ne kadar?   l. *a few, several*
13. çok fazla   m. *less*
14. biraz   n. *how many?*
15. çok   o. *little, few, not much, not many*

M. Translate the following into English.

1. Az şekerli bir kahve, lütfen! ....
2. Bu yemek biraz tuzlu. ....
3. Çarşıda çok para harcamayın. ....
4. Birçok kere kayak yaptım. ....
5. Çaya çok az süt koydun. ....
6. Şu elbiselere çok fazla para ödedi. ....
7. Plajda çok insan var. ....

8. Daha ye. Biraz şişmanla. ....
9. Daha fazla su istemiyorum. ....
10. Daha çok para verdi. ....
11. Daha az para yeter. ....
12. Birkaç (tane) kitap aldım. ....
13. İş yerinde yeterli maaş ödemiyorlar. ....
14. İş yerinde yetersiz maaş ödüyorlar. ....
15. Sofrada hiç peynir yok. ....
16. Ne kadar maaşla geçiniyorlar? ....
17. Kaç tane araba değiştirdin? ....
18. Bazı insanlar çok saygılı. ....
19. Bu kadar umutsuz olma. Gerek yok. ....
20. O kadar düşünme. ....
21. Bunlar ne? ....
22. Şunlar dokümanlar. ....
23. Onlar listede. ....
24. Bu lazım değil, ama şu lazım. ....
25. O ilginç. ....
26. Kaçar tane aldınız? ....
27. İkişer tane aldık. ....
28. Bu kadar tatlı yeter. ....
29. Gürültüden dolayı rahatsız oldum. ....

tuzlu - *salty*
harcamak - *to spend (money/time)*
birçok - *a lot of, so many*
kayak - *ski*
kayak yapmak - *to ski*
koymak - *to put*
insan - *human, person*
şişmanlamak - *to get fat, to put on weight*
büro - *office*
yetmek - *to be enough*
yeter - *enough, sufficient*
yeterli - *enough, sufficient*
yetersiz - *not enough, insufficient*
insanlar - *people*
iş yeri - *workplace*
maaş - *salary*
saygı - *respect*
saygılı - *respectful*
lazım - *needed, have to, necessary*
bu kadar - *this much, this is it, so (much)*
o kadar - *that much, that is it, so (much)*
değiştirmek - *to change/replace something, to swap, to switch*
-le/-la geçinmek - *to live on an income, to get on with somebody*

bazı - *some*
doküman - *document*
bu - *this*
şu - *that*
şunlar - *those*
o - *that, he, she, it*
onlar - *those, they*
ilginç - *interesting*
umutsuz - *desperate, hopeless*
gerek - *necessity, need, have to*
gerek yok - *(there is) no need*
tatlı - *sweet, dessert*
kaçar? - *how many each?*
ikişer - *two each*
rahatsız olmak - *to be disturbed*

N. Translate the following into English. What's the difference?

1. Soğuk hava hasta etti. ....
2. Soğuk havada hasta oldum. ....

3. rahatsız olmak ....
4. rahatsız etmek ....

O. Practise your vocabulary. Fill in with the corresponding language.

Turkish	English
gerçekten mi	....
....	to help
....	to be helpful
....	I assume, I think
boş ver	....
herhâlde	....
....	to lose
....	enough
öyle mi	....
....	human
....	that
....	salary
bluz	....
sekizer	....
....	fruit
....	exactly
gerek yok	....
....	to get lost
....	workplace
....	insufficient, not enough
pantolon	....
uzun süredir	....
....	document
....	those
ucuzluk	....
....	these
uygun	....
insanlar	....

Unit 7

Exercises

A. Read the text and answer the questions.

Anneler Günü ve Babalar Günü
Mother's Day and Father's Day

Gelecek hafta Anneler Günü. Ekrem'in kızı Buket ve oğlu Sedat annelerine hediye almak için ondan para istediler. Ekrem onlara para verdi.

"Annenize ne hediye alıyorsunuz?" diye sordu, söylemediler.

"Sana ne!" dediler. Ekrem de bir daha sesini çıkarmadı.

Daha sonra Ekrem'in eşi Gizem gizlice Ekrem'e, "Bana ne alıyorlar?" dedi.

"Bilmiyorum," dedi Ekrem, "söylemediler.

"Şaka yapıyorum," dedi Gizem, "önemli olan hediye değil. Önemli olan hatırlamak, sevgi göstermek."

"Biliyorum", dedi Ekrem, "onlar bizim her şeyimiz."

Anneler Günü geldi. Sabahleyin erkenden Buket ve Sedat annelerine sarıldılar, onunla kucaklaştılar ve annelerinin hediyelerini verdiler. Buket annesine bir kolye aldı. Sedat bir parfüm aldı. Gizem onlara sarıldı, teşekkür etti ve öptü. Sonra fotoğraf çektiler ve hep beraber kahvaltı ettiler.

"Tam bir yıl önce, yine burada beraberdik, hatırlıyor musun Ekrem? Aradan bir yıl geçti," dedi Gizem.

"Evet," dedi Ekrem, "hatırlıyorum. Tam bir yıl geçti."

Kahvaltıda Ekrem çocuklarına şaka olarak, "Babalar Günü'nde bana ne alıyorsunuz?" dedi.

"Sana hiçbir şey almıyoruz, senin her şeyin var," dediler, güldüler.

Kahvaltıdan sonra Gizem, "Bugün hep beraber eğlence parkına gidelim," dedi, "çocuklar seviyorlar."

"Ama bugün senin günün," dedi Ekrem.

Gizem, "Olsun," dedi, "biraz dolaşalım, bir yerde de yemek yiyelim."

"Olur," dedi Ekrem ve o da Gizem'e bir demet çiçek verdi, "bu da senin için."

"Bu ne?" dedi Gizem

"Senin için," dedi Ekrem, "sen de çocuklarımızın annesisin."

"Ah! Çok teşekkür ederim," dedi Gizem, "hiç gerek yoktu."

O gün önce eğlence parkına, sonra bir restorana gittiler. Hep beraber fotoğraf da çektirdiler. Bir hafta sonra Ekrem kızının Facebook sayfasında annesiyle, kardeşiyle ve kendisiyle birlikte eğlence parkındaki ve yemekteki fotoğraflarını gördü. 'Her şey çok güzeldi', diye düşündü.

kız - *girl, daughter*
oğul - *son*
Ekrem'in oğlu - *Ekrem's son*
Ekrem'in kızı - *Ekrem's daughter*
ondan - *from him/her*
sana ne? - *what's it to you?*
çıkarmak, çıkartmak - *to take out, to remove*
ses çıkarmak/çıkartmak - *to make a noise, to say something*
sesini çıkar(t)madı - *he/she/they did not say anything*

anne - *mother*
baba - *father*
sevgi - *love*
onlara - *to them, for them*
için - *in order to, for*
hediye - *gift*
ses - *sound, voice*
gizlice - *secretly*
park - *park*

erkenden - *very early*
olarak - *as*
şaka olarak - *as a joke*
önemli - *important*
göstermek - *to show*
aradan - *from then till ….*
şaka yapmak - *to make a joke*
-e/-a sarılmak - *to hug/cuddle*
kucaklaşmak - *to hug one another*
eğlence parkı - *amusement park*
eğlence - *amusement, entertainment, fun*
hediyelerini - *accusative form of 'hediyeleri'*
bir daha - *not again, no more, once more, again*
bir yerde - *somewhere (lit.: at/in somewhere)*
fotoğraf çektirmek - *to have a picture taken*
fotoğrafları - *accusative form of 'fotoğraflar'*
-in, -ın, -ün, -un - *possessor ending*
her şeyimiz - *everything (all) we have (lit.: our everything)*
olan - *the one who/that/which ….., who/that/which have ….*
-(s)i, -(s)ı, -(s)ü, -(s)u - *possessed ending*
-(i)m, -(i)n, -(s)i, -(i)miz, -(i)niz, -(s)i/-leri - *possessive suffixes*
diye - *as, in case, that, called, named, so that, in order to, thinking that*

annesine - *to (for) her/his mother*
kolye - *necklace*
parfüm - *perfume*
öpmek - *to kiss*
tam - *exact, exactly, whole, just*
kardeş - *sibling, brother or sister*
önemli olan - *what really matters is*
olsun - *that's okay, let it be, forget it*
senin için - *for you*
senin günün - *your day*
demet - *bunch*
çiçek - *flower*
fotoğraf - *photograph*
fotoğraf çekmek - *to take picture*
o gün - *that day*
sayfa - *page*
-s- - *buffer letter*
-n- - *buffer letter*

1. Gelecek hafta Anneler Günü mü? ....
2. Buket ve Sedat kim? ....
3. Buket ve Sedat niye para istiyorlar? ....
4. Buket'le Sedat'ın annelerinin adı ne? ....
5. Buket'le Sedat kimden para istiyorlar? ....
6. Buket'le Sedat annelerine ne aldılar? ....
7. Buket'le Sedat ne için hediye aldılar? ....
8. Babalar Günü'nde babalarına ne alıyorlar? ....
9. Hep beraber nereye gidiyorlar? ....
10. Ekrem eşi Gizem için ne aldı? ....

B. Read the text in exercise *A*. Mark as (D) 'doğru' *(true)* or (Y) 'yanlış' *(false)*.

1. Gizem; Buket ve Sedat için hediye alıyor. **(D)   (Y)**
2. Gizem Ekrem'den para istedi. **(D)   (Y)**
3. Gelecek hafta Buket'in yaş günü. **(D)   (Y)**
4. Anneler Günü'nde Buket ve Sedat Gizem'e hediye aldılar. **(D)   (Y)**
5. Kahvaltıda yaş günü kutladılar. **(D)   (Y)**
6. Babalar Günü'nde babalarına bir kolye alıyorlar. **(D)   (Y)**
7. Babalar Günü'nde eğlence parkına gidiyorlar. **(D)   (Y)**
8. Ekrem eşi için bir buket çiçek aldı. **(D)   (Y)**
9. Kahvaltıdan sonra eğlence parkına ve bir restorana gittiler. Fotoğraf da çektirdiler. **(D)   (Y)**
10. Bir hafta sonra, Ekrem fotoğrafları kızının Facebook sayfasında gördü. **(D)   (Y)**

C. Fill in the blanks with suffixes in correct forms as in the examples. Apply the consonant mutation rules.

1. Kitap**ta**..... çok güzel resimler var. / *There are very beautiful pictures in the book.*
2. Kita**bın**...... ad**ı**........ ne? / *What is the name of the book?*
3. Gözlü**ğün**...... çanta**da**...... / *Your glasses are in the bag.*
4. Yatak......... boyu kısa. / *The length of the bed is short.*
5. Ayak bilek......... acıyor. / *My ankle is hurting. (my ankle hurts)*
6. Türk mutfak......... zengin ve sağlıklı. / *The Turkish kitchen is rich and healthy.*
7. Geceleyin ay ışık......... çok romantik. / *The moonlight is very romantic at night.*
8. Otobüs durak......... bir saat bekledim. / *I have waited at the bus stop for an hour.*
9. İnsanlar durak......... bekliyor. / *People are waiting at the (bus) stop.*
10. Tavşanların kulak......... neden uzun? / *Why are the ears of rabbits long?*
11. Köpek......... kulak......... büyük. / *The ear of the dog is big.*
12. Saksı......... toprak......... iyi. / *The soil of the flowerpot is good.*
13. Kaza......... sebep......... aşırı hızdı. / *The reason of (for) the accident was excessive speed.*
14. Çorap......... yırtık. / *My sock is torn.*
15. Kitap......... dolap......... / *Your books are in the cupboard.*
16. Sınav......... sonuç......... hiç iyi değil. / *The result of the exam is not good at all.*
17. Yeni bir çocuk kulüp......... açıldı. / *A new child club (children's club) has been opened.*
18. Davetiye mektup......... dün geldi. / *The invitation letter arrived yesterday.*
19. Araba......... renk......... çok güzel. / *The colour of the car is very beautiful.*
20. Köpek......... sahip......... Harry. / *The owner of the dog is Harry.*
21. Sokak......... insanlar yürüyor. / *People are walking in the street.*
22. Uçak......... sıkıldım. / *I got bored on the plane.*
23. Haluk'......... ev......... uzak. / *Haluk's house is far.*
24. Uçak......... bir kanat......... kırmızı. / *One wing of the plane is red.*
25. Kaç......... buluşuyorsunuz? / *What time are you meeting?*
26. Üç......... ev......... görüşürüz. / *See you at home at three o'clock.*
27. Onun kazanç......... iyi. / *His income is good.*
28. Didem mutfak......... yemek pişiriyor. / *Didem is cooking in the kitchen.*
29. Çocuk......... biraz harçlık verdim. / *I gave some pocket money to the child.*
30. Ispanak......... sonra tavuk yedik. / *We ate (had) chicken after spinach.*
31. Fotoğraf......... kimler var? / *Who's in the picture?*
32. Yolcu uçak....... kaptan....... Ayşe'...... baba......... bir arkadaş......... / *The captain of the passenger plane is a friend of Ayşe's father.*

masa - *table* | davetiye - *invitation* | kaza - *accident*
yatak - *bed* | sağlıklı - *healthy* | sınav - *exam*
boy - *length, height* | tavşan - *rabbit* | sonuç - *result*
kısa - *short* | kulak - *ear* | kulüp - *club*
ayak - *foot* | saksı - *flowerpot* | köpek - *dog*
ayak bileği - *ankle* | toprak - *soil, earth, land* | tavuk - *chicken*
mutfak - *kitchen, cuisine* | sebep - *reason, cause* | kaptan - *captain*
zengin - *rich* | renk - *colour* | sahip - *owner*
açılmak - *to be opened* | harçlık - *pocket money* | kanat - *wing*
sokak - *street, road* | hız - *speed* | ıspanak - *spinach*

ışık - *light*
durak - *stop, bus stop*
aşırı - *excessive, extreme*
romantik - *romantic*
acımak - *to hurt, to have pity on someone*

çorap - *sock, stocking*
yırtık - *torn, ripped*
kazanç - *income, earnings*

D. Make compound nouns with the following using the suffixes '-(s)i', '-(s)ı', '-(s)ü', '-(s)u' or '-(y)u' as in the examples. Apply the consonant changes.

1. koyun + yoğurt .... *koyun yoğurdu* .... sheep yogurt
2. tiyatro + oyuncu .... *tiyatro oyuncusu* .... theatre actor
3. ders + kitap .... textbook
4. telefon + numara .... telephone number
5. sokak + köpek .... street dog
6. yaz + tatil .... summer holiday
7. yatak + oda .... bedroom
8. elma + bahçe .... apple orchard
9. çilek + reçel .... strawberry jam
10. limon + su .... lemon juice
11. üniversite + öğrenci .... university student
12. armut + ağaç .... pear tree
13. deniz + su .... sea water
14. banka + hesap .... bank account
15. kapı + kilit .... door lock
16. mum + ışık .... candle light
17 kredi + kart .... credit card
18. masa + örtü .... tablecloth
19. duvar + boya .... wall paint
20. bilet + kuyruk .... ticket queue
21. su + bardak .... water glass (tumbler)
22. telefon + fatura .... telephone bill
23. mercimek + çorba .... lentil soup
24. bilet + ücret .... ticket price (fare)

E. Use the correct forms of the suffixes '-(i)m', '-(i)n', '-(s)i', '-(i)miz' or '-(i)niz' as in the examples. Apply the consonant changes.

1. onun + çekmece .... *onun çekmecesi* .... his drawer
2. sizin + sağlık .... *sizin sağlığınız* .... your health
3. onun + ayna .... her mirror
4. bizim + raf .... our shelf
5. sizin + kanepe .... your sofa
6. onların + çocuklar .... their children
7. senin + gömlek .... your shirt

8. sizin + tarak .... *your comb*
9. benim + bisiklet .... *my bicycle*
10. benim + kitap .... *my book*
11. bizim + dolap .... *our cupboard*
12. sizin + dokümanlar .... *your documents*
13. benim + yüzük .... *my ring*
14. senin + kolye .... *your necklace*
15. onların + dosyalar .... *their folders*
16. benim + mutfak .... *my kitchen*
17. senin + çocuk .... *your child*
18. onun + bebek .... *her baby*
19. senin + saç .... *your hair*
20. bizim + borç .... *our debt*

F. Make compound nouns using the possessor endings '-(n)in', '-(n)ın', '-(n)ün' or '-(n)un' and possessed endings '-(s)i', '-(s)ı', '-(s)ü' or '-(s)u' as in the examples. Apply the consonant changes.

1. sözlük + kapak .... sözlüğün kapağı .... *dictionary's cover*
2. yemek + tat .... yemeğin tadı .... *meal's taste*
3. müzik + ses .... *sound of music*
4. soru + cevap .... *answer of the question*
5. bıçak + uç .... *knife's tip*
6. lamba + ışık .... *lamp's light*
7. yüzük + değer .... *ring's value*
8. tekerlek + renk .... *wheel's colour*
9. ev + mutfak .... *kitchen of the house*
10. öğretmen + kitap .... *teacher's book*
11. gömlek + düğme .... *shirt's button*
12. kitap + ad .... *book's name*
13. çocuk + elbise .... *child's dress*
14. insanlar + evler .... *people's houses*

sözlük - *dictionary*
kapak - *cover, lid, cap*
tat - *taste*
cevap - *answer*

uç - *tip, bit, extreme*
tekerlek - *wheel*
düğme - *button*
değer - *value, worth, price*

G. Fill in the blanks with the related *possessive adjectives* as in the examples.

1. benim .... ilacım
2. onun / onların ... yoğurdu
3. .... kepengimiz
4. .... çocuğumuz

5. .... eşin
6. .... elbisesi
7. .... monitörün
8. .... cep telefonum

9. .... bilgisayarlarımız
10. .... araban
11. .... işi
12. .... terliğim
13. .... dosyaları
14. .... ev adresim

15. .... komşusu
16. .... sokak kapınız
17. .... bahçe duvarımız
18. .... tabağım
19. .... bilgisayar programı
20. .... ayakkabın

kepenk - *shutter*
terlik - *slipper*
cep - *pocket*
adres - *address*
cep telefonu - *mobile phone*

dosya - *folder, file*
monitör - *monitor*
sokak kapısı - *front door*
tabak - *plate*

H. Rewrite the sentences adding '-ki' (the one which ....) to the possessive adjectives as in the example. Match the corresponding meanings in English.

1. Bu benim paketim.
   Bu benimki ....
2. Senin cevabın doğru.
   ....
3. Onun çayı sütlü mü?
   ....?
4. Bizim bilgisayarımız yavaş değil.
   ....
5. Sizin komşularınız iyi.
   ....
6. Onların odası geniş değil mi?
   ....?

This is my parcel.
This is my one (mine).
Your answer is correct.
Your one (yours) is correct.
Is her tea with milk?
Is her one (hers) with milk?
Our computer is not slow.
Our one (ours) is not slow.
Your neighbours are good.
Your ones (yours) are good.
Is their room not wide?
Is their one (theirs) not wide?

I. Fill in the blanks with the *reflexive forms* as in the examples.

1. ...*Kendine*...... bir pantolon al. Yırtık pantolonla gezme.
   Buy yourself new trousers. Don't go around with torn trousers. (literally: buy to yourself)
2. O .....*kendi kendine / kendi kendisine*...... çalışıyor.
   She is working on her own.
3. .*Kendi kendime*...... Türkçe öğreniyorum.
   I am learning Turkish on my own.
4. Onlar .... çok eminler.
   They are so sure of themselves. (literally: sure from themselves)
5. Siz .... güvenmiyorsunuz.
   You do not trust yourself. (literally: you do not trust to yourself)
6. Deden yaşlı ama, ... çok iyi bakıyor.
   Your grandfather is old, but he takes care of himself very well. (literally: takes care to himself)
7. Ayşe'ye çirkin dedi. O .... baksın önce.
   She said ugly for Ayşe. She should look at herself first. (literally: she should look to herself first)

8. Sen .... karar verdin.

   You have made a decision on your own.

9. .... eğleniyoruz.

   We are having fun on our own.

10. Bütün gün aynada .... bakıyor.

    She looks at herself in the mirror all day. (literally: she looks to herself)

11. .... iyileştim.

    I recovered on my own (by myself).

güvenmek - *to trust, to rely on*

iyileşmek - *to recover, to get better*

karar vermek - *to make a decision, to decide*

kendine - *to yourself/herself/himself*

kendi kendime - *by myself, on my own*

kendi kendine - *by yourself/himself/herself/itself, on your/his/her/its own*

çirkin - *ugly*

dede - *grandfather*

emin - *sure*

J. Fill in the blanks with the words in bold using the correct forms. Remember that some words ending in *consonant + vowel + consonant* drop their last vowel when a suffix starting with a vowel is added onto these words.

Some examples:

vakit	*time*	Yarın boş ...vaktim... yok.	*I don't have free time tomorrow.*
fikir	*idea*	Onun .....fikri..... önemli.	*His idea is important.*
boyun	*neck*	Kuğunun ....boynu.... uzun.	*The swan's neck is long.*
metin	*text*	Bu ....metni.... oku.	*Read this text.*

1. **oğul** *son* — Onun .... Sedat. — *His son is Sedat.*
2. **omuz** *shoulder* — .... ağrıyor. — *My shoulder is aching.*
3. **ağız** *mouth* — Timsahın .... büyük. — *The crocodile's mouth is big.*
4. **alın** *forehead* — .... kırışıklıklar var. — *There are wrinkles on his forehead.*
5. **ömür** *lifespan, life* — .... görmedim. — *I haven't seen in my life.*
6. **nehir** *river* — .... suyu bulanık. — *The river's water is cloudy.*
7. **isim** *name* — O filmin .... ne? — *What is the name of that film?*
8. **şehir** *city* — Bu .... tarihî yerleri var. — *This city has historical places.*
9. **resim** *picture* — Bu benim .... — *This is my picture.*
10. **burun** *nose* — Onun .... kırmızı. — *His nose is red.*
11. **sabır** *patience* — Hiç .... yok. — *I do not have any patience.*

ağrımak - *to ache*

timsah - *crocodile*

kırışıklık - *wrinkle*

bulanık - *cloudy, blurry, muddy*

tarihî - *historical*

tarihî yer - *historical place*

K. Translate the following into English. What's the difference?

1. bahçe kapısı ....
2. bahçenin kapısı ....

3. kitabın sayfası ....
4. kitap sayfası ....

L. Practise your vocabulary. Fill in with the corresponding language.

Turkish	English
emin	....
....	entertainment, fun
....	dictionary
....	taste
parfüm	....
kolye	....
....	telephone number
....	to take a picture
yer	....
....	kitchen
....	monitor
....	pocket
bir yer	....
bilet ücretl	....
....	question
....	to ache
ilaç	....
....	file, folder
....	to trust
....	plane ticket
köpek	....
adres	....
....	mobile phone
....	answer
gözlük	....
....	city
portakal suyu	....
sağlıklı	....

Unit 8

Exercises

A. Read the text and answer the questions.

Yarın tekne gezisine gideceğiz
We will go on a boat trip tomorrow

Fethiye'de her yıl tekne gezisi yapıyoruz. Bu yıl da tekneyle gezmek için dört gözle bekledik. Ve o gün sonunda geldi. Bu sabah Ölüdeniz'den tekneye bineceğiz. Akdeniz'in turkuaz mavisi sularında yol alacağız. Önce Mavi Mağara'ya uğrayacağız, sonra Kelebekler Vadisi'ne geleceğiz. Orada bir saat kalacağız. Plajda oturacağız, bir şeyler içeceğiz, güneşleneceğiz ve sonra yüzeceğiz. Ben tekneden denize atlayacağım. Denizin rengi turkuaz mavisi ve dibi görünüyor; çok berrak ve temiz.

Daha sonra vadide yukarıya doğru yürüyeceğiz. Burada birçok tür kelebek var, ama yılın bu zamanında kelebekler yok. Bu sefer kelebek görmeyeceğiz, ama olsun burası çok harika bir yer. Her yerde zeytin ağaçları ve çalılar var. Vadide küçük bir şelale de var. Toprak patikalarda şelaleye kadar yürüyeceğiz. Daha sonra vadiden bu kez aşağıya ineceğiz. Kendimi hemen serin denize atacağım, çünkü hava çok sıcak olacak.

Yaklaşık bir saat sonra yeniden tekneye bineceğiz ve bu sefer Akvaryum Koyu'na doğru yol alacağız. Teknede yemek de veriyorlar. Mangalda balık yapıyorlar; yanında da salata. Nefis! Akvaryum Koyu'nda da turkuaz mavisi berrak sularda yüzeceğiz. Ondan sonra St. Nicholas Adası'na, Soğuk Su Koyu'na ve Deve Plajı'na gideceğiz. Sonunda yeniden Ölüdeniz'e varacağız. Burada gezi bitiyor.

Kulağa hoş geliyor, öyle değil mi? Ne dersiniz?

Akşamleyin barda Metin ve nişanlısı Arzu ile buluşacağız. Ankara'dan bu akşam geliyorlar. Uzun süredir görüşmedik. Barda bir şeyler içeceğiz ve sohbet edeceğiz. Metin ve Arzu gelecek ay evleniyorlar. Buraya, Fethiye'ye balayı için gelecekler. Daha şimdiden otelde yer ayırttılar. Belki gelecek ay onlarla birlikte bir tekne gezisi daha yaparız. Kim bilir?

tekne gezisi yapmak - *to have a boat trip*	**koy** - *bay, put*
tekne - *boat*	**tür** - *kind, sort, type*
tekne gezisi - *boat trip*	**burası** - *this place, here*
dört gözle beklemek - *to look forward to*	**harika** - *wonderful*
sonunda - *in the end, finally, at last*	**her yer** - *everywhere*
Akdeniz - *the Mediterranean Sea*	**zeytin** - *olive*
turkuaz - *turquoise*	**ağaç** - *tree*
turkuaz mavisi - *turquoise blue*	**zeytin ağaçları** - *olive trees*
yol - *road, way*	**şelale** - *waterfall*
yol almak - *to move forward, to proceed, to advance*	**patika** - *footpath, track*
mağara - *cave*	**aşağıya, aşağı** - *downwards*
uğramak - *to stop/drop by, to pop in*	**inmek** - *to go/climb down*
kelebek - *butterfly*	**hoş** - *nice, pleasant*
-e kadar, -a kadar - *up to, until, as far as*	**bu sefer** - *this time*
-ecek, -acak - *the suffix for 'the future tense' in Turkish*	**küçük** - *small, little*

yaklaşık - *approximate(ly), about*
görünmek - *to be seen, to seem, to appear, to look*
yeniden - *again*
bu kez - *this time*
akvaryum - *aquarium*
güneşlenmek - *to sunbathe*
yukarıya, yukarı - *upwards*
-e doğru, -a doğru - *towards*
kulağa hoş gelmek - *to sound nice*
kendimi - *myself (accusative form of 'kendim')*
öyle değil mi? - *is it not like that? / isn't it? (tag question)*
nişanlı - *engaged (to be married), fiancé(e)*
yer ayırtmak - *to book, to make a reservation*
bir şey(ler) içmek - *to have a drink*
atmak - *to throw, to dispose of*
salata - *salad*
nefis - *delicious, yummy*
ada - *island*
bir .... daha - *one more ....*
belki - *maybe, perhaps*
yılın bu zamanında - *at this time of the year*
daha - *only just, more, yet, still, any longer*

berrak - *clear*
serin - *cool, chilly*
mangal - *barbecue*
vadi - *valley*
çalı - *bush*
dip - *bottom*
balayı - *honeymoon*
deve - *camel*
daha şimdiden - *already*
onlarla - *with them*
kim bilir? - *who knows?*

1. Tekne gezisi için tekneye nereden binecekler? ....
2. Kelebekler Vadisi'nde ne kadar kalacaklar? ....
3. Kelebekler Vadisi'nde ne yapacaklar? ....
4. Vadide neden kelebek görmeyecekler? ....
5. Patikalarda nereye kadar yürüyecekler? ....
6. Kelebekler Vadisi'nden sonra nereye gidecekler? ....
7. Kelebekler Vadisi'nden önce nereye gittiler? ....
8. Teknede ne yemek veriyorlar? ....
9. Gezi nerede bitiyor? ....
10. Akşamleyin barda kimlerle buluşacaklar? ....

B. Read the text in exercise *A*. Mark as (D) 'doğru' *(true)* or (Y) 'yanlış' *(false)*.

1. Fethiye'de bu yıl da tekne gezisi yapacaklar. **(D) (Y)**
2. Fethiye'de her yıl tekne gezisi yapıyorlar. **(D) (Y)**
3. Kelebekler Vadisi'nden sonra Mavi Mağara'ya uğrayacaklar. **(D) (Y)**
4. Kelebekler Vadisi'nde güneşlenecekler, yüzecekler ve bir şeyler içecekler. **(D) (Y)**
5. Kelebekler Vadisi'nde deniz berrak ve dibi görünüyor. **(D) (Y)**
6. Yılın bu zamanında burada birçok tür kelebek var. **(D) (Y)**
7. Şelalede yüzecekler. **(D) (Y)**
8. Akvaryum Koyu'ndan sonra St. Nicholas Adası'na gelecekler. **(D) (Y)**
9. Metin ve Arzu nişanlılar. **(D) (Y)**
10. Metin ve Arzu Fethiye'de balayı için yer ayırttılar. **(D) (Y)**

C. Fill in the blanks with the *future form* of the verbs using '-(y)ecek' or '-(y)acak'. Add the personal endings and apply the consonant changes as in the examples.

telefon etmek

(ben) Şirkete telefon *edeceğim* ....
(sen) Şirkete telefon ....
(o) Şirkete telefon ....
(biz) Şirkete telefon ....
(siz) Şirkete telefon ....
(onlar) Şirkete telefon .... /
....

müzik dinlemek

(ben) Müzik ....
(sen) Müzik ....
(o) Müzik ....
(biz) Müzik ....
(siz) Müzik ....
(onlar) Müzik *dinleyecek* .... /
dinleyecekler ....

yola çıkmak

(ben) Yarın yola ....
(sen) Yarın yola ....
(o) Yarın yola ....
(biz) Yarın yola ....
(siz) Yarın yola *çıkacaksınız* ....
(onlar) Yarın yola .... /
....

kart oynamak

(ben) Kart ....
(sen) Kart ....
(o) Kart ....
(biz) Kart *oynayacağız* ....
(siz) Kart ....
(onlar) Kart .... /

D. Fill in the blanks with the negative form of the verbs in *future tense*. Use the ending '-(y)ecek' / '-(y)acak'. Add the personal endings and apply the consonant changes as in the examples.

ayran içmek

(ben) Ayran ....
(sen) Ayran ....
(o) Ayran ....
(biz) Ayran *içmeyeceğiz* ....
(siz) Ayran ....
(onlar) Ayran .... /
....

sinemaya gitmek

(ben) Sinemaya ....
(sen) Sinemaya ....
(o) Sinemaya *gitmeyecek* ....
(biz) Sinemaya ....
(siz) Sinemaya ....
(onlar) Sinemaya .... /
....

geç kalmak

(ben) İşe geç ....
(sen) İşe geç ....
(o) İşe geç ....
(biz) İşe geç ....
(siz) İşe geç ....
(onlar) İşe geç *kalmayacak* .... /
kalmayacaklar ....

tatil yapmak

(ben) Bu yaz tatil ....
(sen) Bu yaz tatil ....
(o) Bu yaz tatil ....
(biz) Bu yaz tatil *yapmayacağız* ....
(siz) Bu yaz tatil ....
(onlar) Bu yaz tatil .... /
....

yola çıkmak - *to set off on a journey*
ayran - *a drink made with yogurt mixed with water and salt*

şirket - *company, firm*

E. Fill in the blanks with the question form of the verbs in *future tense*. Use '-(y)ecek' / '-(y)acak'. Add the personal endings. Apply the consonant changes.

plajda yüzmek

(ben) Plajda ....?
(sen) Plajda ....?
(o) Plajda ....?
(biz) Plajda ...*yüzecek miyiz*......?
(siz) Plajda ....?
(onlar) Plajda ....? /
............................?

televizyon seyretmek

(ben) Televizyon ....?
(sen) Televizyon ....?
(o) Televizyon ...*seyredecek mi*......?
(biz) Televizyon ....?
(siz) Televizyon ....?
(onlar) Televizyon ....? /
............................?

gitar çalmak

(ben) Gitar ....?
(sen) Gitar ..*çalacak mısın*......?
(o) Gitar ....?
(biz) Gitar ....?
(siz) Gitar ....?
(onlar) Gitar ....? /
............................?

bulaşık yıkamak

(ben) Bulaşık ....?
(sen) Bulaşık ....?
(o) Bulaşık ....?
(biz) Bulaşık ....?
(siz) Bulaşık ..*yıkayacak mısınız*....?
(onlar) Bulaşık ....? /
............................?

F. Fill in the blanks with the negative question form of the verbs in *future tense*. Use '-(y)ecek' / '-(y)acak'. Add the personal endings.

sırada beklemek

(ben) Sırada ..*beklemeyecek miyim*....?
(sen) Sırada ....?
(o) Sırada ....?
(biz) Sırada ....?
(siz) Sırada ....?
(onlar) Sırada ....? /
............................?

dans etmek

(ben) Dans ....?
(sen) Dans ....?
(o) Dans ....?
(biz) Dans ..*etmeyecek miyiz*....?
(siz) Dans ....?
(onlar) Dans ....? /
............................?

alışveriş yapmak

(ben) Alışveriş ....?
(sen) Alışveriş ..*yapmayacak mısın*..?
(o) Alışveriş ....?
(biz) Alışveriş ....?
(siz) Alışveriş ....?
(onlar) Alışveriş ....? /
............................?

kart yollamak

(ben) Kart ....?
(sen) Kart ....?
(o) Kart ....?
(biz) Kart ....?
(siz) Kart ....?
(onlar) Kart *Yollamayacak mı*......? /
Yollamayacaklar mı..?

sırada beklemek - *to wait in the queue*
dans etmek - *to dance*
yollamak - *to send*

kart yollamak - *to send a card*

G. Fill in the blanks using the future form of the verb *'to be'* (am, is, are) as '.... will be ....' (olacak). Apply the consonant changes.

(ben)   Yeni evimde mutlu ....olacağım...

(sen)   Yeni evinde mutlu ....

(o)   Yeni evinde mutlu ....

(biz)   Yeni evimizde mutlu ....

(siz)   Yeni evinizde mutlu ....

(onlar) Yeni evinde/evlerinde mutlu .... /

....

H. Fill in the blanks with the negative form of the verb *'to be'* (am, is, are) in *future tense* as '..... will not be .....' (olmayacak). Apply the consonant changes.

(ben)   Yarın evde ....

(sen)   Yarın evde ....

(o)   Yarın evde ....

(biz)   Yarın evde ...olmayacağız..............................

(siz)   Yarın evde ....

(onlar) Yarın evde .... /

....

I. Fill in the blanks with the question form of the verb *'to be'* (am, is, are) in *future tense* as 'will ..... be .....?' (olacak mı?)

(ben)   Hayatımda acaba hiç zengin ....?

(sen)   Hayatında acaba hiç zengin ....?

(o)   Hayatında acaba hiç zengin ...olacak mı............................?

(biz)   Hayatımızda acaba hiç zengin ....?

(siz)   Hayatınızda acaba hiç zengin ....?

(onlar) Hayatında/hayatlarında acaba hiç zengin ....? /

.................................?

J. Fill in the blanks with the negative question form of the verb *'to be'* (am, is, are) in *future tense* as 'will ..... not be .....?' (olmayacak mı?)

(ben)   Yarın bu saatlerde yolda ....?

(sen)   Yarın bu saatlerde yolda ...olmayacak mısın.......................?

(o)   Yarın bu saatlerde yolda ....?

(biz)   Yarın bu saatlerde yolda ....?

(siz)   Yarın bu saatlerde yolda ....?

(onlar) Yarın bu saatlerde yolda ....? /

.................................?

hayatım - *my life, my dear, darling*   **hayatımda** - *in my life*   **acaba** - *I wonder (if)*

bu saatlerde - *by/around this time*   **hayatlarında** - *in their lives*   **yolda** - *on the road*

K. Fill in the blanks with the future form of the verbs in brackets using the ending '-(y)ecek' / '-(y)acak' as in the examples.

1. Bugün çarşı çok kalabalık (olmak) ....*olacak*........ *Today the shops will be very crowded.*
2. Görüşmeye (gitmek) ....*gitmeyecek misin(iz)*........? *Will you not go to the interview?*
3. Akşamleyin yemeğe (gelmek) ...*gelecek mi*........? *Will she come to dinner in the evening?*
4. Hafta sonunda orada (olmak) .... *She will not be there at the weekend.*
5. Gizem'le (konuşmak) ....? *Will you not talk to Gizem?*
6. Yeni yılda (zayıflamak) .... *She will lose weight in the new year.*
7. Hafta sonu bisiklete (binmek) .... *I will ride a bike at the weekend.*
8. Herkes eve gidiyor. Biraz sonra burası çok tenha (olmak) .... *Everybody is going home. A little later, it will be very quiet here.*
9. Ahmet yarın burada (olmak) .... *Ahmet will not be here tomorrow.*
10. Zamanında burada (olmak) .... yoksa (olmak) ....? Emin değilim. *Will he or will he not be here on time? I am not sure.*
11. Arkadaşımın kızı gelecek yıl üniversiteden (mezun olmak) .... *My friend's daughter will graduate from university next year.*
12. Ali altı ay sonra (emekli olmak) .... *Ali will retire six months later.*
13. Çiğdem ve Burhan salı günü (evlenmek) .... *Çiğdem and Burhan will marry on Tuesday.*
14. İş yerinde yeni personel hakkında (karar vermek) .... *They will make a decision about the new staff at the workplace.*

zayıflamak - *to lose weight*
herkes - *everybody*
biraz sonra - *a little later*
tenha - *empty (uncrowded), quiet*
zamanında - *on time*

emin değilim - *I'm not sure*
emekli olmak - *to retire*
personel - *personnel, staff*
karar - *decision*

L. Match the statements on the left with their English meanings on the right.

1. Yarın Bodrum'da dinleniyor olacağız.
2. Yarın Bodrum'da dinleneceğiz.
3. Gelecek hafta havuzda yüzüyor olacaksın.
4. Gelecek hafta havuzda yüzeceksin.
5. Bana göre her şey iyi.
6. Sence sorular kolay mı?
7. Bence yeni işin çok iyi.
8. Sana göre bu iş zamanında bitecek mi?
9. Yakında Bodrum'da çalışıyor olacaklar.
10. Yakında Bodrum'da çalışacaklar.
11. Dün geç kalmadın, değil mi?
12. Onunla yeni tanıştın, öyle değil mi?

a. *They will be working in Bodrum soon.*
b. *You've just met her, haven't you?*
c. *In my opinion, your new job is very good.*
d. *In your opinion, will this work finish on time?*
e. *They will work in Bodrum soon.*
f. *You were not late yesterday, were you?*
g. *In my opinion, everything is fine.*
h. *You will swim in the pool next week.*
i. *Tomorrow we will be resting in Bodrum.*
j. *You will be swimming in the pool next week.*
k. *In your opinion, are the questions easy?*
l. *We will rest in Bodrum tomorrow.*

-iyor/-ıyor/-üyor/-uyor olmak - *will be + -ing*
bence - *in my opinion, according to me*
sence - *in your opinion, according to you*

-e göre / -a göre - *according to*
yakında - *soon*
tanışmak - *to meet (for the first time)*

M. Choose the appropriate adverb(s) given in the brackets below to fill in the blanks as in the example.

1. *Gene / Geçen yıl / Yine / Yazın / Tekrar / Yeniden / Bir daha* Marmaris'e gittik.
   (gelecek sene / gene / geçen yıl / hiçbir zaman / yine / yazın / tekrar / yeniden / bir daha)
2. Çocuklar evde bütün gün .... oynadılar.
   (sessiz sessiz / sessizce / asla / doğal olarak / muhtemelen / içeriye / hiç / içeri)
3. Öbür gün eve .... tamirci gelecek.
   (biraz önce / öğleyin / gene / biraz sonra / kesinlikle / sabahleyin / bir gün önce / öğleden önce)
4. Uçağımız .... saat dokuzda kalkıyor.
   (asla / hiç / hiçbir zaman / bu akşam / dün / sabahleyin / dün sabah / öğleden önce)
5. .... yeni evinde çok mutlu oldu.
   (hiçbir zaman / neyse ki / doğrusu / sanırım / muhtemelen)
6. Oğlum geçen gece eve geç geldi. .... girdi ve ....
   odasına çıktı. *(içeriye/sessizce, içeri/sessiz sessiz, içeri/muhtemelen, içeri/sessizce, sessizce içeri/yavaşça)*
7. .... yanımda cüzdanım yoktu. .... evde bıraktım.
   .... cebimde biraz para vardı. *(maalesef/muhtemelen/neyse ki, şans eseri/bazen/gerekirse, umarım/neyse ki/muhtemelen, maalesef/sanırım/şans eseri, doğrusu/neyse ki/gerekirse, maalesef/galiba/neyse ki)*
8. .... treni kaçırdım. *(maalesef / ne yazık ki / inşallah / asla / doğrusu / hiç / yine / umarız / doğal olarak / daha sonra / biraz önce)*
9. .... tren gelmedi. *(asla / hiç / henüz / hâlâ / maalesef / aslında)*
10. İşe .... geç kalmıyorsun. Hep .... geliyorsun.
    (hiç/erken, hiçbir zaman/zamanında, hiç/geç, asla/zamanında, asla/erken, hiç/hiç)
11. Tatil sonunda .... bütün paramız bitti. *(umarız / inşallah / hemen hemen)*
12. Onunla telefonda .... görüştüm. Bugün işe gelmeyecek. *(biraz önce / gelecek hafta / birazdan / yarın / dün)*
13. Ekrem patronla .... görüşmedi.
    (hiç / henüz / hiçbir zaman / hâlâ / neyse ki)
14. Mehmet'le .... karşılaşıyoruz. *(hiç / hiçbir zaman / nadiren / ara sıra / bazen / sık sık / asla / zaman zaman)*

anlamak - *to understand*
tatil sonunda - *at the end of the holiday*
patron - *boss*
karşılaşmak - *to come across/run into*
içeri, içeriye - *inwards, in*
öğleyin - *at noon*
neyse ki, şans eseri - *fortunately, luckily*
bir gün önce - *the day before*
umarım - *I hope, hopefully*
umarız - *we hope, hopefully*
yine, gene, tekrar, bir daha, yeniden - *again*
doğrusu - *to tell the truth*
bırakmak - *to leave, to give up, to give a lift*
galiba - *probably, I think, it looks/seems like ....., maybe, perhaps*

maalesef - *unfortunately*
yavaşça - *slowly*
ne yazık ki - *unfortunately*
inşallah - *hopefully*
muhtemelen - *probably*
doğal olarak - *naturally*
doğal - *natural*
hemen hemen - *almost*
sessiz sessiz - *quietly*
sessizce - *quietly*
zaman zaman - *from time to time*
öbür gün - *the day after tomorrow*

N. Translate the following into English. What's the difference?

1. Paramız hemen bitti. ....
2. Paramız hemen hemen bitti. ....

3. Gelecek yıl Türkçe konuşacağım. ....
4. Gelecek yıl Türkçe konuşuyor olacağım. ....

O. Practise your vocabulary. Fill in with the corresponding language.

Turkish	English
tekne	....
....	the day after tomorrow
....	from now on, no longer, anymore
....	again
gezi	....
sonunda	....
....	clear, open, light
....	road, way
uğramak	....
....	on time
....	wonderful
....	everywhere
yaklaşık	....
zaman zaman	....
....	island
....	everybody
burası	....
....	nice, pleasant
....	quietly
....	soon
bence	....
kesinlikle	....
....	in the end, finally, at last
....	probably
bir gün önce	....
....	unfortunately
biraz sonra	....
sence	....

Unit 9

Exercises

A. Read the conversation and answer the questions.

Ailece tatile gidiyoruz
We are going on holiday with the whole family

Oğlumuz Sedat ve kızımız Buket'in okulları tatil oldu ve yaz tatilleri başladı. İkisi de sınıflarını geçtiler. Sedat lise ikiye geçti. Buket de ortaokulu bitirdi; lise bire geçti. Biz de ailece Kalkan'a tatile gitmeye karar verdik. Bu sabah erkenden yola çıkmak için hazırlanıyoruz. Eşim Gizem telaşlı!

Gizem	"Pencereleri ve balkon kapılarını kontrol et. Çiçekleri ben suladım. Buzdolabının fişini de çektim. Zaman saatlerini ayarladın mı?"
Ben	"Ayarladım. Geçen gün bir lamba aldım. Lambanın ışığı dışarıdan televizyon ışığı gibi görünüyor. Sanki evde birisi televizyon seyrediyor gibi. Onu da zaman saatine taktım."
Gizem	"Çok iyi. Geçen sene Aylin'in evine hırsız girdi, biliyorsun. Arabanın lastiklerini kontrol ettin mi? İyi mi? Havası biraz inikti."
Ben	"İyi görünüyor. Dün biraz şişirdim. Yine de arabada pompa var her ihtimale karşı. Takım çantasını da yanımıza alalım. Ne olur, ne olmaz. Ocağı da kontrol ettin mi?"
Gizem	"Ettim. Muslukları da kontrol ettim. Her şey tamam gibi."
Ben	"Garajın kapısının kilidi iyi çalışmıyor. Ona bakacağım. Bahçedeki çiçekleri de sulayayım."
Gizem	"Banyonun küçük penceresini de kancaya tak, hafifçe aralık kalsın. Eve biraz hava girsin, havasız kalmasın. Ehliyetini de unutma."
Ben	"Olur. Otel rezervasyon formlarını aldın mı? Bir daha kontrol et. Her ihtimale karşı ben bir kere daha yazıcıda yazdırdım."
Gizem	"Tamam. Çocuklar hazır mı acaba? Bilmiyorum, ne yapıyorlar? Onların derdi yalnızca iPad'leri ve iPhone'ları. Gözleri başka bir şey görmüyor. Kendi dünyalarındalar ikisi de. Başlarını iPhone'larından kaldırmıyorlar. Evde biz var mıyız, yok muyuz belli değil. Acaba iPhone'larının dışında bir dünya var mı onlar için? Hiç belli değil. Etrafa hiç bakmıyorlar."
Ben	"Son zamanlarda biz de onlar gibi olduk, farkında mısın?"
Gizem	"Evet, biliyorum. iPhone'suz ve iPad'siz bir dünya nasıl olur, bilmiyorum. Çocuklar hazır mısınız? Eşyalarınızı hazırladınız mı? Çabuk hazır olun. Gidiyoruz."
Sedat	"Benim bavulum hazır. Buket daha eşyalarını bavuluna koymadı."
Gizem	"Buket, hayatım, haydi çabuk ol. Yola biraz erken çıkalım. Yolda fotoğraf da çekeceğiz."
Buket	"Tamam. Hazırlanıyorum. iPhone'numu şarja takıyorum."
Ben	"Yanımıza telefonlar ve tabletler için iki tane daha şarj cihazı aldım. Arabanın çakmak soketinden de şarj ediyorsun."
Gizem	"Çok iyi. Yolda benzincide duralım, depoyu dolduralım. Bidonu da dolduralım unutma. Yanımızda yedek benzin de olsun. Navigasyon cihazını güncelledin mi? Geçen sefer bizi yanlış yola götürdü biliyorsun. Göl kenarında durduk."
Ben	"Cihazın haritalarını güncelledim. Merak etme."
Gizem	"Yanımıza battaniye ve yastık da aldım. Ne olur, ne olmaz. Yolda kalırız filan. Bavulları kontrol ettin mi? Haydi çocuklar arabaya biniyoruz. Buzluğu arabada kolay bir yere koy. Yiyecekler yeterli mi acaba? Sandviçleri nereye koydun?"

Ben	"Hangi yiyecekler? Ne sandviçi?"
Gizem	"Beyaz torbalara koydum. Dün akşam hazırladım."
Ben	"Onlar mı? Eyvah! Ben o torbaları çöp zannettim, dün akşam çöpe attım."
Gizem	"Ne? İnanmıyorum! Tam iki saat harcadım onları hazırlamak için!"
Ben	"Neyse, yolda dinlenme tesislerinde bir şeyler yeriz."
Gizem	"Ne? Dinlenme tesislerinde mi? Ben oralarda bir şey yemek istemiyorum. Geçen sefer midem bozuldu. Hatırlamıyor musun? Yolda üç defa durduk. Her seferinde oralarda midem bozuluyor. Ah! İnanmıyorum!"

ailece - *as a/with the (whole) family*
gitmeye karar verdik - *we decided to go*
telaşlı - *in a hurry/rush*
-i, -ı, -ü, -u - *accusative suffixes*
ikisi de - *both (of them)*
sınıf - *class, grade, classroom*
ortaokul - *secondary school*
tatil olmak - *to be closed for holiday*
yaz tatili - *summer holiday*
sulamak - *to water*
buzdolabı - *fridge*
fiş - *plug (on an electrical cord), receipt*
fiş çekmek - *to unplug*
çekmek - *to pull, to put up with, to suffer*
zaman saati - *timer*
ayarlamak - *to adjust*
dışarıdan - *from outside*
sanki - *as if*
gibi - *like, such as*
gibi görünüyor - *look like*
takmak - *to attach, to put on, to wear*
ehliyet - *licence, driving licence*
hırsız - *thief*
hırsız girdi - *a thief broke in*
başka - *other, different, apart from*
başka bir şey - *anything/something else, nothing else*
son zamanlarda - *lately, recently*
yalnızca - *only, just*
dert - *problem, worry*
baş - *head*
her seferinde - *each/every time*
bavul - *suitcase*
kendi - *own*
dünya - *world*
farkında olmak - *to be aware (of)*
farkında - *aware (of)*
çakmak soketi - *cigarette lighter socket (in car)*
benzinci, benzin istasyonu - *petrol station*
kaldırmak - *to lift, to raise*

belli değil - *it's not clear, it's not known*
belli - *obvious, clear*
lastik - *tyre, rubber*
inik - *deflated*
şişirmek - *to inflate*
yine de - *still, yet, however, though*
pompa - *pump*
takım - *team, kit, set*
takım çantası - *tool box*
yanımıza - *with us (lit. to our side)*
ne olur ne olmaz - *just in case*
ocak - *cooker, January*
musluk - *tap*
tamam gibi - *seems OK*
garaj - *garage*
kanca - *hook, catch*
hafifçe - *slightly*
aralık - *gap, ajar, December, interval*
rezervasyon - *reservation*
bir kere daha - *once again, once more*
yazıcı - *printer*
yazdırmak - *to print out*
şarj cihazı - *charger*
çakmak - *cigarette lighter*
soket - *socket*
şarj etmek - *to charge*
depo - *tank, depot, warehouse*
bidon - *jerrycan, plastic can*
yedek - *spare*
benzin - *petrol*
navigasyon - *navigation*
battaniye - *blanket*
etraf - *surroundings*
etrafa bakmak - *to look around*
kenarında - *by, on the edge of*
zannetmek - *to assume, to think*
navigasyon cihazı - *satnav*
cihaz - *device*
bizi - *us*

iyi görünüyor - *looks all right/fine*
çabuk - *quickly, fast, quick*
çabuk olmak - *to be quick*
şarj - *charge*
şarja takmak - *to put on charge*
tablet - *tablet (PC)*
geçen sefer - *last time*
midem bozuldu - *I had a bad stomach*
filan - *or so, and so on, et cetera (informal)*
dışında - *outside, at the outside of ....*
sonra düşünürüz - *we think (about it) later*
dinlenme tesisi - *rest area, motorway services*
oralarda - *at those places, thereabouts, around there*
-in/-ın/-ün/-un dışında - *apart from ..., other than ...*
her ihtimale karşı - *just in case (literally: against every possibility)*
götürmek - *to take somebody or something from one place to another*
yolda kalmak - *to be stranded on the way, to have a (mechanical) breakdown*
bir şey(ler) yemek - *to have something to eat*

yastık - *cushion, pillow*
güncellemek - *to update*
göl - *lake*
kenar - *edge, side*
eşya - *belonging, thing, furniture*
mide - *stomach*
buzluk - *cool box*
yiyecek - *food*
beyaz - *white*
eyvah! - *oh no! (exclamation)*
çöp - *litter, rubbish*
çöpe atmak - *to throw to the bin*

1. Ailece nereye tatile gidiyorlar? ....
2. Buzdolabının fişini kim çekiyor? ....
3. Ocağı kim kontrol ediyor? ....
4. Kim eşyalarını daha bavula koymadı? ....
5. Neden yola erken çıkmak istiyorlar? ....
6. Geçen sefer neden göl kenarında durdular? ....
7. Benzincide neden duracaklar? ....
8. Gizem sandviçleri nereye koydu? ....
9. Gizem sandviçleri ne zaman hazırladı? ....
10. Ben torbaları neden çöpe attım? ....
11. Gizem neden yolda bir şey yemek istemiyor? ....
12. Geçen sefer neden yolda üç defa durdular? ....

B. Read the conversation in exercise *A* and mark as (D) 'doğru' *(true)* or (Y) 'yanlış' *(false)*.

1. Lambayı zaman saatine taktım. **(D)** **(Y)**
2. Arabanın lastikleri inikti. **(D)** **(Y)**
3. Gizem arabanın lastiklerini şişirdi. **(D)** **(Y)**
4. Gizem banyonun penceresini hafifçe aralık bırakıyor. **(D)** **(Y)**
5. Çocuklar iPhone'larına hiç bakmıyorlar. **(D)** **(Y)**
6. Telefonlar ve tabletler için iki şarj cihazı daha aldım. **(D)** **(Y)**
7. Buket bavulunu daha hazırlamadı. **(D)** **(Y)**
8. Sedat'ın bavulu hazır. **(D)** **(Y)**
9. Yola erken çıkacaklar, çünkü yolda fotoğraf da çekecekler. **(D)** **(Y)**
10. Sandviçler buzlukta. **(D)** **(Y)**
11. Dün akşam beyaz torbaları çöp zannettim ve çöpe attım. **(D)** **(Y)**
12. Gizem dinlenme tesislerinde bir şey yemek istemiyor. **(D)** **(Y)**

C. Add the accusative suffixes '-(y)i', '-(y)ı', '-(y)ü' or '-(y)u' in the blanks below as in the examples. Some of them do not need accusative suffix. Make the necessary consonant changes.

1. Patlıcanları...... senin için kızarttım.
2. Çiçekleri...... vazoya koyayım mı?
3. Bugün arabayı.... yıkayacağım. Çok kirli.
4. Dün yolda kim....... gördüm, biliyor musun?
5. Geçen gün biz....... aradı.
6. Misafirler....... içeriye alın.
7. Kahve....... şekerli mi içiyorsunuz?
8. Anahtarların....... unutma.
9. Bu konu....... konuşmak için uzun süredir bekliyorum.
10. Soru....... anladın mı?
11. Telefonum....... evde buldum.
12. Film....... çok sevdik.
13. Kartınız....... bırakın. Siz....... sonra arayacağız.
14. Banka....... aradım. Hesap....... kontrol ettim.
15. Bugün yolda arkadaşım....... gördüm.
16. Misafirler....... içeriye girdi.
17. Arabanız....... lütfen buraya park etmeyin.
18. Adınız....... ve soyadınız....... söyleyin lütfen.
19. Çay....... çok güzel yapıyorsun.
20. Paltonuz....... alayım.
21. Televizyon....... bozuk.
22. Su....... bardağa doldurayım mı?
23. Sabahleyin çocuklar....... okula bırakacağım.
24. Dura....... daha önce gördünüz mü?
25. Televizyon....... bozdum.
26. Cep telefonum....... daha yeni şarj ettim. Şarjı bitti.
27. Elbise....... Aylin dikti.
28. Yolda saatim....... düştü.
29. Bugün bahçe....... süpürecek.
30. Bu gömlek....... nereden aldın?
31. Ütü....... fişten çek. Unutma.
32. Bu anahtar....... kapı....... açmıyor.
33. Sebzeler....... bahçede yetiştiriyoruz.
34. Öğretmen kurs....... iptal etti.
35. Yolda saatim....... düşürdüm.
36. Dokümanlar....... CD'ye kopyalayacağım.
37. Avukatım ben....... savundu.
38. Ders....... ihmal etme.

vazo - *vase*
konu - *matter, subject, topic*
yetiştirmek - *to grow, to raise*
daha önce - *previously, before*
düşürmek - *to drop (something)*

düşmek - *to fall (down)*
süpürmek - *to sweep*
kızartmak - *to fry*
savunmak - *to defend*
ihmal etmek - *to neglect*

bulmak - *to find*
dikmek - *to sew, to plant*
kopyalamak - *to copy*
iptal etmek - *to cancel*
avukat - *solicitor, lawyer*

D. Fill in the blanks with the suffixes '-(y)i', '-(y)ı', '-(y)ü', '-(y)u', '-(y)e', '-(y)a', '-de', '-da', '-den', '-dan', '-(n)in', '-(n)ın', '-(n)un' and '-(n)ün' as in the examples. Apply the consonant changes.

1. a. Ev*i*....... boyuyorum.   *I am painting the house.*
   b. İşten sonra ev*e*....... gittik.   *We went home after work.*
   c. Bütün gün ev*de*.... hiç sıkılmıyorum.   *I am not bored at home all day.*
   d. Ev*den*.. çıktı. İşe gidiyor.   *She left home. She is going to work.*
   e. Ev*in*..... rengini beğeniyorum.   *I like the colour of the house.*

2. a. İstanbul'...... çok seviyoruz.   *We love İstanbul very much.*
   b. Yarın İstanbul'...... gidiyorlar.   *They are going to İstanbul tomorrow.*
   c. İstanbul'...... kaç gün kalacaksınız?   *How many days will you stay in İstanbul?*
   d. İstanbul'...... Ankara'ya geçen ay geldik.   *We came to Ankara from İstanbul last month.*
   e. İstanbul'...... nüfusu çok arttı.   *İstanbul's population has increased a lot.*

3. a. Mektup...... daha okumadım.   *I have not read the letter yet.*
   b. Mektup...... henüz cevap yazmadım.   *I have not written an answer to the letter yet.*
   c. Mektup...... iyi haberler var.   *There is good news in the letter.*
   d. Mektup...... sonra üzüldü.   *She got sad after the letter.*
   e. Mektup...... tarihi yok.   *The letter does not have a date.*

4. a. Köprü...... uzaktan gördük.   *We have seen the bridge from a distance.*
   b. Köprü...... yaklaşıyoruz.   *We are approaching the bridge. (lit.: to the bridge)*
   c. Köprü...... durduk.   *We stopped at the bridge.*
   d. Köprü...... aşağıya baktık.   *We looked down from the bridge.*
   e. Köprü...... adı ne?   *What is the name of the bridge?*

5. a. Kahve...... az şekerli yap.   *Make the coffee with little sugar.*
   b. Kahve...... çok şeker koyma.   *Don't put much sugar to the coffee.*
   c. Kahve...... kafein var.   *There is caffeine in the coffee.*
   d. Kahve...... sonra su içtim.   *I drank water after the coffee.*
   e. Kahve...... tadı çok güzel.   *The taste of the coffee is very nice.*

6. a. Aşçı...... daha yeni işe aldılar.   *They have just employed the cook.*
   b. Aşçı...... iyi maaş ödüyorlar.   *They pay a good salary to the cook.*
   c. Yemek tarifleri aşçı......   *The recipes are with/on the cook.*
   d. Aşçı...... yemek tarifi öğrendiler.   *They have learned recipes from the cook.*
   e. Aşçı...... önlüğü bembeyaz.   *The cook's apron is bright white.*

boyamak - *to paint*
haber(ler) - *news*
nüfus - *population*
artmak - *to increase*
kafein - *caffeine*
uzaktan - *from a distance*
işe almak - *to employ, to recruit*

köprü - *bridge*
yaklaşmak - *to get close, to approach*
yemek tarifi - *recipe*
tarif - *description, direction*
önlük - *apron*
bembeyaz - *pure/bright white*
tarih - *date, history*

E. Add the correct suffixes to the *personal pronouns* as in the examples. Use the necessary buffer letter.

simple form	ben	sen	o	biz	siz	onlar
direct object	beni......	sen.......	o.........	biz.......	siz.......	onlar.......
to	b...........	sana.....	o.........	biz.......	siz.......	onlar.......
in, on, at, by	ben.......	sen.......	onda...	biz.......	siz.......	onlar.......
from	ben.......	sen.......	o.........	bizden.	siz.......	onlar.......
possessive	ben.......	sen......	o.........	biz.......	sizin....	onlar.......
with	ben.......	sen.......	o.........	biz.......	siz.......	onlarla....

F. Add the correct suffixes to the *nouns* as in the examples. Make the consonant changes and use the necessary buffer letters.

simple form	şişe	çorap	boya	renk	kâğıt	çocuk
direct object	....	çorabı	....	....	....	....
to	....	....	boyaya	....	....	....
in, on, at, by	....	....	....	renkte	....	....
from	....	....	....	....	kâğıttan	....
possessive	....	....	....	....	....	çocuğun
with	şişeyle	....	....	....	....	....

G. Add the correct suffixes to the *demonstrative pronouns* as in the examples. Use the necessary buffer letter.

simple form	bu	şu	o	bunlar	şunlar	onlar
direct object	bu.......	şu.......	onu...	bunlar.......	şunlar.......	onlar.......
to	bu.......	şu.......	o.......	bunlara.....	şunlar.......	onlar.......
in, on, at, by	bu.......	şu.......	o.......	bunlar.......	şunlarda...	onlar.......
from	bundan	şu.......	o.......	bunlar.......	şunlar.......	onlar.......
possessive	bu.......	şunun.	o.......	bunlar.......	şunlar.......	onlar.......
with	bu.......	şu.......	o.......	bunlar.......	şunlar.......	onlarla....

H. Put *'mi'*, *'mı'*, *'mü'* or *'mu'* in the right place to make questions. Match the corresponding meanings in English.

1. Gülnur .... dün .... dokümanları .... firmaya .... gönderdi ....?
   Did Gülnur send the documents to the firm yesterday?

2. Gülnur .... dün .... dokümanları .... firmaya .... gönderdi ....?
   Was it the firm that Gülnur sent the documents to yesterday?

3. Gülnur .... dün .... dokümanları .... firmaya .... gönderdi ....?
   Was it yesterday that Gülnur sent the documents to the firm?

4. Gülnur .... dün .... dokümanları .... firmaya .... gönderdi ....?
   Was it Gülnur who sent the documents to the firm yesterday?

5. Gülnur .... dün .... dokümanları .... firmaya .... gönderdi ....?
   Was it the documents that Gülnur sent to the firm yesterday?

I. Translate the following into Turkish.

1. *We will sort it out tomorrow.* ....
2. *He called me yesterday.* ....
3. *Let me introduce.* ....
4. *Put it on the shelf.* ....
5. *I understand you.* ....
6. *She visited me.* ....
7. *I dropped it.* ....
8. *The noise woke us up.* ....
9. *Did he invite you to his home?* ....
10. *I recognize her.* ....
11. *What did she say to you?* ....
12. *They offered a drink to me.* ....
13. *He gave a bunch of flowers to her.* ....
14. *They gave us a brochure.* ....
15. *You forgot this.* ....
16. *Put those on the shelf.* ....
17. *I am painting the walls of the bedroom.* ....
18. *I repaired the washing machine.* ....
19. *She put the orange juice to the fridge.* ....
20. *When did you see Berna?* ....

halletmek - *to sort out*
ziyaret etmek - *to visit*
ziyaret - *visit*
uyandırmak - *to wake someone up*
demek - *to say, so, to name, to mean*
bir demet çiçek - *a bunch of flowers*
ikram etmek - *to offer food, drink, etc. to a guest, to reduce the price*
tanımak - *to recognize, to be acquainted with, to know somebody*
broşür - *brochure*

J. Translate the following into English. What's the difference?

1. Kalem düştü. ....
2. Kalemi düşürdüm. ....

3. Aynur bluz mu aldı? ....
4. Aynur mu bluz aldı? ....

K. Practise your vocabulary. Fill in with the corresponding language.

Turkish	English
aşçı	....
....	map
....	to visit
....	to invite
ikram etmek	....
köprü	....
....	to sort out
....	cooker
battaniye	....
....	recipe
....	to drop
....	to fall down
yastık	....
eşya	....
....	lately, recently
....	shelf
çöp	....
....	petrol station
....	as if
....	world
ehliyet	....
uyandırmak	....
....	ready
....	date, history
broşür	....
....	to adjust
fiş	....
şarj etmek	....

Unit 10

Exercises

A. Read the text and answer the questions.

İnternet yokken neler yapardık?
What did we use to do when there was no internet?

Ben her sabah kalkınca, önce işe gitmek için hazırlanırım. Sonra kahvaltı ederim. Kahvaltıdan sonra, ilk önce iPhone'numda e-postalarımı ve mesajlarımı kontrol ederim. Daha sonra, tabletimde gazetelerin başlıklarına bir göz atarım. Günün haberlerini ve hava durumunu da öğrenirim. Daha sonra yola çıkarım.

Acaba eskiden internet yokken hayat nasıldı, hiç düşündünüz mü? Ben düşündüm. Aklıma şunlar geldi: Kitapçılara ve kütüphanelere daha çok giderdik sanırım çünkü kütüphaneler bizim en büyük bilgi kaynağımızdı. Kitapları araştırırdık ve birçok şeyi kitaplardan öğrenirdik, yani kâğıt kitaplardan bahsediyorum, tabii.

Haberleri televizyondan, radyodan, gazetelerden öğrenirdik. E-gazete yerine kâğıt gazete okurduk. Dergilere gelince de, e-dergi yerine kâğıt dergi okurduk.

Çocuklarımız daha çok dışarıda oynardı. Biz daha çok dışarı çıkardık, gezerdik, arkadaşlarla buluşurduk, bir yerde otururduk.

Müzik CD'lerini müzik dükkânlarından alırdık, çünkü müzik indirmek için internet siteleri yoktu.

Alışveriş yapmak için çarşıya giderdik. Bir şey almak için dükkân dükkân dolaşırdık. Değişik dükkânlarda fiyatları karşılaştırırdık. Küçük bir alışveriş bütün günümüzü alırdı. Amazon yoktu, başka alışveriş siteleri yoktu.

Film seyretmek için ya sinemaya gider ya da DVD alırdık veya kiralardık. Ya da televizyonda film seyrederdik. Netflix ve Youtube yoktu.

Facebook, Twitter ve diğer sosyal medya siteleri yoktu. İnsanlar birbirleriyle karşılıklı konuşur ve görüşürlerdi.

Dijital kameralar da yoktu. Fotoğraflarımızı çeker çekmez görmezdik. Bir fotoğrafçı dükkânına gider, fotoğrafları orada bastırırdık. Ancak birkaç gün sonra fotoğrafları dükkândan alırdık.

Akıllı telefonlar ve navigasyon cihazları yoktu. Yolculuk ederken navigasyon cihazı kullanmazdık. Onun yerine kâğıt haritalar vardı.

Geçmişte her şey başkaydı. Şimdi internet bizim için geniş bir bilgi ve paylaşım kaynağı. Google, Yahoo gibi arama motorlarından her bilgiye ulaşıyoruz. Kitaplardan gazetelere, alışverişten iletişime kadar birçok şey dijital bir ortamda. Bunun yararları da çok. Siz ne düşünüyorsunuz?

internet - *internet*	**bilgi** - *information*	**değişik** - *different*
ilk önce - *first (of all), to begin with*	**sosyal** - *social*	**başka** - *other, different*
posta - *post, mail*	**akıl** - *mind*	**veya** - *or*
göz atmak - *to take a look at*	**medya** - *media*	**ya da** - *or*
mesaj - *message*	**fiyat** - *price*	**dijital** - *digital*
daha çok - *more*	**site** - *site*	**kamera** - *camera*
neler? - *what? (plural form of* 'ne?'*)*	**dışarıda** - *outside*	**kaynak** - *source*

başlık - *headline, title, heading, headgear, cap*
yani - *in other words, I mean*
-e/-a gelince (de) - *as for*
akla gelmek - *to come to mind*
karşılaştırmak - *to compare*
hava durumu - *weather forecast*
kiralamak - *to rent, to hire*
birbirleriyle - *with each other*
yokken - *while/when/as there is/was/are/were not*
karşılıklı - *facing one another, mutual(ly)*
internet sitesi - *website*
basmak - *to print, to press, to tread on*
-ince, -ınca, -ünce, -unca - *when*
günün - *.... of the day (the day's)*
-den/-dan bahsetmek - *to mention (about ....)*
indirmek - *to download, to bring down, to lower*
araştırmak - *to research, to investigate, to explore*
ancak - *only, however, but, barely, on the other hand*
e-posta (elektronik posta) - *e-mail (electronic post)*
e-dergi (elektronik dergi) - *electronic (online) magazine*
bastırmak - *to have something printed, to supress, to press*
e-gazete (elektronik gazete) - *electronic (online) newspaper*
bir yerde oturmak - *to sit and have a drink or meal somewhere*
-ir -mez/-er -mez/-ür -mez/-ır -maz/-ar -maz/-ur -maz - *as soon as*
fotoğraflarımızı çeker çekmez - *as soon as we take/took our pictures*
dükkân dükkân dolaşmak - *to shop around, to go from one shop to another*
-r, -er, -ar, -ir, -ır, -ür, -ur - *suffixes used to express the 'simple present tense' in Turkish*

yerine - *instead of .....*
birbirleri - *each other*
diğer - *other, the other*
akıllı telefon - *smartphone*
akıllı - *smart, clever, wise*
birkaç - *a few, several*
yolculuk etmek - *to travel*
kullanmak - *to use*
onun yerine - *instead of that*
paylaşmak - *to share*
paylaşım - *sharing*
arama motoru - *search engine*
iletişim - *communication*
geniş - *wide, large, broad*
ulaşmak - *to reach*
ortam - *environment, media*
yarar - *benefit*
ya .... ya da .... - *either .... or ....*
geçmiş - *past*
geçmişte - *in the past*

1. Kütüphanelere neden daha çok giderdik? ....
2. Eskiden haberleri nereden öğrenirdik? ....
3. Müzik CD'lerini niçin dükkânlardan alırdık? ....
4. Küçük bir alışveriş niye bütün günümüzü alırdı? ....
5. Filmleri nerede seyrederdik? ....
6. Neden fotoğraflarımızı çeker çekmez görmezdik? ....
7. Eskiden navigasyon cihazları yerine neler vardı? ....
8. Şimdi internet bizim için nasıl bir kaynak? ....

B. Read the text in exercise A. Mark as (D) 'doğru' (true) or (Y) 'yanlış' (false).

1. Eskiden kütüphaneler yoktu, çünkü internet vardı. **(D)** **(Y)**
2. İnternet yokken daha çok dışarı çıkardık, gezerdik, arkadaşlarla buluşurduk. **(D)** **(Y)**
3. Eskiden internet yokken haberleri televizyondan, radyodan, gazetelerden öğrenirdik. **(D)** **(Y)**
4. İnternet yokken sinemada film seyrederdik. **(D)** **(Y)**
5. Eskiden internet yokken alışveriş yapmak için çarşıya giderdik. **(D)** **(Y)**
6. Fotoğraflarımızı hemen görmezdik, çünkü onları bir fotoğrafçı dükkânında bastırırdık. **(D)** **(Y)**
7. Eskiden kâğıt haritalar yerine navigasyon cihazları vardı. **(D)** **(Y)**
8. Eskiden internet yokken bilgilere Google, Yahoo gibi arama motorlarından ulaşırdık. **(D)** **(Y)**

C. Fill in the blanks with the *simple present* form of the verbs using the endings '-r', '-er', '-ar', '-ir', '-ır', '-ür' or '-ur' as in the examples. Make the necessary consonant changes.

park etmek

(ben) Arabayı park ...*ederim*..............

(sen) Arabayı park ....

(o) Arabayı park ....

(biz) Arabayı park ....

(siz) Arabayı park ....

(onlar) Arabayı park .... /
....

araba yıkamak

(ben) Pazarları araba ....

(sen) Pazarları araba ....

(o) Pazarları araba ...*yıkar*..............

(biz) Pazarları araba ....

(siz) Pazarları araba ....

(onlar) Pazarları araba .... /
....

sahilde yürümek

(ben) Sabahları sahilde ....

(sen) Sabahları sahilde ....

(o) Sabahları sahilde ....

(biz) Sabahları sahilde ...*yürürüz*........

(siz) Sabahları sahilde ....

(onlar) Sabahları sahilde .... /
....

kitap okumak

(ben) Her akşam kitap ....

(sen) Her akşam kitap ....

(o) Her akşam kitap ....

(biz) Her akşam kitap ....

(siz) Her akşam kitap ....

(onlar) Her akşam kitap ...*okur*............ /
...*okurlar*..........

yemek yapmak

(ben) Her gün yemek ....

(sen) Her gün yemek ....

(o) Her gün yemek ....

(biz) Her gün yemek ....

(siz) Her gün yemek ...*yaparsınız*.......

(onlar) Her gün yemek .... /
....

zamanında gelmek

(ben) Hep zamanında ....

(sen) Hep zamanında ...*gelirsin*............

(o) Hep zamanında ....

(biz) Hep zamanında ....

(siz) Hep zamanında ....

(onlar) Hep zamanında .... /
....

D. Fill in the blanks with the negative form of the verbs in *simple present* tense as in the examples.

bisiklete binmek

(ben) Çok sık bisiklete ....

(sen) Çok sık bisiklete ....

(o) Çok sık bisiklete ...*binmez*............

(biz) Çok sık bisiklete ....

(siz) Çok sık bisiklete ....

(onlar) Çok sık bisiklete .... /
....

geç yatmak

(ben) Geceleyin geç ...*yatmam*..............

(sen) Geceleyin geç ....

(o) Geceleyin geç ....

(biz) Geceleyin geç ....

(siz) Geceleyin geç ....

(onlar) Geceleyin geç .... /
....

çok sık - *very often*

E. Fill in the blanks with the question form of the verbs in *simple present tense* as in the examples.

kahve içmek		çarşıda dolaşmak	
(ben)	Sabah kahve ....?	(ben)	Her gün çarşıda ....?
(sen)	Sabah kahve ....?	(sen)	Her gün çarşıda ....?
(o)	Sabah kahve ....?	(o)	Her gün çarşıda ....?
(biz)	Sabah kahve ....?	(biz)	Her gün çarşıda ....?
(siz)	Sabah kahve ....?	(siz)	Her gün çarşıda ..*dolaşır mısınız*..?
(onlar)	Sabah kahve ..*içer mi*..? / ..*içerler mi*..?	(onlar)	Her gün çarşıda ....? / ....?

bahçede üşümek		evde oturmak	
(ben)	Bahçede ...., acaba?	(ben)	Bu sıcakta evde ....?
(sen)	Bahçede ...., acaba?	(sen)	Bu sıcakta evde ..*oturur musun*..?
(o)	Bahçede ...., acaba?	(o)	Bu sıcakta evde ....?
(biz)	Bahçede ..*üşür müyüz*.., acaba?	(biz)	Bu sıcakta evde ....?
(siz)	Bahçede ...., acaba?	(siz)	Bu sıcakta evde ....?
(onlar)	Bahçede ...., acaba? / ...., acaba?	(onlar)	Bu sıcakta evde ....? / ....?

bu sıcakta - *in this heat, in this hot weather*   **üşümek** - *to be cold*

F. Fill in the blanks with the negative question form of the verbs in *simple present tense* as in the examples.

dondurma yemek		geç kalmak	
(ben)	Plajda dondurma ....?	(ben)	Hiç geç ....?
(sen)	Plajda dondurma ..*yemez misin*..?	(sen)	Hiç geç ....?
(o)	Plajda dondurma ....?	(o)	Hiç geç ..*kalmaz mı*..?
(biz)	Plajda dondurma ....?	(biz)	Hiç geç ....?
(siz)	Plajda dondurma ....?	(siz)	Hiç geç ....?
(onlar)	Plajda dondurma ....? / ....?	(onlar)	Hiç geç ....? / ....?

G. Fill in the blanks with the *simple present* form of the verbs in brackets as in the examples. Apply the necessary consonant changes.

1. Su yüz derecede (kaynamak) ..*kaynar*..
2. Yılbaşında ailenizi (ziyaret etmek) ..*ziyaret eder misiniz*..?
3. Ben hiçbir zaman işe (geç kalmamak) ..*geç kalmam*..
4. (siz) Pazar günleri genellikle evde mi (oturmak) ....?
5. Yeni çay yaptım. Sen de (içmek) ....?
6. Dışarıdan soğuk geliyor. (sen) Pencereyi (kapatmak) .... lütfen?
7. (siz) Bira (içmek) ....?
8. (siz) Yemek (yememek) ....?

9. Ben her gün işe otobüsle (gitmek) ....

10. O genellikle çok sigara (içmek) ....

11. Ben çiçekleri çok (sevmek) ....

12. Biz akşamları genellikle geç (yatmak) ....

13. (ben) Yarın onunla (görüşmek) ....

14. (biz) Bodrum'da hep o restoranda yemek (yemek) ....

15. (sen) Buraya (gelmek) .... lütfen?

16. Ben her sabah gazete (okumak) ....

17. Boş zamanlarınızda ne (yapmak) ....?

18. (biz) Yarın telefonda (konuşmak) ....

19. Mehmet hiç (yalan söylememek) ....

20. Çocuklar her sabah kahvaltıda süt (içmek) ....

21. Buyurun hoş geldiniz. İçeri (girmemek) ....?

22. Telefon çalıyor. Ben (bakmak) ....

23. Biz hafta sonları genellikle film (seyretmek) ....

24. O sabahları (erken kalkmak) ....

25. Yarın belki sen de bizimle (dışarı çıkmak) ....

derece - *degree, thermometer*
geç kalmamak - *not to be late*
hafta sonları - *weekends, at the weekends*
kaynamak - *to boil*
boş zaman - *free/spare time*

bizimle - *with us*
yemek yememek - *not to eat*
yalan söylememek - *not to tell a lie*
girmemek - *not to enter, not to go in*

H. Fill in the blanks with the forms of '.... *used to* ....' in Turkish as in the examples. Apply the necessary consonant changes.

1. Eskiden kışın Ankara'da çok kar (yağmak) .....*yağardı*.....................

2. Gençken zamanımı boşa (harcamamak) ...*harcamazdım*.................

3. Eski zamanlarda televizyon yokken insanlar ne (yapmak) ....*yapardı / yaparlardı*.... acaba?

4. Onlar deniz kıyısında güneşlenirken denizi (seyretmek) ....

5. Ben Ölüdeniz'de tatildeyken sabahları hep erken (kalkmak) .... ve deniz kıyısında (güneşlenmek) ....

6. O yirmili yaşlardayken hiç sorumluluklarını (bilmemek) ....

7. Biz çocukken saklambaç (oynamak) .... ve kardan adam (yapmak) ....

8. Ben sık sık ona (telefon etmek) .... ve onu (ziyaret etmek) ....

9. O çocukken çok (konuşmak) ....

10. Biz üniversitedeyken çok sinemaya (gitmek) ....

11. Onlar bazen çay bahçesinde (oturmak) ...., bazen de deniz kıyısında (zaman geçirmek) ....

12. Bayramda babaları çocuklarını önce lunaparka (götürmek) ...., sonra onlara hediyeler (almak) ....

13. Siz eskiden burada mı (oturmak) ....…....?
14. Sen çok sigara (içmek) ....…......?
15. Biz eskiden İstanbul'da arkadaşlarla sık sık Rumeli Kavağı'na (gitmek) ....…....,
orada yemek (yemek) .... ve içki (içmek) ....…..... Ben rakı
(sevmemek) ....…................…...., ama bira (sevmek) ....…...... Siz Rumeli
Kavağı'na (gitmek) ....…....?
16. Sen aşağı yukarı her gün onu (görmek) ....…....
17. O 1990'larda MKTI diye bir şirkette (çalışmak) ....…...............
18. Biz o zamanlar hep geç (yatmamak) ....…....?

kar yağmak - *to snow*	**yaş** - *age*
kar - *snow*	**kardan adam** - *snowman*
boşa harcamamak - *not to waste*	**zaman geçirmek** - *to spend time*
boşa harcamak - *to waste*	**bilmemek -** *not to know*
harcamamak - *not to spend (money/time)*	**çay bahçesi** - *tea garden*
eski zamanlarda - *in olden times*	**saklambaç** - *hide-and-seek*
eski - *old (objects)*	**lunapark** - *amusement park*
yirmili yaşlarda - *in his/her twenties*	**hediye** - *gift*
sorumluluk - *responsibility*	**sevmemek** - *not to like, not to love*
rakı - *aniseed-flavoured alcoholic drink*	**1990'larda** - *in the 1990s*
aşağı yukarı - *approximately, more or less*	**o zamanlar** - *then, those days*
bayram - *religious/national/public holiday/festival*	
geçirmek - *to spend/pass (time), to get something through*	
Rumeli Kavağı - *a village of İstanbul situated where the Bosphorus meets the Black Sea.*	

I. **Fill in the blanks as in the examples. Apply the necessary consonant changes. Match the English meanings.**

1. Araba sür.erken........ dikkatli ol.   *Be careful while you are driving a car.*
2. Bu çiçekleri senin ......için.... aldım.   *I bought these flowers for you.*
3. Kitapları o.na........... ver.   *Give the books to him.*
4. Kasap.............. onu gördüm.   *I saw him when I was at the butcher's.*
5. Kasap.............. onu gördüm.   *I saw him at the butcher's.*
6. Caddede yürü.........…... Ali'yle karşılaştım.   *I ran into Ali while I was walking in the street.*
7. Caddede.........….... Ali'yle karşılaştım.   *I ran into Ali when I was in the street.*
8. Cadde.............. Ali'yle karşılaştım.   *I ran into Ali in the street.*
9. Çorbayı sıcak.............. iç.   *Drink the soup when it is hot.*
10. Telefon et.........…... kapı çaldı.   *While I was making a call, the door rang.*
11. Soğuk.............. dışarı çıkmayın.   *Don't go out when it is cold.*
12. Soğuk.............. dışarı çıkmayın.   *Don't go out in the cold.*
13. Orada.........…..... ekmek de al.   *Buy bread as well when you are there.*
14. O evde.............. ara.   *Call when she is at home.*
15. O evde yok.............. arama.   *Don't call when she is not at home.*
16. Çocuklar evde yok.........…..... ev sessiz.   *House is quiet when the children are not at home.*
17. Kapıyı aç.........…..... gıcırdıyor.   *While (when) opening the door, it squeaks.*
18. Fethiye'de.........…..... çok mutluyduk.   *We were very happy when we were in Fethiye.*

19. Saat iki……..……. bekliyoruz. — *We have been waiting since 2 o'clock.*
20. Biz……..…….. çay ikram etti. — *She offered tea to us.*
21. Nurcan ……..……. ben iyi arkadaşız. — *Nurcan and I are good friends.*
22. Eve otobüs……..……. mi geliyorsun? — *Are you coming home by bus?*
23. Çabuk ol, ……..……. geç kalacağız. — *Be quick; otherwise, we will be late.*
24. Kalk……..……. duş aldım. — *I had a shower when I got up.*
25. Kalk……..……. düştüm. — *I fell while (when) I was getting up.*
26. Plaj……..……. yürüdüm. — *I walked as far as the beach.*
27. Dokuz……..……. ne yapacaksın? — *What will you do until nine?*
28. Dokuz……..……. ne yapacaksın? — *What will you do after nine?*
29. Uyudum, ……..……. çok yorgundum. — *I slept because I was very tired.*
30. Pahalıydı, ……..……. almadım. — *It was expensive, that's why I did not buy.*
31. Yorul……..……. yürüdük. — *We walked until we got tired.*
32. O bir melek ……..……. — *She is like an angel.*
33. Saat iki……..……. bekledik. — *We waited until 2 o'clock.*

-le/-la karşılaşmak - *to run into*
aksi takdirde - *otherwise*
yoksa - *otherwise, if not*
-ene kadar, -ana kadar - *until*
-den beri, -dan beri - *since, for*
kasap - *butcher (the seller), butcher's (the shop)*
-inceye kadar, -ıncaya kadar, -ünceye kadar, -uncaya kadar - *until ….*

için - *for*
melek - *angel*
-ken (iken) - *while, when, as*
gıcırdamak - *to squeak*
ile, -le, -la - *with, by, and*

J. Write the statements below in English.

1. Saat on bir. Hâlâ uyuyor.
2. Postacı henüz gelmedi.
3. Kalemim daha şimdi buradaydı.
4. Duvarları daha yeni boyadım.
5. 2016'dan beri Türkçe öğreniyorum.
6. Eylülden beri onunla görüşmedik.
7. Biz Türkiye'ye gideli bir yıl oldu.
8. Beş gündür arkadaşımı görmedim.
9. İki yıldır Türkçe öğreniyorum.
10. İki yıldan beri Türkçe öğreniyorum.
11. Çoktan beri onu görmedim.
12. Uçak çoktan kalktı.
13. Ben zaten Türkçe biliyorum.
14. Daha şimdiden Türkçe konuşuyorum.
15. Kahvaltı etmeden işe gidiyorum.
16. Biz tam sohbet ederken Nermin geldi.

-eli, -alı - *since*
-dir, -dır, -dür, -dur - *for*
çoktan beri - *for a long time*

çoktan, zaten, (daha) şimdiden - *already*
-meden / -madan - *without ……ing*
tam …ken - *just as ….*

K. Translate the following into English. What's the difference?

1. Her akşam eve erken gelir. ....
2. Her akşam eve erken gelirdi. ....

3. İstanbul'da onu gördüm. ....
4. İstanbul'dayken onu gördüm. ....

L. Practise your vocabulary. Fill in with the corresponding language.

Turkish	English
henüz	....
....	just now
....	because
....	responsibility
onun için	....
yoksa, aksi takdirde	....
....	to compare
....	spare time
gibi	....
....	social
....	media
....	message
yani	....
yolculuk	....
....	price
....	communication
dışarıda	....
....	already
....	therefore
....	about to
boş zaman	....
hediye	....
....	instead of that
....	to share
değişik	....
....	tea garden
yaş	....
dijital	....

Unit 11

Exercises

A. Read the text and answer the questions.

Türkiye'deki tatil anılarım
My holiday memories in Turkey

Ben Nancy. Türkiye'ye bir yıl önce ilk gittiğim günü hiç unutmuyorum. Havalimanında uçaktan indiğimde, 'Tatilden sonra yazacak bir sürü anım olacak,' diye düşündüm. Gerçekten de öyle oldu. Türkiye'de çok güzel bir tatil geçirdim.

Havalimanından otele geldim. Önce otele yerleştim, sonra yorgun olduğum hâlde hemen dışarı çıktım. Sahile baktığım zaman çok heyecanlandım; manzara inanılmazdı. Daha sonra, sahil boyunca yürüdüm. Yolda yürürken, gördüğüm hediyelik eşya ve baharat satan dükkânlar, mücevherciler, kebapçılar ve simit satan çocuklar çok ilgimi çekti.

Ertesi gün sabahleyin deniz kenarında bir çay bahçesinde oturdum ve çay içtim. Yolda yürüyen, alışveriş eden insanları seyrettim. Ondan sonra plaja gittim; güneşlendim ve yüzdüm.

Tatil boyunca günlük tuttum. Günlüğüme gezdiğim yerleri, kaldığım oteli, güneşlendiğim plajları, çıktığım tekne gezilerini ve tanıştığım insanları yazdım. Ayrıca çarşıları ve tarihî yerleri; yaptığım alışverişleri ve yemek yediğim lokantaları da günlüğüme ekledim.

Türkiye'den arkadaşlarıma birçok hediyeler aldım. Bu hediyeler arasında kolye, küpe ve bilezikler vardı. Özellikle en yakın arkadaşım Linda için aldığım bir kolye çok güzeldi.

Böyle bir tatil hep özlediğim bir şeydi. Sonunda onu gerçekleştirdim. Türkiye'de yaptığım bu tatili hiç unutmayacağım. Amerika'ya dönünce arkadaşlarıma aldığım hediyeleri verdim. Arkadaşım Linda'yla birkaç gün üst üste buluştuk. Ona Türkiye'deki anılarımı anlattım. Türkiye'ye yeniden gitmek istiyorum, ama bu kez Linda ile beraber!

anı - *memory (what is remembered)*	**-en, -an** - *who/that/which -ing*
havalimanı - *airport*	**-dik, -dık, -dük, -duk** - *whom, that, which*
uçaktan inmek - *to get off a plane*	**-ecek, -acak** – *who/whom, that, which*
bir sürü - *lots of*	**dönmek** - *to turn, to come back, to return*
gerçekten - *really, truly*	**boyunca** - *all along*
gerçekten de - *really (indeed)*	**günlük** - *diary, daily*
öyle - *like that, that way*	**günlük tutmak** - *to keep a diary*
yerleşmek - *to settle*	**eklemek** - *to add, to attach*
en çok - *mostly, (the) most*	**özellikle** - *especially*
arasında - *among, between*	**inanılmaz** - *unbelievable*
hediyelik eşya - *souvenir*	**küpe** - *earring*
baharat - *spice*	**bilezik** - *bracelet*
mücevherci - *jeweller, jewellery shop*	**en yakın** - *closest*
kebapçı - *kebab shop*	**yakın arkadaş** - *close friend*
deniz kenarında - *by the seaside*	**böyle** - *like this, such, in this way*
ilgi - *attention, interest*	**ertesi gün** - *the next day*

böyle bir - *such a*
ilgi çekmek - *to attract attention*
özlemek - *to miss someone/something*
heyecanlanmak - *to be/get excited*
tekne gezisine çıkmak - *to go on a boat trip*
ayrıca - *also, additionally, moreover, separately*
simit - *crunchy bread in a circular shape with sesame seeds*
gerçekleştirmek - *to make (something) come true, to realize*
ilgimi çeken şeyler - *the things which attract(ed) my attention*
üst üste - *in a row, one after the other, one thing on top of another*
inmek - *to get off (a bus/plane/train/ship/bicycle/horse), to land, to get out of (a car/taxi)*

-diğimde - *when I ….*
-ünce - *when ….*
-duğum hâlde - *although I ….*
-dığım zaman - *when I ….*

1. Kim Türkiye'de tatil yaptı? ....
2. Nancy yolda yürürken neler gördü? ....
3. Nancy ertesi gün sabahleyin ne yaptı? ....
4. Nancy günlüğüne neler yazdı? ....
5. Nancy arkadaşlarına neler aldı? ....
6. Nancy'nin en yakın arkadaşı kim? ....
7. Nancy Linda için ne hediye aldı? ....
8. Nancy hep neyi özledi? ....
9. Nancy neyi gerçekleştirdi? ....
10. Amerika'da arkadaşlarına ne verdi? ....
11. Amerika'da kimle buluştu? ....
12. Nancy Türkiye'ye kimle gitmek istiyor? ....

B. Read the text in exercise *A*. Mark as (D) 'doğru' *(true)* or (Y) 'yanlış' *(false)*.

1. Linda Türkiye'de çok güzel bir tatil geçirdi. **(D)**   **(Y)**
2. Nancy ertesi sabah deniz kenarında çay içti. **(D)**   **(Y)**
3. Nancy çay bahçesinde yolda yürüyen, alışveriş eden insanları seyretti. **(D)**   **(Y)**
4. Nancy tatil boyunca günlük tuttu. **(D)**   **(Y)**
5. Nancy yemek yediği lokantaları da günlüğüne ekledi. **(D)**   **(Y)**
6. Linda arkadaşı Nancy için güzel bir kolye aldı. **(D)**   **(Y)**
7. Linda ve Nancy yakın arkadaşlar. **(D)**   **(Y)**
8. Arkadaşları Nancy ve Linda'ya kolye, küpe ve bilezikler aldı. **(D)**   **(Y)**
9. Linda özlediği tatili sonunda gerçekleştirdi. **(D)**   **(Y)**
10. Nancy Linda'ya Türkiye'deki anılarını anlattı. **(D)**   **(Y)**
11. Nancy Türkiye'ye yeniden gitmek istiyor. **(D)**   **(Y)**
12. Nancy Türkiye'ye bu sefer Linda ile beraber gitmek istiyor. **(D)**   **(Y)**

C. Make '*-en*' type adjectives or '*-en*' type nouns with the verbs in brackets to fill in the blanks as in the examples. Use the buffer '*y*' where necessary.

1. Seninle (konuşmak) .....konuşan........ kimdi? *Who was that (the one) talking to you?*
2. Seninle (yürümek) ......yürüyen........ kadın kimdi? *Who was the woman walking with you?*
3. Osman'ı (işe almak) ....işe almayan....... müdür Ekrem'in arkadaşı. *The manager who did not employ Osman is Ekrem's friend.*

4. Bizi yemeğe (davet etmek) .... benim eski bir arkadaşım. *Who invited us to dinner is an old friend of mine.*

5. Seninle (tanışmak) .... komşumuzdu. *Who met you was our neighbour.*

6. Seninle (tanışmak) .... adam komşumuzdu. *The man who met you was our neighbour.*

7. Çantasını (çalmak) .... hırsız yakalandı. *The thief who stole her bag has been caught.*

8. Beni (aramak) .... arkadaşlarımdı. *Those who called me were my friends.*

9. Oyunda (oynamak) .... oyuncuları tanıyorum. *I know the players playing in the game.*

10. Oyunda (oynamak) .... tanıyorum. *I know those playing in the game.*

11. O fazla (düşünmek) .... birisi. *He is someone who does not think much.*

12. O dünyada (yaşamak) .... en yaşlı kişi. *He is the oldest person living in the world.*

seninle, senle - *with you*
dünya - *the world, the earth*
oyuncu - *player, actor, performer*
en yaşlı - *oldest*

D. Make *'-dik' type adjectives* or *'-dik' type nouns* with the verbs in brackets to fill in the blanks as in the examples. Apply the vowel harmony and consonant mutation rules.

1. Senin yolda (konuşmak) ..konuştuğun. kimdi? *Who was that you were talking to on the road?*
2. Sizin yolda (görmek) ....gördüğünüz.. adam kimdi? *Who was that man you saw on the road?*
3. Bunlar benim (hatırlamak) ..hatırladıklarım.. *These are what I remember.*
4. Bunlar benim (hatırlamak) .... şeyler. *These are the things (that) I remember.*
5. Bizim (kalmak) .... otel denize yakındı. *The hotel (that) we stayed at was close to the sea.*
6. (almak) .... nereye koydun? *Where did you put what you bought?*
7. (almak) .... filmleri nereye koydun? *Where did you put the movies we bought?*
8. (yemek) .... yemek lezzetli miydi? *Was the meal you ate delicious?*
9. (içmek) .... çay az şekerli mi? *Is the tea (that) you are drinking, with little sugar?*
10. O yazarın her (yazmak) .... kitabı okurum. *I read every book that author writes.*
11. O yazarın her (yazmak) .... okurum. *I read what(ever) that author writes.*
12. (karşılaşmak) .... adam kimdi? *Who was the man we ran into?*
13. (bulmak) .... cüzdan benimdi. *The wallet she found was mine.*
14. (okumak) .... kitaplar rafta. *The books (which) I've read are on the shelf.*
15. (okumak) .... rafta. *Those (which) I have read are on the shelf.*
16. O benim (bilmek) .... birisi. *He is someone that I do not know.*
17. Tepede (görmek) .... ev bizim ev. *The house you see on the hill is our house.*
18. (ödemek) .... fatura su faturasıydı. *The bill (that) she paid was the water bill.*

fatura - *invoice, bill (electricity bill, etc.), receipt*
tepe - *hill, top*

E. Make '-ecek' type adjectives or '-ecek' type nouns with the verbs in brackets as in the examples. Apply the vowel harmony and consonant mutation rules, and use the buffer 'y' where necessary.

1. (ödemek) ...Ödeyeceği... fatura su faturası. *The bill that she is going to pay is the water bill.*
2. (almak) .....Alacağımız... ev denize bakıyor. *The house we are going to buy is facing the sea.*
3. (tanışmak) .... adam komşum. *The man you are going to meet is my neighbour.*
4. (kalmak) .... otel deniz kenarında. *The hotel I'm going to stay in is by the seashore.*
5. (gitmek) .... yer uzak değil. *The place (that) we are going to go is not far.*
6. (buluşmak) .... kişi arkadaşı. *The person (that) she's going to meet is her friend.*
7. Sizin (gitmek) .... yer uzak mı? *Is the place you are going to go far?*
8. (almak) .... bir kağıda yazın. *Write down what you are going to buy.*
9. (telefon etmek) .... insanların bir listesini yap. *Make a list of the people that you are going to call.*
10. (telefon etmek) .... listesini yap. *Make a list of those you are going to call.*
11. (söylemek) .... önceden düşün. *Think what you are going to say beforehand.*
12. (oynamak) .... tanıyorum. *I know those who are going to play.*
13. (arkadaşlık etmek) .... kişileri dikkatlice seç. *Choose the people who you are going to be friends with carefully.*
14. (arkadaşlık etmek) .... dikkatlice seç. *Choose those who you are going to be friends with carefully.*

arkadaşlık etmek - *to be/make friends with*　**önceden** - *beforehand*　**yazar** - *author*
seçmek - *to choose, to select, to elect, to pick*　**arkadaşlık** - *friendship*　**dikkatlice** - *carefully*

F. Fill in the blanks with the following below using their correct forms as in the examples. Apply the vowel harmony and consonant mutation rules.

-diği için / -mediği için / -eceği için / -diği hâlde / -eceği hâlde / -diği zaman / -eceğinden dolayı /
-ince / -eceği zaman / -diğinden dolayı / -diği sürece / -mediği sürece / -diğinden beri / -diğinde /
-mediğinde / -meyince / -eceğinde / -mediği zaman / -diği kadar / -diği gibi / -mediğinden dolayı

1. (geç kalmak) .....geç kaldığı için / geç kaldığından dolayı..... patron kızdı. *Because he was late, the boss was angry.*
2. İşe (geç kalmak) ....geç kaldığı zaman / geç kaldığında / geç kalınca...... patron kızıyor. *The boss gets angry when he is late for work.*
3. İşe (geç kalmak) ....geç kaldığı hâlde......... patron kızmadı. *Although he was late for work, the boss was not angry.*
4. Geç (yatmak) .....yattıkları için / yattıklarından dolayı...... geç kalktılar. *Because they went to bed late, they got up late.*
5. İşe (geç kalmak) .... patron kızmıyor. *As long as he is not late for work, the boss does not get angry.*
6. İşe (geç kalmak) .... patron kızmıyor. *The boss does not get angry when he is not late for work.*

7. İşe zamanında (gelmek) .... patron kızdı. *Because he did not come to work on time, the boss was angry.*

8. İşe (geç kalmak) .... taksiye bindi. *Because he was going to be late for work, he took a taxi.*

9. İşe (geç kalmak) .... geç kalmadı. *Although he was going to be late for work, he was not late.*

10. İşe (geç kalmak) .... iş yerine telefon eder. *When he is going to be late for work, he calls the workplace.*

11. İşe zamanında (gelmek) .... patron kızmıyor. *As long as he comes to work on time, the boss does not get angry.*

12. Eve (gelmek) .... konuşuyor. *She's been talking since we came home.*

13. Burada (istemek) .... kalın. *Stay here as long as (as much as) you want.*

14. (demek) ...., yalan söylemiyor. *As I said, he is not lying.*

15. Her şey (düşünmek) .... *Everything is as we thought (imagined).*

16. (söz vermek) .... sözünü tutmadın. *Although you promised, you did not keep your promise.*

17. Paketi (açmak) .... çok şaşırdım. *I was very surprised when I opened the parcel.*

18. Marmaris'e (gitmek) .... onu aramadım. *Since we went to Marmaris, I haven't called her.*

19. Onlar (telefon etmek) .... evde bekliyorum. *Because they are going to call, I am waiting at home.*

20. O (aramak) .... merak ediyorum. *I get worried when she does not call.*

21. (tatile gitmek) .... erteledik. *Although we were going on holiday, we postponed it.*

22. (alışveriş yapmak) .... fiyatları karşılaştırmaz mısın? *When you are going to do shopping, do you not compare the prices?*

23. Birbirimizi uzun süredir (görmek) .... birbirimizi çok özledik. *Because we haven't seen each other for a long time, we missed each other very much.*

24. Fethiye'den (ayrılmak) .... için üzülüyor musunuz? *Because you are going to leave Fethiye, are you sad?*

birbiri - *each other, one another*
kızmak - *to get/be angry*
merak etmek - *to worry, to wonder, to be curious*

ertelemek - *to postpone*
söz vermek - *to promise*
söz tutmak - *to keep a promise*

G. Turn the quoted statements below into *reported speech* using '-dik' and '-ecek' forms as in the examples.

Jane, "Türkçe öğreniyorum," dedi. *Jane said, "I have been learning Turkish."*

Jane ......Türkçe öğrendiğini...... söyledi. *Jane said that she had been learning Turkish.*

Mete, "Sinemaya gideceğiz," dedi. *Mete said, "We are going to go to the cinema."*

Mete .....sinemaya gideceklerini.... söyledi. *Mete said that they were going to go to the cinema.*

1. Gizem, "Sandviçleri beyaz torbalara koydum," dedi. *Gizem said, "I put the sandwiches into the white bags."*
Gizem .... söyledi.
Gizem said that she had put the sandwiches into the white bags.
2. Carol ve Robert, "Bugün Türkçe dersine gelmeyeceğiz," dediler. *Carol and Robert said, "We will not come to the Turkish lesson today."*
Carol ve Robert .... söylediler.
Carol and Robert said that they would not come to the Turkish lesson today.
3. Gizem, "Yiyecekleri dün akşam hazırladım," dedi. *Gizem said, "I prepared the food last night."*
Gizem .... söyledi.
Gizem said that she had prepared the food last night.
4. Osman, "Evi satacağım," dedi. *Osman said, "I am going to sell the house."*
Osman .... söyledi.
Osman said that he was going to sell the house.
5. Öğrenciler, "Türkçe çok kolay," dediler. *The students said, "Turkish is very easy."*
Öğrenciler .... söylediler.
The students said that Turkish was very easy.
6. Fatma, "Ekrem gelene kadar bekleyeceğim," dedi. *Fatma said, "I am going to wait until Ekrem comes."*
Fatma .... söyledi.
Fatma said that she was going to wait until Ekrem came.
7. Nilgün, "Yağmur duruncaya kadar ağacın altında bekledik," dedi. *Nilgün said, "We waited under the tree until the rain stopped."*
Nilgün, ... söyledi.
Nilgün said that they had waited under the tree until the rain stopped.
8. Arkadaşım, "Dışarıda çok üşüdüm," dedi. *My friend said, "I was very cold outside."*
Arkadaşım .... söyledi.
My friend said that she/he had been very cold outside.

H. Turn the reported statements below into *direct speech*, to the original spoken words of the speakers as in the examples.

Cansu Gülnur'u görmediğini söyledi. *Cansu said that she had not seen Gülnur.*
Cansu, "......Gülnur'u görmedim........," dedi. *Cansu said, "I have not seen Gülnur."*

Öğretmen kursun geç başlayacağını söyledi. *The teacher said that the course would start late.*
Öğretmen, "....Kurs geç başlayacak........," dedi. *The teacher said, "The course will start late."*

1. Ahmet kebapların çok lezzetli olduğunu söyledi. *Ahmet said that the kebabs were very delicious.*
Ahmet, "..," dedi.
Ahmet said, "The kebabs are very delicious."
2. Buket ve Sedat annelerine hediye alacaklarını söylediler. *Buket and Sedat said that they would buy a present for their mother.*
Buket ve Sedat, "..," dediler.
Buket and Sedat said, "We will buy a present for our mother."

3. Ali yaz gelince tatile gittiklerini söyledi. *Ali said that they went on holiday when summer came.*
   Ali, "……………………………………………………………………………………………," dedi.
   Ali said, "We go on holiday when summer comes."
4. Aynur sigara içmeyeceğini söyledi. *Aynur said that she was not going to smoke cigarette."*
   Aynur, "……………………………………………………………………………………………," dedi.
   Aynur said, "I am not going to smoke cigarette."
5. Cansu sıkıldığını söyledi. *Cansu said that she was bored.*
   Cansu, "……………………………………………………………………………………………," dedi.
   Cansu said, "I am bored."
6. Arzu Bodrum'da dinleneceğini söyledi. *Arzu said that she was going to rest in Bodrum.*
   Arzu, "……………………………………………………………………………………………," dedi.
   Arzu said, "I am going to rest in Bodrum."
7. Behzat eve daha yeni geldiğini söyledi. *Behzat said that he had just arrived home.*
   Behzat, "……………………………………………………………………………………………," dedi.
   Behzat said, "I have just arrived/came home."
8. Aykut İstanbul'da olduğunu söyledi. *Aykut said that he was in İstanbul.*
   Aykut, "……………………………………………………………………………………………," dedi.
   Aykut said, "I am in İstanbul."

I. Turn the *'-dik'* type nouns and adjectives to *'-ecek'* type nouns and adjectives.

1. Aldığınız araba yeni mi?   *Alacağınız araba yeni mi?*
2. Aldığınız yeni mi?   *Alacağınız yeni mi?*
3. Hatırladığı anılar çocukluk anıları. ………………………………………………
4. Hatırladıkları çocukluk anıları.   ………………………………………………
5. Buluştuğumuz günü düşünüyorum.   ………………………………………………
6. Buluştuğumuzu düşünüyorum.   ………………………………………………
7. Oturduğumuz ev bahçeli.   ………………………………………………
8. Kaldığımız otel deniz manzaralı. ………………………………………………

J. Turn the *'-ecek'* type nouns and *adjectives* to *'-dik'* type nouns and *adjectives*.

1. Konuşacağımız konular önemli.   *Konuştuğumuz konular önemli.*
2. Konuşacaklarımız önemli.   *Konuştuklarımız önemli.*
3. Çalışacağın şirket nerede?   ………………………………………………
4. İşe alacağın kişi tecrübeli mi?   ………………………………………………
5. İşe alacağın tecrübeli mi?   ………………………………………………
6. Yazacağım mektupları postalar mısın? ………………………………………
7. Yazacaklarımı postalar mısın?   ………………………………………………
8. İçeceğimiz içkiler şirketin ikramı. ………………………………………………

çocukluk - *childhood*
deniz manzaralı - *with a sea view*
tecrübeli - *experienced*

altında - *under, below, beneath*
postalamak - *to post*
ikram - *treat, what's offered to a guest, discount*

K. Translate the following into English. What's the difference?

1. Kitap okuyacağım. ....
2. Bu okuyacağım kitap. ....

3. Beni özleyen kişi Sema. ....
4. Benim özlediğim kişi Sema. ....

L. Practise your vocabulary. Fill in with the corresponding language.

Turkish	English
anı	....
....	diary
....	airport
....	childhood
bir sürü	....
öyle	....
....	spice
....	earring
böyle	....
....	necklace
....	especially
....	author
postalamak	....
dünya	....
....	beforehand
....	carefully
ayrıca	....
....	experienced
....	unbelievable
....	to employ
kızmak	....
merak etmek	....
....	to promise
....	to keep one's promise
arkadaşlık	....
....	player
tepe	....
bilezik	....

Unit 12

Exercises

A. Read the dialogue and answer the questions.

Biraz dedikodu
A little gossip

Demet "Duyduğuma göre soğuk hava dalgası geliyormuş."

Buket "Ya! Öyle mi? Öyleyse eve biraz yiyecek stoklayalım. Ne olur ne olmaz. Bakarsın evde kapalı filan kalırız."

Demet "Kutuplardan kar fırtınaları da geliyormuş. Yarın akşam kar yağışı başlayacakmış."

Buket "Ya! Nereden duydun bunları? Ben de tam tersini duydum. Afrika'dan sıcak hava dalgası geliyormuş".

Demet "Yılın bu zamanında mı?"

Buket "Bilmiyorum. Ben de şaşırdım. Hangisine inanalım? İklimler eskisi gibi değil artık. Ne yapacağımızı şaşırdık. Dediklerine göre, yakın zamanda iklim değişikliği yüzünden buzullar eriyecekmiş, bütün dünya sular altında kalacakmış, ondan sonra sular kuruyup sıcaklardan dolayı insanlar kavrulacakmış. Ondan sonra da dünya yok olacakmış."

Demet "Çok fazla abarttın. Kim uydurmuş bunları? Neyse boş ver sen onları. Onlardan daha önemli şeyler var. Biliyor musun neler duydum?"

Buket "Neler duydun?"

Demet "Aman ikimizin arasında kalsın tamam mı?"

Buket "Tamam! Ben kimseye bir şey söylemem. Merak etme."

Demet "Filiz nişanlısı Arif'le mutlu değilmiş. İnternette, bir arkadaş sitesinde başka birisiyle tanışıp onunla buluşmuş. Beraber çıkıyorlarmış. Dediklerine göre Arif'in haberi yokmuş. Arif iş gezisindeymiş. Ne zaman dönecek, belli değilmiş."

Buket "Ya! Filiz nişanı bozuyor muymuş?"

Demet "Öyle görünüyor."

Buket "Cesur kız. Aferin Filiz'e. Duyduğuma göre Arif biraz çapkınmış. Başkasıyla ilgileniyormuş herhâlde."

Demet "Ya! Demek öyle! Nereden duydun? Kim acaba? Gamze söylemiştir. Onun her yerde kulağı var. Tabii, Filiz niye öyle birisini çeksin? Güzel kadın. Her istediğiyle evlenir, öyle değil mi?"

Buket "Aa. Evet. Tabii."

Demet "Arif sana ilgi duyuyormuş, doğru mu?"

Buket "Ne? Kime ilgi duyuyormuş? Nereden çıkarıyorsun bunları? Kim demiş? Yok öyle bir şey."

Demet "Gamze'den duydum. Sen de bana bir gün, 'Arif ne kadar yakışıklı,' demiştin, hatırlıyor musun? O gün ona hayranlıkla bakıyordun."

Buket "Ne? Ne zaman? Ben hiç öyle bir şey hatırlamıyorum."

Demet "Neyse, boş ver. Bu arada Arif'in ev sahibi aradı; benim arkadaşım. Arif'i aramış. Arif'in telefonu kapalıymış. Arif kaldığı evin kirasını geciktirmiş. İş gezisinden ne zaman dönecek belli değil. Nasıl ulaşırız acaba Arif'e? Hiç bilmiyorum."

Buket "Arif aradı. Bu akşam dönüyor. Eve geldiği zaman ona söylerim."

Demet	"Ne dedin? Bu akşam mı dönüyor? Nereden biliyorsun? Seni mi aradı? Eve mi gelecek?"
Buket	"Şey…! Ne dedim ben?"

dedikodu - *gossip*	**iklim değişikliği** - *climate change*
soğuk hava dalgası - *cold wave*	**yüzünden** - *because of ......*
dalga - *wave*	**bu arada** - *by the way, in the meantime*
abartmak - *to exaggerate*	**ev sahibi** - *landlord, landlady, homeowner*
stok - *stock*	**kira** - *rent*
stoklamak - *to stock (up)*	**duyduğuma göre** - *according to what I've heard*
kutup - *pole*	**aman** - *please (for goodness' sake)*
fırtına - *storm*	**ikimiz** - *the two of us, both of us, you and me*
kar fırtınası - *snowstorm*	**yok öyle bir şey** - *there is nothing like that*
kar yağışı - *snowfall*	**başka biri(si), başkası** - *someone else*
ters - *reverse, opposite (way round)*	**haberi yok** - *he has no knowledge about it*
tam tersi - *just the opposite*	**iş gezisi** - *business trip*
Afrika - *Africa*	**nişan bozmak** - *to break off engagement*
sıcak hava dalgası - *heat wave*	**öyle görünüyor** - *looks like it*
hangisi - *which one*	**ilgilenmek** - *to be interested*
iklim - *climate*	**çapkın** - *womanizer, flirtatious*
eskisi gibi - *as it used to be, as before*	**demek öyle** - *(lit.) so it is like that then*
yakın zamanda - *in the near future, recently*	**öyle birisi** - *someone like that*
değişiklik - *change*	**-e/-a ilgi duymak** - *to be interested in .....*
buzul - *glacier, iceberg*	**demiştin** - *you (had) said*
erimek - *to melt*	**hayranlıkla** - *with admiration*
kurumak - *to dry*	**bakıyordun** - *you were looking*
kavrulmak - *to be roasted*	**geciktirmek** - *to delay*
daha önemli - *more important*	**ne kadar** - *how, how much*
uydurmak - *to make something up*	
yok olmak - *to disappear, to vanish*	

bakarsın - *you never know, it might just happen that …*
-miştir, -mıştır, -müştür, -muştur - *... must have ..., I assume/expect ...*
her yerde kulağı olmak - *(idiom) to keep one's ear to the ground*
Nereden çıkarıyorsun bunları? - *Where do you get these ideas from?*
-miş, -mış, -müş, -muş - *apparently, reportedly, supposedly*
dediklerine göre - *according to what they say, according to what they've said*
şey - *thing, uhmmm... (replacement word used when you cannot remember the right word)*

1. Buket neden yiyecek stoklamak istiyor? ....
2. İklim değişikliği yüzünden neler olacakmış? ....
3. Filiz başka birisiyle nerede tanışmış? ....
4. Arif neredeymiş? ....
5. Kim başkasıyla ilgileniyormuş? ....
6. Arif kime ilgi duyuyormuş? ....
7. Buket kime hayranlıkla bakıyormuş? ....
8. Arif'in ev sahibi neden Arif'i aramış? ....
9. Ev sahibi kimin arkadaşı? ....
10. Arif kimi aradı? ....

B. Read the dialogue in exercise *A* and mark as (D) 'doğru' *(true)* or (Y) 'yanlış' *(false)*.

1. Demet soğuk hava dalgası geleceğini duymuş. **(D)   (Y)**
2. Demet yiyecek stoklamak istiyor, çünkü soğuk hava dalgası geliyormuş. **(D)   (Y)**
3. Buket Afrika'dan sıcak hava dalgası geleceğini duymuş. **(D)   (Y)**
4. Arif internette, bir arkadaş sitesinde birisiyle tanışmış. **(D)   (Y)**
5. Filiz başka birisi ile ilgileniyormuş. **(D)   (Y)**
6. Arif iş gezisindeymiş. **(D)   (Y)**
7. Gamze, Arif'in ne kadar yakışıklı olduğunu söylemiş. **(D)   (Y)**
8. Ev sahibi Demet'in arkadaşıymış. **(D)   (Y)**
9. Arif kirasını ödememiş. **(D)   (Y)**
10. Arif Filiz'i aramış. **(D)   (Y)**

C. Fill in the blanks with the '-miş' form of the verbs as in the examples.

demek

(ben)	Ona gel	....
(sen)	Ona gel	*demişsin* ......
(o)	Ona gel	....
(biz)	Ona gel	....
(siz)	Ona gel	....
(onlar)	Ona gel	.... /
		....

uyuyakalmak

(ben)	Koltukta	*uyuyakalmışım* ......
(sen)	Koltukta	....
(o)	Koltukta	....
(biz)	Koltukta	....
(siz)	Koltukta	....
(onlar)	Koltukta	.... /
		....

düşürmek

(ben)	Tabağı	....
(sen)	Tabağı	....
(o)	Tabağı	*düşürmüş* ......
(biz)	Tabağı	....
(siz)	Tabağı	....
(onlar)	Tabağı	.... /
		....

uyumak

(ben)	Öğlene kadar	....
(sen)	Öğlene kadar	....
(o)	Öğlene kadar	....
(biz)	Öğlene kadar	*uyumuşuz* ......
(siz)	Öğlene kadar	....
(onlar)	Öğlene kadar	.... /
		....

D. Fill in the blanks with the '-miş' form of the verbs to make negative statements as in the examples.

öğrenmek

(ben)	Anlattıklarını	....
(sen)	Anlattıklarını	....
(o)	Anlattıklarını	....
(biz)	Anlattıklarını	....
(siz)	Anlattıklarını	*öğrenmemişsiniz* ...
(onlar)	Anlattıklarını	.... /
		....

anlamak

(ben)	Yedinci üniteyi	....
(sen)	Yedinci üniteyi	....
(o)	Yedinci üniteyi	....
(biz)	Yedinci üniteyi	....
(siz)	Yedinci üniteyi	....
(onlar)	Yedinci üniteyi	*anlamamış* .... /
		anlamamışlar ....

kontrol etmek - *to check, to control*
uyuyakalmak - *to fall asleep*

yedinci - *seventh*
ünite - *unit*

E. Fill in the blanks with '-miş' form to make questions as in the examples.

söylemek

(ben) Ona da ...söylemiş miyim...........?
(sen) Ona da ....?
(o) Ona da ....?
(biz) Ona da ....?
(siz) Ona da ....?
(onlar) Ona da ....? /
...........................?

yapmak

(ben) Doğru ....?
(sen) Doğru ....?
(o) Doğru ....?
(biz) Doğru ...yapmış mıyız.............?
(siz) Doğru ....?
(onlar) Doğru ....? /
...........................?

görüşmek

(ben) Eskiden ....?
(sen) Eskiden ....?
(o) Eskiden ....?
(biz) Eskiden ....?
(siz) Eskiden ...görüşmüş müsünüz...?
(onlar) Eskiden ....? /
...........................?

okumak

(ben) Bu kitabı ....?
(sen) Bu kitabı ....?
(o) Bu kitabı ...okumuş mu.............?
(biz) Bu kitabı ....?
(siz) Bu kitabı ....?
(onlar) Bu kitabı ....? /
...........................?

F. Fill in the blanks with '-miş' form. Make negative questions as in the examples.

görmek

(ben) Yolda onu ....?
(sen) Yolda onu ....?
(o) Yolda onu ....?
(biz) Yolda onu ....?
(siz) Yolda onu ....?
(onlar) Yolda onu ...görmemiş mi...........? /
...görmemişler mi........?

almak

(ben) Ekmek ....?
(sen) Ekmek ...almamış mısın...........?
(o) Ekmek ....?
(biz) Ekmek ....?
(siz) Ekmek ....?
(onlar) Ekmek ....? /
...........................?

G. Fill in the blanks with '-miş' form as in the examples. Use the buffer 'y' where necessary.

	güzel	yakışıklı	üzgün	kısa boylu
(ben)	Güzel.misim....	Yakışıklı..............	Üzgün................	Kısa boylu...................
(sen)	Güzel.............	Yakışıklı..............	Üzgün................	Kısa boyluymuşsun.......
(o)	Güzel.............	Yakışıklı..............	Üzgün................	Kısa boylu...................
(biz)	Güzel.............	Yakışıklıymışız.......	Üzgün................	Kısa boylu...................
(siz)	Güzel.............	Yakışıklı..............	Üzgün................	Kısa boylu...................
(onlar)	Güzel............. / Güzel............. / Güzel.............	Yakışıklı.............. / Yakışıklı.............. / Yakışıklı..............	Üzgünmüş........... / Üzgünlermiş........ / Üzgünmüşler.......	Kısa boylu.................. / Kısa boylu.................. / Kısa boylu..................

üzgün - *sad*   **kısa boylu** - *short (person)*

H. Fill in the blanks with '-miş' form to make negative statements.

	sakin	konuşkan
(ben)	Sakin	Konuşkan ....
(sen)	Sakin _değilmişsin_	Konuşkan ....
(o)	Sakin	Konuşkan ....
(biz)	Sakin	Konuşkan ....
(siz)	Sakin	Konuşkan ....
(onlar)	Sakin .... / Sakin .... / Sakin	Konuşkan _değilmiş_ .... / Konuşkan _değillermiş_ .... / Konuşkan _değilmişler_ ....

I. Fill in the blanks with '-miş' form to make questions.

	evde	akıllı	güçlü	mutlu
(ben)	Evde ....?	Akıllı ....?	Güçlü ....?	Mutlu ....?
(sen)	Evde _miymişsin_?	Akıllı ....?	Güçlü ....?	Mutlu ....?
(o)	Evde ....?	Akıllı ....?	Güçlü ....?	Mutlu _muymuş_....?
(biz)	Evde ....?	Akıllı ....?	Güçlü ....?	Mutlu ....?
(siz)	Evde ....?	Akıllı _mıymışsınız_?	Güçlü ....?	Mutlu ....?
(onlar)	Evde ....? / Evdeler ....? / Evde ....?	Akıllı ....? / Akıllılar................? / Akıllı ....?	Güçlü _müymüş_...? / Güçlüler _miymiş_...? / Güçlü _müymüşler_?	Mutlu ....? / Mutlular ....? / Mutlu ....?

J. Fill in the blanks with '-miş' form to make negative questions.

	birinci	yalnız
(ben)	Birinci ....?	Yalnız ....?
(sen)	Birinci ....?	Yalnız ....?
(o)	Birinci ....?	Yalnız ....?
(biz)	Birinci _değil miymişiz_ ....?	Yalnız ....?
(siz)	Birinci ....?	Yalnız ....?
(onlar)	Birinci ....? / Birinci ....? / Birinci ....?	Yalnız _değil miymiş_ ....? / Yalnız _değiller miymiş_ ...? / Yalnız _değil miymişler_ ....?

sakin - *quiet, calm*
konuşkan - *talkative*

birinci - *first*
güçlü - *strong, powerful*

K. Match the statements on the left with the ones on the right.

1. Nedenmiş, öğrendin mi?	a. *What has happened? (do you have any idea?)*
2. Nedeni neymiş? Biliyor musun?	b. *Apparently, she is not against my thoughts.*
3. Bu saate kadar neredeymiş?	c. *He read a book and went to bed.*
4. Takım elbise ne kadarmış?	d. *(I assume) There are/were no tickets left.*
5. Bu paket neredenmiş?	e. *He read a book. After that, he went to bed.*
6. Ali'nin konuştuğu kimmiş?	f. *He is working as a technician.*
7. Kaç kişiymiş? Biliyor musun?	g. *We are rowing towards the shore.*
8. Hangisiymiş?	h. *What is/was the reason for it? Do you know?*
9. Parayı harcamıştır.	i. *Where's this packet from? (any idea?)*
10. Ne demiş?	j. *Apparently, she has spent the money.*
11. İki yumurta varmış. Bilmiyordum.	k. *Who was that Ali was talking to? (any idea?)*
12. Ne olmuş?	l. *Where is the man from? (do you have an idea?)*
13. Oğlumun harçlığı yokmuş.	m. *Apparently, there are/were no tickets left.*
14. Ekmek var mıymış, sordun mu?	n. *(supposedly) There were two eggs. I did not know.*
15. Parayı harcamış.	o. *Apparently, she feels love towards him.*
16. Bilet kalmamış.	p. *We had coffee. Before that, we had breakfast.*
17. Adam nereliymiş?	q. *Which one (is/was it)? (do you have an idea?)*
18. Bilet kalmamıştır.	r. *How many people (are/were they)? Do you know?*
19. Teknisyen olarak çalışıyor.	s. *We had coffee. After that, we had breakfast.*
20. Benim düşüncelerime karşı değilmiş.	t. *How much is/was the suit? (do you know?)*
21. Sahile doğru kürek çekiyoruz.	u. *What did she/he say? (do you know?)*
22. Kahve içtik. Ondan önce kahvaltı ettik.	v. *Was there any bread, have you asked?*
23. Ona karşı sevgi duyuyormuş.	w. *Why did you say it was, have you found out?*
24. Kahve içtik. Ondan sonra kahvaltı ettik.	x. *(I assume) She must have spent the money.*
25. Kitap okuyup yattı.	y. *My son did not have pocket money. (I did not know)*
26. Kitap okudu. Ondan sonra yattı.	z. *Where has he been until this time? (any idea?)*

neden - *reason, cause, why, from what*
takım elbise - *suit (men's)*
yumurta - *egg*
teknisyen - *technician*
kürek - *oar, paddle, shovel*
kürek çekmek - *to row*
varmış - *apparently/supposedly there is/was/are/were*

-e karşı, -a karşı - *against, towards*
ondan önce - *before that, previously*
-ip, -ıp, -üp, -up - *and, also*
düşünce - *thought*

L. Fill in the blanks with 'içinde', 'ortasında', 'arkasında', 'üstüne', 'altında', 'yanında', 'içine', 'üstünde', 'arasında', 'etrafında', 'içinden', 'karşısında', 'önünde' or 'altına'. Match the English meanings on the right.

1. Evimiz parkın	*Our house is opposite the park.*
2. Tamirci arabanın	*The mechanic is under the car.*
3. Alev onun .... oturuyor.	*Alev is sitting beside him.*
4. Piller kutunun	*The batteries are in the box.*
5. Gözlüğü çantanın .... koy.	*Put the glasses into the bag.*
6. Yemeği masanın .... koyayım mı?	*Shall I put the meal on(to) the table?*

7. Çantanın .... ne aldın? *What did you take from (the inside of) the bag?*
8. Masanın .... tabaklar var. *There are plates on the table.*
9. Yolun .... bekleme. *Don't wait in the middle of the road.*
10. Bavulu yatağın .... koy. *Put the suitcase under (lit.: to the under of) the bed.*
11. Evin .... ağaçlar var. *There are trees around the house.*
12. Ağaçların .... yürüdük. *We walked among the trees.*
13. Dükkânın .... bekliyoruz. *We are waiting in front of the shop.*
14. Köpek duvarın .... *The dog is behind the wall.*

M. Fill in the blanks with the correct form of *'yemek'* and *'demek'*.

1. Nerede (yemek) ....? *Where are we going to eat?*
2. Şu anda yemek (yemek) .... *She is eating (a meal) at the moment.*
3. Ne (demek) ....? *What is he saying?*
4. Akşamları yemek (yemek) .... *We do not eat (meal) in the evenings.*
5. Ne (demek) ....? *What are you going to say?*
6. Ne (demek) ....? *What did you say?*
7. Ona, "Üzülme," (demek) .... *I said, "Don't be sad," to her.*
8. Daha sonra yemek (yemek) .... *We had a meal later on.*

N. Shorten the sentences by using the suffixes *'-(y)ip'*, *'-(y)ıp'*, *'-(y)üp'* or *'-(y)up'* as in the example.

1. İstanbul'a gittim ve onu ziyaret ettim. ..... *İstanbul'a gidip onu ziyaret ettim.* ....
2. Plajda güneşlendik ve yüzdük. ....
3. Buluşacağız ve yemeğe gideceğiz. ....
4. Çiçekleri suladım ve gülleri budadım. ....
5. Her gün erken kalkar ve koşar. ....
6. Kahvaltı ediyorum ve dışarı çıkıyorum. ....
7. Benzin aldık ve yola devam ettik. ....
8. Bara gidelim ve bira içelim mi? ....

devam etmek - *to continue*   **gül** - *rose*   **budamak** - *to prune*

O. Use *'-(y)erek'* or *'-(y)arak'* ending with the verbs in brackets as in the example.

1. (sohbet etmek) .... *Sohbet ederek* ...... çay içtik. *We had tea (as we were) chatting.*
2. Müzik (dinlemek) .... evi temizledim. *I cleaned the house listening to music.*
3. Barda bir şeyler (içmek) .... sohbet edeceğiz. *We'll chat having a drink at the bar.*
4. Çok (çalışmak) .... çok para kazandı. *He earned a lot of money (by) working hard.*
5. İlaç (almak) .... iyileşti. *She recovered (by) taking medicine.*
6. (yürümek) .... eve geldik. *We came home on foot (by walking).*
7. Yemek (yemek) .... film seyrettik. *We watched a movie eating meal.*
8. (uyumak) .... zaman geçirdim. *I passed the time sleeping.*

-erek, -arak - *by ....ing, ...ing*

P. Translate the following into English. What's the difference?

1. Plaja gittik ve güneşlendik. ....
2. Plaja gidip güneşlendik. ....

3. Geç kalmış. ....
4. Geç kalmıştır. ....

Q. Practise your vocabulary. Fill in with the corresponding language.

Turkish	English
yiyecek	....
....	which one
....	climate
....	to exaggerate
hava	....
şaşırmak	....
....	storm
....	calm
aferin	....
....	under
....	in front of
....	behind
belli	....
ondan önce	....
....	talkative
....	short (person)
kira	....
....	in the middle of
....	thought
....	to think
mutlu	....
birinci	....
....	more important
....	rose
ondan sonra	....
....	unit
ev sahibi	....
başka birisi	....

Unit 13

Exercises

A. Read the conversation and answer the questions.

Keşke hiç yapmasaydım
I wish I had not done that at all

Serdar, eşi Aslı ile Keremlerin evinde yemek yiyorlar, rakı içiyorlar, bir yandan da sohbet ediyorlar. Kerem'in eşi Elif, Serdar ve Aslı'nın sevdiği yemekleri pişirmiş.

Kerem "Geçmişte yapıp da pişman olduğunuz bir şey var mı?"

Serdar "Evet, geçmişte yapıp, bugün 'keşke yapmasaydım' dediğim bir sürü şey var."

Aslı "Ben de geçmişte yaptığım bazı şeyler için pişmanım. Eğer yaptıklarımı farklı bir şekilde yapmış olsaydım, şimdi her şey farklı olurdu. Keşke geriye dönsem de her şeyi düzeltsem."

Serdar "Bilgisayarda olduğu gibi gerçek hayatta da 'geri al' komutu olsaydı keşke."

Elif "Ama yok işte. Ben de yapmadığım şeyler için pişmanım."

Kerem "Ortaköy'de annenden kalan evden mi bahsediyorsun?"

Elif "Evet, o evi satmayıp kiraya verseymişim çok daha iyi olacakmış. Bunu sonradan anladım, ama o zamanlar sıkıntı içindeydim. Daha bekârdım o zaman. Sen benim yerimde olsaydın, ne yapardın?"

Kerem "Ben senin yerinde olsaydım, o zaman ben de aynısını yapardım herhâlde, ama 'her şeyde bir hayır vardır' derler."

Elif "Ne demek istiyorsun?"

Kerem "O ev periliymiş!"

Elif "Ya! Gerçekten mi? Ha!... ha!... ha!..."

Serdar "Neyse, üzülme. Peki, hiç yapıp da pişman olmadığınız bir şey var mı?"

Kerem "Evet, var. Elif'le evlenmek."

Elif "Ah canım!"

Aslı "Benim de pişman olmadığım şey Serdar'la evlenmek."

Serdar "Evet, benim için de öyle. İyi ki evlendik."

Kerem "Birer kadeh daha içsek, ne dersiniz?"

Serdar "Bir kadeh daha içki için pişman olmam. Doldur Kerem."

Elif "Gene çok içtin Kerem. İçkiyi de pantolonuna döktün. Daha yeni yıkayıp ütüledim."

Kerem "Sadece bir pantolon. Önemli değil. Yine yıkarız."

Elif "Yine mi yıkarız? Ben yıkıyorum her şeyi, sen değil. Bütün günümü böyle işler için harcıyorum. Hiç mi beni düşünmüyorsun?"

Kerem "Neyse boş ver şimdi. Haydi içelim."

Aslı "Biz kalksak, biraz geç oldu. Ne dersin, Serdar?"

Serdar "Evet, yarın iş çok. Erken kalkacağız. Üstelik geç vakte kadar da çalışacağım."

Aslı "Geç vakte kadar mı çalışacaksın? Hani izin alıyordun? Yarın annemin doğum günü. Onu yemeğe götüreceğiz biliyorsun. Geçen yıl da aynı şey oldu. Geç vakte kadar çalıştın; annemin doğum gününü kutlamadık. Hep böyle yapıyorsun. Bu yıl mutlaka kutlayacağız."

Serdar   "Erken çıkmak için çalışırım."
Aslı   "Olmaz! Geçen yıl da öyle dedin; eve geç geldin. Yarın saat altıda annemlerde olacağız!"
Serdar   "Peki, olur."

Keremler - *Kerem and his family*
bir yandan da - *and at the same time*
pişman olmak - *to regret*
düzeltmek - *to correct, to straighten*
keşke - *if only …, I wish …*
farklı - *different*
kiraya vermek - *to rent out*
daha iyi - *better*
sonradan - *(only) afterwards, later on*
şekil - *shape*
farklı bir şekilde - *in a different way*
sıkıntı - *distress, boredom, hardship*
aynısı - *the same*
gerçek - *real, truth*
geri al - *undo (lit.: take it back)*
komut - *command*
derler - *they say*
demek istemek - *to mean*
hayır - *goodness, charity, no*
çalışmak - *to try (to do something), to work, to study*
üstelik - *moreover, and in addition to that*
kadeh - *glass (for alcoholic drink), wine glass*
birisinin yerinde olmak - *to be in someone's shoes*
işte - *well, (as) you see, here you are, here it is, at work (iş + de), see!*
Ortaköy - *a neighbourhood within the Beşiktaş district in İstanbul*
her şeyde bir hayır vardır - *(idiom) things happen for a (good) reason*
hani - *where (informal), remember, you said that ….. (said to someone who broke his/her promise)*

olduğu gibi - *as it is, as well as*
eğer - *if*
-se / -sa - *the conditional suffix, if*
perili - *haunted*
dökmek - *to spill, to pour (out)*
iyi ki - *it's good (that) ….*
alıyordun - *you were taking/buying*
annemler - *my mother and family*
kutlamak - *to celebrate*
geç vakte kadar - *till late*

1. Serdar ve Aslı kimle sohbet ediyorlar?   ……………………………………………………
2. Elif ne için pişman olmuş?   ……………………………………………………
3. Kerem Elif'in yerinde olsaymış ne yaparmış?   ……………………………………………………
4. Elif o zamanlar evi neden satmış?   ……………………………………………………
5. Kerem ne için pişman olmamış?   ……………………………………………………
6. Serdar ne için pişman olmamış?   ……………………………………………………
7. Ertesi gün kimin doğum günü?   ……………………………………………………
8. Geçen yıl neden doğum günü kutlamadılar?   ……………………………………………………

B. Read the conversation in exercise A. Mark as (D) 'doğru' *(true)* or (Y) 'yanlış' *(false).*

1. Aslı ve Serdar, Kerem ve Elif'in evinde yemek yiyorlar.   **(D)**   **(Y)**
2. Aslı geçmişte yaptığı bazı şeyler için pişmanmış.   **(D)**   **(Y)**
3. Serdar'ın bilgisayarında 'geri al' komutu yokmuş.   **(D)**   **(Y)**

4. Elif annesinden kalan evi satmadığı için pişmanmış. **(D)** **(Y)**

5. Elif annesinden kalan evi kiraya vermiş. **(D)** **(Y)**

6. Elif annesinden kalan evi satmış. **(D)** **(Y)**

7. Serdar bir kadeh daha içki için pişman olmazmış. **(D)** **(Y)**

8. Elif ve Kerem beraber pantolon yıkıyorlar. **(D)** **(Y)**

9. Aslı kalkmak istiyor. **(D)** **(Y)**

10. Aslı ve Serdar, Aslı'nın annesini yemeğe götürmek istiyorlar. **(D)** **(Y)**

C. Write the conditional forms of the verbs with the suffix '-se' / '-sa'. Use the tense forms used in the examples. Add the related personal endings.

	yürümek	çalışmak
(ben)	Sabahları .... iyi olur.	Çok .... başarırım.
(sen)	Sabahları .... iyi olur.	Çok .... başarırsın.
(o)	Sabahları .... iyi olur.	Çok .... başarır.
(biz)	Sabahları .... iyi olur.	Çok ....._çalışsak_..... başarırız.
(siz)	Sabahları .... iyi olur.	Çok .... başarırsınız.
(onlar)	Sabahları ....._yürüse_..... iyi olur. /	Çok .... başarır/başarırlar. /
	Sabahları ....._yürüseler_..... iyi olur.	Çok .... başarır/başarırlar.

	yemek	oturmak
(ben)	Çok tuzlu .... daha iyi.	Bahçede .... Hava soğuk.
(sen)	Çok tuzlu ....._yemesen_..... daha iyi.	Bahçede .... Hava soğuk.
(o)	Çok tuzlu .... daha iyi.	Bahçede .... Hava soğuk.
(biz)	Çok tuzlu .... daha iyi.	Bahçede .... Hava soğuk.
(siz)	Çok tuzlu .... daha iyi.	Bahçede ....._oturmasanız_..... . Hava soğuk.
(onlar)	Çok tuzlu .... daha iyi. /	Bahçede .... Hava soğuk. /
	Çok tuzlu .... daha iyi.	Bahçede .... Hava soğuk.

	dinlenmek	uyumak
(ben)	.... sonra ara.	Eğer .... konuşuruz.
(sen)	.... sonra ararım.	Eğer .... sohbet ederiz.
(o)	.... sonra ararız.	Eğer ....._uyumuyorsa_..... söyle ona, çay yaptım.
(biz)	.... sonra arayın.	Eğer .... konuşuruz.
(siz)	.... rahatsız etmeyelim.	Eğer .... ararız.
(onlar)	_Dinleniyorsa_..... rahatsız etme. /	Eğer .... telefon edeyim. /
	Dinleniyorlarsa..... rahatsız etme. /	Eğer .... telefon edeyim. /
	Dinleniyorsalar..... rahatsız etme.	Eğer .... telefon edeyim.

başarmak - *to succeed, to manage, to achieve*

D. Write the conditional forms of the verbs with the suffix '-se' / '-sa'. Use the tense forms used in the examples. Add the related personal endings.

	beklemek	çıkmak
(ben)	Dışarıda .... palto giyeyim.	Dışarı .... giyineyim.
(sen)	Dışarıda ..*bekleyeceksen*... palto giy.	Dışarı .... sonra ararım.
(o)	Dışarıda .... palto giysin.	Dışarı .... sonra arasın.
(biz)	Dışarıda .... palto giyelim.	Dışarı .... acele edelim.
(siz)	Dışarıda .... bekleyin.	Dışarı .... sonra görüşürüz.
(onlar)	Dışarıda .... beklesinler. /	Dışarı ..*çıkacaksa*.......... çabuk olsunlar. /
	Dışarıda .... beklesinler. /	Dışarı ..*çıkacaklarsa*..... çabuk olsunlar. /
	Dışarıda .... beklesinler.	Dışarı ..*çıkacaksalar*..... çabuk olsunlar.

	pişirmek	içmek
(ben)	Yemek .... sen pişir.	Çay .... ne içeyim?
(sen)	Yemek .... ben pişireyim.	Çay .... kahve iç.
(o)	Yemek ..*pişirmeyecekse*.... ben pişireyim.	Çay .... ne içer?
(biz)	Yemek .... onlar pişirsin.	Çay .... bir şey içmeyelim.
(siz)	Yemek .... biz pişirelim.	Çay *içmeyecekseniz*.. ne içersiniz?
(onlar)	Yemek .... biz pişirelim. /	Çay .... kahve içsinler. /
	Yemek .... biz pişirelim. /	Çay.......................... kahve içsinler. /
	Yemek .... biz pişirelim.	Çay.......................... kahve içsinler.

	bilmek	boyamak
(ben)	Önceden .... iyi olurdu.	Kapıyı ..*boyasaydım*...... iyi görünürdü.
(sen)	Önceden .... iyi olurdu.	Kapıyı .... iyi görünürdü.
(o)	Önceden .... iyi olurdu.	Kapıyı .... iyi görünürdü.
(biz)	Önceden .... iyi olurdu.	Kapıyı .... iyi görünürdü.
(siz)	Önceden ..*bilseydiniz*...... iyi olurdu.	Kapıyı .... iyi görünürdü.
(onlar)	Önceden .... iyi olurdu. /	Kapıyı .... iyi görünürdü. /
	Önceden .... iyi olurdu. /	Kapıyı .... iyi görünürdü. /
	Önceden .... iyi olurdu	Kapıyı .... iyi görünürdü.

E. Fill in the blanks with the conditional forms of the verbs in brackets as in the examples. Use the buffer 'y' where necessary and add the related personal endings. Match the English meanings.

1. Yarın (gitmek) ...*gideceksen*.... erken yat. *If you are going to go tomorrow, go to bed early.*
2. (aramak) ....*Arasak*..... evde midir acaba? *If we were to call, would he be at home, I wonder?*
3. (aramak) .*Aradıysa / Aramışsa*... not bırakmıştır. *If he called, he must have left a message.*
4. (aramak) .... ona söylerim. *If he calls, I will tell him.*
5. (aramak) .... ona söylerim. *If he is going to call, I will tell him.*

6. (aramak) .... mutlu olacakmış. *If I had called, she would have been happy.*

7. (aramak) .... mutlu olurdu. *If you called, she would be happy.*

8. (aramak) .... mutlu olurdu. *If you had called, she would have been happy.*

9. (aramak) .... mutlu olmuştur. *If she called, he must have been happy.*

10. (aramak) .... yardım edeyim mi? *If you are looking for it, shall I help?*

11. (aramak) .... *You should have called.*

12. (içeri girmek) .... *You should come in. (Why don't you come in?)*

13. Eğer yarın tekne gezisine (gitmek) .... bilet alalım. *If we are going to go on a boat trip tomorrow, we should buy a ticket.*

14. (yer ayırtmak) .... acele edin! *If you are going to book, hurry up!*

15. Eğer eve (gitmek) .... kapıda kalmıştır, çünkü evde kimse yok. *If he went home, he must have been locked out because there is no one at home.*

16. Eve (gitmek) .... kapıda kalırdı, çünkü evde kimse yoktu. *If he had gone home, he would have been locked out because there was no one at home.*

17. Eve (gitmek) .... kapıda kalır, çünkü evde kimse yok. *If he goes home, he will be locked out because there is no one at home.*

18. Eve (gitmek) .... kapıda kalmasın. Bu anahtarları ona ver. *If he is going to go home, do not let him be locked out. Give these keys to him.*

19. Faturayı henüz (ödemek) .... lütfen ayın onuna kadar ödeyin. *If you haven't paid the bill yet, please pay until the tenth of the month.*

20. Eğer (alışveriş yapmak) .... şimdi yap. Fiyatlar uygun. *If you are going to shop, do it now. The prices are reasonable. (literally: convenient)*

21. O zaman ev (almak) .... şimdi al. *If you did not buy a house then, buy now.*

22. (çalışmak) .... rahatsız etme. Yarın geliriz. *If he is working, do not disturb. We will come tomorrow.*

23. Eğer yarın (gitmek) .... onu görürüz. *If we go tomorrow, we'll see him.*

24. (telefon etmek) .... olur mu? *Would it be all right if I were to call?*

25. Eğer (geç kalmak) .... beni bekleme. *Don't wait for me if I am late.*

26. Eğer (geç kalmak) .... telefon et. *Call if you are going to be late.*

27. Kirayı iki gün daha (geciktirmek) .... faizi ile birlikte ödeyecekmiş. *If she had delayed the rent two more days, she would have paid it with interest.*

28. Bunları (yemek) .... biz yiyoruz. *If you are not eating these, we are eating them.*

29. Beş dakika (geç kalmak) .... uçağı kaçıracakmışız. *We would have missed the plane if we had been five minutes late.*

30. (bilmek) .... öyle derdim. *Had I known; I would have said it that way.*

31. Eğer çok (çalışmak) .... yapardın. *If you had worked hard, you would have done it.*

32. Eğer daha erken (gelmek) .... onu göreceğmişim. *I would have seen her if I had arrived earlier.*

not - *note*
not bırakmak - *to leave a message*
acele etmek - *to hurry*

kapıda kalmak - *to get locked out*
faiz - *interest (related to money)*
daha erken - *earlier*

F. Fill in the blanks with the conditional form of the words in brackets as in the examples. Use the buffer 'y' where necessary and add the related personal endings. Match the English meanings.

1. Ürün (defolu) .... *defoluysa* .... değiştirelim. *If the product is defective, let us change it.*
2. Eğer sizin için de (uygun) .... *uygunsa* .... saat beşte buluşalım mı? *If it is suitable for you too, shall we meet at five?*
3. Eğer (yorgun) ... *yorgunsan / yorgunsanız* ..... hiç rahatsız etmeyelim. *If you are tired, we shouldn't disturb you at all.*
4. (yorgun) .... biraz konuşmak istiyorum. *I want to talk a little if you are not tired.*
5. (müsait) .... sizinle görüşmek istiyorlar. *If you are available, they want to see you.*
6. Eğer uykunu kaçıran (çay) .... çay içme. *If it is the tea that disrupts your sleep, (then) do not drink tea.*
7. Eğer (meşgul) .... hiç rahatsız etme. *If he is busy, do not disturb him.*
8. Elbise (pahalı) .... almam. *If the dress is expensive, I won't buy it.*
9. Elbise (pahalı) .... alırım. *If the dress is not expensive, I will buy it.*
10. Pansiyonda boş yer (yok) .... otelde kalalım. *If there is no vacancy at the guesthouse, we should stay at a hotel.*
11. Evde kimse (yok) .... paketleri komşuya bırakın lütfen. *If there is nobody at home, please leave the parcels with the neighbour.*
12. Arabada benzin (var) .... benzin alma. *If there is petrol in the car, do not get petrol.*
13. (öğrenci) .... kitapları indirimli alırsınız. *If you are a student, you will buy the books at a discount.*
14. Eğer bu onun (fikir) .... tebrik ederim onu. *If this is his idea, I congratulate him.*

defolu - *faulty, defective*
müsait - *available, suitable, convenient*
uyku kaçırmak - *to disrupt/spoil sleep*
indirimli - *at a discount, reduced*
boş yer -*vacancy, empty space/seat, availability*

ürün - *product*
meşgul, yoğun - *busy*
pansiyon - *guest house*
tebrik etmek - *to congratulate*

G. Fill in the blanks with suitable endings as in the examples. Apply the necessary consonant changes. Match the English meanings.

1. Okuduğum kitap*tan* .... hoşlandım. *I liked the book that I've read.*
2. Nilgün Ekrem'*e* .... âşık oldu. *Nilgün fell in love with Ekrem.*
3. Dedikodular*a* .... inanmadım. *I did not believe the gossips.*
4. Taksi............. inip yürüdüm. *I got out of the taxi and walked.*
5. Taksi............. binerken caddede onu gördüm. *I saw her in the street when getting in a taxi.*
6. Fotoğraf............. bakıyorum. *I am looking at the photograph.*
7. Hasta annesi............. bakıyor. *She is looking after her ill mother.*
8. Dün gece ev............. saat on birde geldik. *We came home at eleven last night.*

9. Karikatür............. çok güldük. *We laughed a lot at the caricature.*

10. Arkadaşım............. parkta buluştum. *I met my friend in the park.*

11. Mehmet'............. planlarım............. bahsettim. *I mentioned Mehmet about my plans.*

12. Tren Ankara'............. sekizde vardı. *The train arrived in Ankara at eight.*

13. Ye............. dikkat et. *Be careful with what you eat.*

14. Satıcı müşteri............. özür diledi. *The seller apologized to the customer.*

15. Lütfen çiçekler............. basmayın. *Keep off the flowers, please. (lit.: do not step to the flowers)*

16. Ayşe'nin arkadaşı............. konuşacağım. *I will talk to Ayşe's friend.*

17. Meltem Ahmet'............. geçen gün nişanlandı? *Meltem got engaged to Ahmet the other day.*

18. Ercan, Meltem'............. âşık oldu. *Ercan fell in love with Meltem.*

19. Arkadaşım............. söz verdim. *I promised my friend.*

20. O............. güveniyor musun? *Do you trust him?*

21. Demet, Kenan'............. boşandı. *Demet has got divorced from Kenan.*

22. Demet'............. Kenan boşandılar. *Demet and Kenan have got divorced.*

23. Demet'............. Kenan evlendiler. *Demet and Kenan have got married.*

24. Demet, Kenan'............. geçen hafta evlendi. *Demet married Kenan last week.*

25. Demet, Kenan'............. evli. *Demet is married to Kenan.*

26. Yarın tatil............. gidiyorum. *I am going on holiday tomorrow.*

27. Geçen hafta piknik............. gittik. *We went on a picnic last week.*

28. Köpekler............. korkuyor. *She is scared of dogs.*

29. Nilgün'............. Meltem alışveriş............. gidiyorlar. *Nilgün and Meltem are going shopping.*

30. Nilgün, Meltem'............. alışveriş............. gidiyor. *Nilgün is going shopping with Meltem.*

31. Tavuk yemek............. bıktım. *I am fed up with eating chicken.*

32. Yeni komşum............. dün tanıştık. *We met our new neighbour yesterday.*

33. Duvar............. çiçek resimleri astım. *I hung flower pictures on the wall.*

34. Sigara............. nefret ediyorum. *I hate cigarettes.*

35. Çiçekler............. dokunmayın. *Don't touch the flowers.*

36. Tren istasyon............. altıda gelecekmiş. *Apparently, the train will arrive at the station at six.*

37. Geçen yıl yurt dışı............. gittik. *We went abroad last year.*

38. Araba ağaç............. çarptı. *The car hit the tree.*

39. Ahmet'............. haber ver. *Inform Ahmet.*

40. Yaşlı adam............. yardım etti. *She helped the old man.*

dokunmak - *to touch*
dikkat etmek - *to be careful, to pay attention, to mind*
nişanlanmak - *to get engaged (in order to marry)*
boşanmak - *to get divorced*
korkmak - *to be afraid/scared*
yurt dışı - *abroad*
çarpmak - *to hit, to strike*
özür dilemek - *to apologize*
hoşlanmak - *to like*
âşık olmak - *to fall in love*
karikatür - *caricature*

plan - *plan*
piknik - *picnic*
nefret etmek - *to hate*
asmak - *to hang*

H. Translate the following into English. What's the difference?

1. Tatile bizimle gelirsen eğlenirsin. ....
2. Tatile bizimle gelseydin eğlenirdin. ....

3. Erken geldiyse beklesin. ....
4. Erken gelseydi beklerdi. ....

I. Practise your vocabulary. Fill in with the corresponding language.

Turkish	English
pişman olmak	....
....	*different*
....	*to sell*
....	*to rent out*
keşke	....
sonradan	....
....	*guest house*
....	*real, truth*
kutlamak	....
....	*if*
....	*to apologize*
....	*to hurry*
not	....
yer ayırtmak	....
....	*defective, faulty*
....	*busy*
kapıda kalmak	....
....	*product*
....	*to be afraid, to be scared*
....	*abroad*
hoşlanmak	....
müsait	....
....	*plan*
....	*to get/be fed up*
indirimli	....
....	*to congratulate*
piknik	....
not bırakmak	....

Unit 14

Exercises

A. Read the conversation and answer the questions.

Yamaç paraşütü yapmayı seviyorum
I like paragliding

Linda ve David Fethiye'ye yerleştiler. Fethiye'de evleri var. Ara sıra İngiltere'ye de gidiyorlar, ama genellikle Fethiye'de oturuyorlar. Türkiye'de yaşamayı seviyorlar. Güzel hava, güneş ve deniz onların Türkiye'de en sevdiği şeyler arasında. Bir gün Fethiye'de yaşayan yabancılarla ilgili bir röportaja katıldılar. Sorulan soruları cevapladılar.

Muhabir "Fethiye'de hayat nasıl geçiyor? Türkiye'yi seviyor musunuz?"

Linda "Burada hayat çok güzel geçiyor. Tabii, Türkiye'yi çok seviyoruz. Türkiye'ye David'le beraber ilk defa 2015 yılında geldik. Buraya yerleşmeyi zaten düşünüyorduk. Burada bir ev almaya karar verdik. Kısa zamanda Türkiye'de yaşamaya alıştık. Türkiye'ye daha ilk geldiğimizde Türkçe öğrenmeye başladık. Şimdi sanırım iyi Türkçe konuşuyoruz. Bilmem Türkçemiz hakkında ne düşünüyorsunuz?"

Muhabir "Evet, Türkçenize hayran kaldım. Mükemmel konuşuyorsunuz. Peki, şimdi eşinize soralım. Bakalım eşiniz Türkiye ile ilgili neler diyecek? Siz neler söyleyeceksiniz bize David?"

David "Burası bizim için bir cennet. Hiçbir şey yapmayıp sadece deniz kenarında, güneşin altında uzanmak bile yeterli. Burada tekne gezisi yapmayı, yüzmeyi, akşamları yemeğe gitmeyi seviyoruz. Bazen yemek yedikten sonra bir barda oturmaktan hoşlanıyoruz. Burada yamaç paraşütüyle atlamayı bile öğrendim."

Muhabir "Ya! Öyle mi? Yamaç paraşütüyle atlamaktan korkmuyor musunuz? Çok cesaretlisiniz."

David "İlk zamanlar çok korktum, ama korkmama rağmen sonunda başardım. Korkunuzu yenmeniz için çok denemeniz lazım. Bir kere korkunuzu yendikten sonra yine atlamak istiyorsunuz. Sabırlı olmak lazım."

Linda "David burada bağlama çalmayı da öğrendi."

Muhabir "Ya! Demek öyle. Daha sonra bizim için bir şeyler çalar mısınız?"

David "Çalarım tabii, ama siz de söyleyeceksiniz. Tamam mı?"

Muhabir "Tamam, anlaştık. Sizin Fethiye'de en çok sevdiğiniz şeyler ne Linda?"

Linda "Buranın havası hoşuma gidiyor. En çok deniz kenarında yürümeyi seviyorum. David ile birlikte sık sık Babadağ'a çıkıyoruz. Bazen sıcağa rağmen tırmanıyoruz. Akşamları erken yatmak ve sabahları erken kalkmak zorunda değiliz. Burada sigarayı da bıraktık. Şimdi artık sigara içmekten nefret ediyorum. Güzel hava ve lezzetli yiyecekler yüzünden de çok yiyoruz. Emekli olmadan önce bir değişikliğe ihtiyacımız vardı. Artık emekli olduk ve ondan sonra buraya taşındık. Burada hayatın tadını çıkarıyoruz."

Muhabir "Çok güzel. Peki, bu güzel röportaj için çok teşekkür ediyoruz. Mutlu günlerinizin devam etmesini diliyoruz. Hoşça kalın."

Linda "Hoşça kalın."

David "Güle güle."

muhabir - *reporter, correspondent*
cevaplamak - *to answer*
yamaç paraşütü - *paragliding, gliding parachute*
yamaç - *slope/side of a mountain, hillside*
yamaç paraşütü yapmak - *to paraglide*
röportaj - *interview*
katılmak - *to participate, to join*
kısa zamanda - *in a short time*
-e/-a alışmak - *to get used to ....*
korku - *fear*
mükemmel - *perfect, excellent*
uzanmak - *to lie down, to reach (out)*
ihtiyacı olmak - *to need, to be in need of*
-le/-la ilgili - *related, concerning, about*
-e/-a hayran kalmak/olmak - *to admire*
daha ilk geldiğimizde - *when we only just came*
bağlama - *a stringed Turkish folk musical instrument*
zorunda olmak/kalmak - *to be obliged to do something*
yapma - *doing/making (noun form of the verb 'yapmak'), do not do/make (imperative), artificial*

cesaret - *courage*
cesaretli, cesur - *courageous, brave*
bakalım - *let's see, let's have a look*
cennet - *heaven*
ilk zamanlar - *in the beginning, at first*
rağmen - *in spite of, although, despite*
yenmek - *to beat, to overcome*
sabırlı olmak - *to be patient*
bile - *even*
anlaşmak - *to agree, to get along*
anlaştık - *(we) agreed*
hoşa gitmek - *to like*
tırmanmak - *to climb*
ihtiyaç - *need*
tadını çıkarmak - *to enjoy*
taşınmak - *to move house*
bir kere - *once, on one occasion*

1. Linda ve David kimin sorularını cevapladılar?

2. Röportaj neyle ilgiliydi?

3. Linda ve David ne zaman Türkçe öğrenmeye başladılar?

4. David ve Linda Türkiye'de neler yapmayı seviyorlar?

5. David Türkiye'de neler öğrendi?

6. David daha sonra ne çalacak?

7. Linda Fethiye'de en çok ne yapmayı seviyor?

8. Linda ve David emekli olduktan sonra ne yaptılar?

B. Read the conversation in exercise *A*. Mark as (D) 'doğru' *(true)* or (Y) 'yanlış' *(false)*.

1. Linda ve David Fethiye'de ev aldılar. **(D) (Y)**
2. Bazen İngiltere'ye gidiyorlar. **(D) (Y)**
3. Röportajda muhabirin sorduğu soruları cevapladılar. **(D) (Y)**
4. David Fethiye'de yamaç paraşütü yapmayı ve bağlama çalmayı öğrendi. **(D) (Y)**
5. Linda ve David sıcakta bile Babadağ'a tırmanıyorlar. **(D) (Y)**
6. Akşamları erken yatıp sabahları erken kalkıyorlar. **(D) (Y)**
7. Sigarayı bırakmaktan nefret ediyorlar. **(D) (Y)**
8. Linda ve David emekli olmadan önce Fethiye'ye taşındılar. **(D) (Y)**

C. Fill in the blanks with the correct forms of the verbs in brackets as in the examples. Add the necessary suffixes where necessary. Some of them do not change. Match the English meanings.

1. (sizin) Formları (almak) ...almaya / almak için..... oraya (gitmek) ...gitmeniz..... (gerekmek) ....gerekmez.... . İnternetten de (indirmek) ....indirmek / indirmeniz...... mümkün.
   You do not have to go there to take the forms. It's also possible to download from the internet.

2. (benim) Sabahları erken (kalkmak) ......kalkmam......... gerekiyor, çünkü işe gidiyorum.
   I have to get up early in the mornings because I go to work.

3. (ben) Pazar günleri erken (kalkmak) ....…................ zorunda değilim çünkü işe gitmiyorum.
   I do not have to get up early on Sundays because I do not go to work.

4. Soğuk havada (koşmak) .... alışkınım.
   I am used to running in the cold weather.

5. Cevdet (emekli olmak) ....…............... önce her sabah işe giderdi, ama (emekli olmak) ....…................. sonra her sabah (yürümek) .... başladı.
   Before Cevdet got retired, he used to go to work every morning, but after he got retired, he started walking every morning.

6. Türkçe (öğrenmek) .... kolay.
   Learning Turkish is easy.

7. Bizim İngilizce (öğrenmek) .... zor, çünkü hiç İngilizce bilmiyoruz.
   It is difficult for us to learn English because we do not know English at all.
   (literally: our learning English is difficult because we do not know English at all)

8. Türkiye'de (yaşamak) .... seviyorum.
   I like living in Turkey.

9. Yamaç paraşütü yaparken Ölüdeniz'i tepeden (seyretmek) ....…............ çok heyecanlı.
   It is very exciting to watch Ölüdeniz from above when paragliding.

10. Bugün biraz yorgunum. (dinlenmek) .... ihtiyacım var.
    Today I am a little tired. I need to rest. (I need resting.)

11. Türkçe grameri (öğrenmek) .... lazım.
    I have to learn Turkish grammar.

12. Sabırlı (olmak) .... lazım.
    You have to be patient.

13. Sabırlı (olmak) .... lazım.
    It is necessary to be patient.

14. Köpeklerden (korkmak) .... rağmen, benim köpeğimle arkadaş oldu.
    Although he is scared of dogs, he has become friends with my dog.

15. Onun çok içki (içmek) .... karşıyım.
    I am against his (him) drinking so much.

16. Onun çok içki (içmek) .... hoşlanmıyorum.
    I do not like his (him) drinking so much.

17. Onun çok içki (içmek) .... sevmiyorum.
    I do not like his (him) drinking so much.

18. Onun çok içki (içmek) .... kızıyorum.
    I get angry with his (him) drinking so much.

19. Onun çok içki (içmek) .... nefret ediyorum.
    I hate him drinking so much. (I hate his drinking so much)
20. Onun çok içki (içmek) .... eleştirdim.
    I criticized him for drinking so much. (I criticized his drinking so much)

-den önce, -dan önce - *before ….ing (with verbal nouns)*	**mümkün** - *possible*
-e/-a alışkın olmak - *to be used to (doing) something*	**gramer** - *grammar*
gerekmek - *have to, supposed to, to be necessary*	**eleştirmek** - *to criticize*
tepeden seyretmek - *to have a view of something from above*	**oraya** - *there, (lit.) to there*
-e/-a + ihtiyaç + possessed ending + var - *….. need …..*	

D. Fill in the blanks with the correct forms of the words/verbs in brackets as in the examples. Make consonant changes where necessary. Add the required suffixes. Some of them do not change. Match the English meanings.

1. (soğuk hava) ..Soğuk havaya... rağmen tatile (gitmek) ....gitmeyi.... düşünüyoruz. *We are thinking about going on holiday despite the cold weather.*
2. Uçakta (türbülans) ..türbülansa.... rağmen (okumak) ..okumaya.... çalıştım. *I tried to read despite the turbulence on the plane.*
3. Yüksek (kira) .... rağmen para (biriktirmek) .... çalışıyor. *He is trying to save money despite the high rent.*
4. Yüksek kira (ödemek) .... rağmen para (biriktirmek) .... çalışıyor. *He is trying to save money despite paying high rent. (literally: despite his paying high rent)*
5. Biraz Türkçe (konuşmak) .... başladık. *We've started speaking a little Turkish.*
6. Senin sağlıklı (olmak) .... iyi bir şey. *Your being healthy is a good thing.*
7. Sağlıklı (olmak) .... iyi bir şey. *Being healthy is a good thing.*
8. (yemekler) .... lezzetli (olmak) .... yüzündon şişmanlıyoruz. *We are putting on weight because the meals are delicious. (because of the meals being delicious)*
9. Şiddetli (rüzgâr) .... rağmen araba sürdük. *Despite the strong wind, we drove a car.*
10. Bu (siz) .... lazım değilse alıyorum. *If you do not need this, I'm taking it.*
11. Sizin bu (defter) .... (ihtiyaç) .... yoksa alıyorum. *If you do not need this notebook, I'm taking it.*
12. Onu mutlaka (görmek) .... gerekiyor. *We certainly have to see him.*
13. Onun Türkçeyi daha iyi (öğrenmek) .... için daha çok çalışması lazım. *She has to study more in order to learn Turkish better.*
14. Alışverişe (gitmek) .... gerekmeyecek. *We will not have to go shopping.*
15. Ona hediye (almak) .... zorundayım. *I've to buy a present for her.*
16. Eve gelirken ekmek (almak) .... unutma. *Don't forget to buy bread on the way home. (literally: don't forget to buy bread when coming home)*
17. Ekmek (almak) .... istiyorum. *I want to buy bread.*
18. Beşe kadar eve (gelmek) .... bekledik. *We waited for him to come home until five. (literally: we waited his coming home until five)*
19. Mutlu (olmak) .... istiyorum. *I want to be happy.*

20. Senin mutlu (olmak) .... istiyorum. *I want you to be happy.*

21. Yanlış (yapmak) .... çalış. *Try not to make a mistake.*

22. İşe (geç kalmak) .... istemiyorum. *I do not want to be late for work.*

23. Sizin yarın buraya (gelmek) .... istiyorum. *I want you to come here tomorrow.*

24. Ben yarın oraya (gelmek) .... istiyorum. *I want to come there tomorrow.*

25. Onun (yorulmak) .... istiyorum. *I want her not to be tired.*

26. O (söz vermek) .... rağmen sözünü tutmadı. *He did not keep his promise although he promised.*

27. O (söz vermek) .... hâlde sözünü tutmadı. *He did not keep his promise although he promised.*

28. Havalimanına erken (gelmek) .... rağmen uçağı kaçırdık. *Although we arrived early at the airport, we missed the plane.*

29. Havalimanına erken (gelmek) .... hâlde uçağı kaçırdık. *Although we arrived early at the airport, we missed the plane.*

30. Havanın sıcak (olmak) .... rağmen Babadağ'a tırmandık. *Despite the weather being hot, we climbed Babadağ.*

31. Onu (ziyaret etmek) .... önce ona bir hediye alalım. *We should buy a present for her before we visit her.*

32. Onu (ziyaret etmek) .... sonra eve gittik. *We went home after we visited her.*

33. Hasta (olmak) .... rağmen yarın işe gideceğim. *Although I am ill, I will go to work tomorrow.*

34. Hasta (olmak) .... hâlde yarın işe gideceğim. *Although I am ill, I will go to work tomorrow.*

35. Hastaneye hasta arkadaşını (ziyaret etmek) .... gitti. *He went to the hospital to visit his ill friend.*

36. Bira (içmek) .... gidelim mi? *Shall we go out to have (drink) a beer?*

-ye çalışmak, -ya çalışmak - *to try to ......*
şiddetli - *severe, strong, violent*
para biriktirmek - *to save money*
biriktirmek - *to collect, to accumulate, to save (up)*

türbülans - *turbulence*
defter - *notebook*
şart - *essential, a must, condition*
yüksek - *high*

E. Fill in the blanks with the correct forms of the verbs in brackets as in the examples. Make consonant changes where necessary. Add the required suffixes. Some of them do not change. Match the English meanings.

1. (dolaşmak) ....*Dolaşmaya / Dolaşmak için*.... zaman kalmadı. *There was no time left for walking around.*

2. (yürümek) ....*Yürümekten*........ yoruldum. *I am tired of walking.*

3. Tenis (oynamak) .... seviyoruz. *We like playing tennis.*

4. Dışarı (çıkmak) .... önce Fanta içtim. *I drank Fanta before I went out.*

5. (koşmak) .... sonra duş alırım. *I have a shower after I run.*

6. Türkçe (öğrenmek) .... çok kolay. *Learning Turkish is very easy.*

7. Meyve ve sebze (yemek) .... çok faydaları var. *There are a lot of benefits of eating fruit and vegetables.*

8. Meyve suyu (içmek) .... sağlıklıdır. *It is healthy to drink fruit juice.*

9. Burada kravat (takmak) .... gerekmiyor. *It's not necessary to wear a tie here.*

10. Vergi (ödemek) .... zorunlu. *It is compulsory to pay tax.*

11. Biraz (dinlenmek) .... ihtiyacım var. *I need some rest.*

12. Şartları (kabul etmek) .... zorunda kaldım. *I had to accept the conditions.*

13. Onun dediklerini (onaylamak) .... zorunda kaldım. *I had to approve what he said.*

14. Onunla (konuşmak) .... mecbur kaldık. *We had to talk to him. (we felt obliged)*

15. Sabahları (yürümek) .... lazım. *I have to walk in the mornings.*

16. (konuşmak) .... lazım. *We need to talk.*

17. Onun da bizimle (gelmek) .... lazım mıydı? *Did he also have to come with us?*

18. (söylemek) .... gerekirdi. *You had to say it.*

19. (uyumak) .... gerekiyordu. *She had to sleep.*

20. (başvurmak) .... şart. *You have to apply.*

21. Oraya (gitmek) .... şart mıydı? *Did we have to go there?*

22. Onların (çalışmak) .... gerek. *They need to work.*

23. (yemek) .... gerekir. *You need to eat.*

24. (randevu almak) .... gerekmez. *They don't have to make an appointment.*

25. Form (doldurmak) .... gerekli değilmiş. *Apparently, we didn't have to fill in a form.*

26. Onun işe geç (gelmek) .... eleştirdiler. *They criticized her coming to work late.*

27. Çok (çalışmak) .... karşıyım. *I am against your working too much.*

28. (yürümek) .... hoşlanıyorum. *I like walking.*

29. (yürümek) .... nefret ediyorum. *I hate walking.*

30. (yürümek) .... hoşuma gidiyor. *I like walking.*

31. (yürümek) .... seviyorum. *I like walking.*

32. Soğuk bira (içmek) .... hoşlanmıyor musun? *Don't you like drinking cold beer?*

33. Türk kahvesi (içmek) .... seviyor musun? *Do you like drinking Turkish coffee?*

34. Kebap (yemek) .... hoşuma gitti. *I liked eating kebab.*

35. Ayran (içmek) .... onun hoşuna gitmiş. *Apparently, he liked drinking ayran.*

36. Yamaç paraşütüyle (atlamak) .... sevmiş. *Apparently, she liked paragliding.*

37. Sahilde (yürümek) .... hoşlanacaksın. *You will like walking by the seaside.*

38. (dinlenmek) .... zaman yok. *There is no time to rest.*

39. (gitmek) .... zorunda mıydın? *Did you have to go?*

40. (söylemek) .... şart mıydı? *Did she have to say it?*

41. Bodrum'a (gitmek) .... düşünüyoruz. *We are thinking of going to Bodrum.*

42. İşe zamanında (gitmek) .... gerekiyor. *You have to go to work on time.*

43. İşe zamanında (gitmek) .... gerekiyor. *It is needed to go to work on time.*

44. Benim (sevmek) .... aktör Tom Cruise. Senin (sevmek) .... aktör kim? *My favourite actor is Tom Cruise. Who is your favourite actor?*

45. Hasta (olmak) .... rağmen yarın işe (gitmek) .... zorundayım. *Although I am ill, I have to go to work tomorrow.*

kravat - *tie*
kravat takmak - *to wear a tie*
vergi - *tax*
onaylamak - *to approve*
zorunlu - *compulsory, obligatory*
mecbur olmak/kalmak - *to feel/be obliged to do something*

kalmak - *to be left, to stay, to remain*
fayda - *benefit*

F. Fill in the blanks with the correct forms of the verbs in brackets as in the examples. Use the suffix *'-meli' / '-malı' (must, should, ought to, supposed to)* to make expressions of obligation. Match the English meanings.

1. Sağlıklı yiyecekler (yemek) ....yemeliyiz........... *We must eat healthy food.*
2. Çok para (harcamak) ...harcamamalısın..... *You must not spend much money.*
3. Çöpleri her zaman çöp kutusuna (atmak) .... *We must always put rubbish in the rubbish bin.*
4. Sabahları (yürümek) ....…..…....... *You must walk in the mornings.*
5. Dediklerine göre günde en az yedi ya da sekiz saat (uyumak) .... *According to what they say (apparently), we should at least sleep seven or eight hours a day.*
6. Yemeklerden sonra dişlerini (fırçalamak) ....…....…......... *You must brush your teeth after meals.*
7. Yemek yemeden önce ellerimizi (yıkamak) ....…...…......... *We must wash our hands before eating a meal.*
8. Otobüste ya da trende seyahat ederken yaşlılara ve hamilelere (yer vermek) .... *We must offer a seat to elderly people and pregnant women when travelling on a bus or train.*
9. Oraya hiç (gitmek) ....…..…............ *Mustn't/Shouldn't I go there at all?*
10. Çevreyi (kirletmek) ....…..…............ *We mustn't pollute the environment.*
11. Birbirimize hep (saygılı olmak) ....….......…....……........ *We must/should always be respectful to each other.*
12. Yağlı ve tuzlu yemekler (yemek) ....…...…............ *She must not eat greasy and salty meals.*
13. Yarın ona (telefon etmek) ....…................................. acaba? *Should I call him tomorrow, I wonder?*
14. Sigara içmeyi (bırakmak) ....…...…............... *I must give up smoking.*
15. İşe (geç kalmak) ....….....................…..…........... *You must not be late for work.*
16. Eğer hastaysa doktora (gitmek) ....…... *If she is ill, she must go to a doctor.*

en az - *at least, least*
seyahat etmek - *to travel*
hamile - *pregnant*
çevre - *environment*
kirletmek - *to make dirty, to pollute*
saygılı olmak - *to be respectful*
çöp kutusu - *rubbish bin*
yer vermek - *to offer seat (literally: to give seat)*
yağlı - *oily, greasy, fatty*

G. Translate the following into English. What's the difference?

1. İçme suyu. ....
2. Suyu içme. ....

3. Hastaneye gitti. ....
4. Hastaneye annesini ziyaret etmeye gitti. ....

H. Practise your vocabulary. Fill in with the corresponding language.

Turkish	English
saygılı	....
....	environment
....	to offer seat
....	tax
kravat	....
kısa zamanda	....
....	notebook
....	possible
tadını çıkarmak	....
....	need
....	compulsory, obligatory
....	perfect, excellent
kirletmek	....
gramer	....
....	courage
....	courageous, brave
ziyaret etmek	....
....	to climb
....	to be patient
....	to criticize
rağmen	....
lazım	....
....	to approve
....	to participate, to join
röportaj	....
....	to like
bile	....
çöp kutusu	....

Unit 15

Exercises

A. Read the text below and answer the questions.

Türk mutfağı
Turkish cuisine

Türkiye doğal güzelliklerinin, turistik ve tarihî yerlerinin yanı sıra, mutfağıyla da ünlüdür. Türk mutfağı Osmanlı mutfağının bir mirasıdır. Turizm sektörünün de yardımıyla tüm dünyada tanınmıştır.

Türkiye'deki günlük ana yemekler Türk kültürüne dayanan geleneksel ev yemekleridir. Bunlar çoğunlukla etli ve sebzeli sulu yemeklerdir. Bunlardan bazıları türlü, patlıcan musakka, güveç, yeşil fasulye, kuru fasulye, karnıyarık, tarhana çorbası, ezogelin çorbası, dolmalar, yaprak sarma, pilav, bulgur pilavı, çiğ köfte, börek, mantı, kebaplar, pideler ve köfte gibi yemeklerdir.

Ev yemekleri Türkiye'de her bölgede farklı olsa bile, yemeklerdeki temel malzemeler genellikle aynıdır.

Türk mutfağı hamur tatlılarıyla da ünlüdür. Bunlardan bazıları baklava, şöbiyet, tel kadayıf, revani, şekerpare gibi tatlılardır.

Türkiye'de kahvaltıda genellikle beyaz peynir ya da kaşar peyniri, tereyağı ya da margarin, reçel ya da bal, zeytin, yumurta, domates, salatalık ve ekmek yenir. Bunların yanında da çay içilir.

Yabancı ülkelerde de bilinen popüler Türk yemekleri vardır. Bunlar döner kebap, şiş kebap, şiş köfte, pilav, musakka ve baklava gibi yiyeceklerdir.

Türk mutfağı lezzetli yemekleriyle dünyadaki en iyi mutfaklardan birisidir.

güzellik - *beauty*	**-in/-den bazıları** - *some of* …….
turistik - *touristic*	**bunlardan bazıları** - *some of these*
yanı sıra - *besides, as well as*	**geleneksel** - *traditional*
ünlü - *famous, vowel*	**etli ve sebzeli sulu yemek** - *stew*
…. ile ünlü, -la/-le ünlü - *famous for ….*	**türlü** - *mixed vegetable stew with meat*
Osmanlı - *Ottoman*	**güveç** - *casserole, stew*
miras - *heritage, inheritance*	**fasulye** - *bean*
turizm - *tourism*	**yeşil fasulye** - *green beans*
sektör - *sector*	**tarhana** - *fermented dried yogurt with flour*
tüm - *all, whole*	**ezogelin çorbası** - *a type of lentil soup*
-in yardımıyla (yardımı ile) - *with the help of ….*	**temel** - *basic, main, foundation (building)*
tanınmak - *to be (well-)known/recognized*	**malzeme** - *ingredient, material*
kültür - *culture*	**beyaz peynir** - *white cheese (feta cheese)*
ana - *main, primary, mother*	**kaşar peyniri** - *a type of cheddar cheese*
ev yemeği - *home-made meal*	**tereyağı** - *butter*
karnıyarık - *aubergine meal*	**-se bile / -sa bile** - *even if*
dayanan - *which is based on*	**kuru fasulye** - *dry beans, haricot beans*
etli - *with meat*	**salatalık** - *cucumber*
sebzeli - *with vegetables*	**popüler** - *popular*
sulu - *juicy*	**börek** - *filled pastry, pie*

yaprak sarma - *stuffed vine leaves*
mantı - *Turkish ravioli*
pide - *Turkish pizza*
margarin - *margarine*
bölge - *region, district*
değişmek - *to change, to vary*
hamur - *dough, pastry*
bal - *honey*
domates - *tomato*
şekerpare - *baked balls of pastry dipped in syrup*
bulgur pilavı - *cooked crushed wheat, bulgur rice*
revani - *a kind of dessert with baked semolina pastry/cake in light syrup*
döner kebap - *compacted meat grilled on a vertical rotisserie, served sliced*
baklava - *a kind of dessert with layered pastry filled with nuts or pistachio in syrup*
şöbiyet - *a kind of dessert with layered pastry filled with cream and pistachio in syrup*
tel kadayıf - *a kind of dessert with oven-baked shredded pastry in syrup, topped with crushed nuts*
dayanmak - *to be based on, to resist, to lean, to bear, to stand, to last, to put up with, to endure*
-miştir - *this ending is also used in formal writing, news reports and in official announcements*
-dir, -dır, -dür, -dur - *am, is, are (used for the third singular and third plural persons in formal statements, also used to express general facts and in public notices and warnings)*

yenir - *eaten (passive form of 'to eat')*
içilir - *drunk (passive form of 'to drink')*
yabancı ülke - *abroad, foreign country*
bilinmek - *to be known*
şiş kebap - *grilled skewed cubes of meat*
şiş köfte - *meatballs grilled on skewers*
en iyi - *the best*
-den/-dan biri(si) - *one of ....*

1. Türkiye doğal güzelliklerinin, turistik ve tarihî yerlerinin yanı sıra, neyi ile de ünlüdür?
....
2. Türk mutfağı neyin yardımıyla tüm dünyada tanınmıştır?
....
3. Türkiye'deki ana yemekler Türk kültürüne dayanan geleneksel yemekler midir?
....
4. Türk mutfağındaki geleneksel yemeklerden bazıları nelerdir?
....
5. Yemeklerdeki temel malzemeler Türkiye'de her bölgede farklı mıdır?
....
6. Türk mutfağındaki hamur tatlılarından bazıları nelerdir?
....
7. Türkiye'de kahvaltıda genellikle neler yenir?
....
8. Yabancı ülkelerde bilinen Türk yemekleri nelerdir?
....

B. Read the text in exercise *A*. Mark as (D) 'doğru' *(true)* or (Y) 'yanlış' *(false)*.

1. Türkiye tarihî yerleriyle de ünlüdür. **(D)**   **(Y)**
2. Türk mutfağı turizm sektörünün de yardımıyla tüm dünyada tanınmıştır. **(D)**   **(Y)**
3. Türkiye'de günlük ana yemekler geleneksel yemeklerdir. **(D)**   **(Y)**
4. Ev yemekleri Türkiye'de her bölgede farklıdır. **(D)**   **(Y)**
5. Yemeklerdeki temel malzemeler genellikle her bölgede farklıdır. **(D)**   **(Y)**
6. Türk mutfağında hamur tatlıları da vardır. **(D)**   **(Y)**
7. Bazı Türk yemekleri yabancı ülkelerde de bilinir. **(D)**   **(Y)**
8. Türk mutfağında lezzetli yemekler vardır. **(D)**   **(Y)**

C. Fill in the blanks with the correct pronoun(s) in brackets as in the example.

1. Kardan dolayı kurstaki öğrencilerin (bazıları / hiçbirisi / hiç kimse / hiçbirimiz / hepimiz / kimisi / birkaçı / pek çoğu) ...*bazıları / hiçbirisi / kimisi / birkaçı / pek çoğu*... kursa gelmedi.
2. İşyerinde (herkes / hiç kimsenin / hiçbirimiz / herkesin / bazılarının / hiçbiriniz) .... akıllı telefonu var.
3. Baklavanın (bir kısmı / bir bölümü / bazısı / hepsi / hepsini) .... bitirme, ben de yiyeceğim.
4. Bugün (hepiniz / bazılarınız / diğerleri / hiçbirimiz / biriniz) .... işe gitmiyoruz, çünkü bugün pazar.
5. (hiçbirimiz / hepimiz / öbürleri / kimisi) .... Türkçe öğreniyoruz.
6. (hiçbirimiz / hepimiz / öbürleri / kimisi) .... Türkçe öğrenmiyoruz.
7. Baklavanın (tümünü / hepsini / tümü / hepsi) .... o yedi. Bana (hiç / hiçbir şey / bazı) .... kalmadı.
8. Yemeğin (hepsi / hepsini / bir kısmını / tümü) .... yarın için sakladım.
9. Ona (hiçbir şey / her şey / her şeyi / hepsi / hepsini) .... söylemedik.
10. Onun işten ayrılmasına (herkes / hiçbirimiz / hiç kimse) .... şaşırdı.
11. Konuştukları (her şeyi / her şey / hiçbir şeyi) .... biliyorum.
12. (tümü / tümünü / hepsi / tümünü / her yer / bunların hepsi) .... harika.
13. (hepsi / hiç kimse / hepimiz / hiçbirimiz / biriniz) .... dilekçeyi imzaladık.
14. (hepsi / hiç kimse / hiçbirimiz / biriniz) .... dilekçeyi imzalamadık.
15. (herkes / bazıları / diğerleri) .... yeni kararları kabul etmedi.
16. (hiçbir şey / bir şey) .... söylemedi.
17. (birisi / biri / hiçbirisi / hiçbiriniz) .... yanlışlıkla benim kalemimi almış.
18. (biri / birisi / hiçbirisi / biriniz) .... soruları doğru cevaplamamış.
19. Öğrencilerden (biri / hiçbirisi / birisi / bazıları) .... iyi Türkçe konuşuyor.
20. Öğrencilerin (kimi / bazısı / hiçbirisi / birisi / kimisi) .... Türkçe öğreniyor. (ötekiler / öteki / öbürleri / diğerleri) .... İngilizce öğreniyor.
21. (herkes / hepimiz / her yer / hiçbir yer) .... kalabalık.
22. Kaldığımız otelde (her şey / hiçbir şey / hiçbirimiz) .... mükemmeldi.
23. Bu gömlek ucuz, ama (öteki / öbürü / diğeri) .... çok pahalı.
24. Bu gömlek ucuz, ama (öteki / öbür / diğer) .... gömlek çok pahalı.

-in/-den hiçbiri(si) - *none of*	**birimiz** - *one of us*
-in/-den bazısı - *some of*	**biriniz** - *one of you*
-in/-den biri(si) - *one of*	**hiçbirimiz** - *none of us*
-in hepsi - *all, all of* ...., *all of it/them/those/these*	**bunların hepsi** - *all of these*
-in tümü - *all, all of* ...., *all of it/them/those/these*	**kimi(si)** - *some (of them)*
hiçbiriniz - *none of you*	**-in/-den bazıları** - *some of* .....
-in/-den bir kısmı - *some (part) of*	**birkaçı** - *a few (of them)*
-in/-den bir bölümü - *some (part) of*	**hepimiz** - *all of us*
yanlışlıkla - *by mistake, accidentally*	**hepiniz** - *all of you*
işten ayrılmak - *to leave a job, to resign*	**bazılarınız** - *some of you*
saklamak - *to hide, to keep, to store*	**diğer** - *other*
öteki, öbürü, diğeri - *the other (one)*	**bitirmek** - *to finish (something)*
öbür, öteki, diğer - *the other*	**dilekçe** - *petition*
ötekiler, öbürleri, diğerleri - *the others, the other ones*	**imzalamak** - *to sign*

D. Write the statements in English.

1. Kutunun içindekiler benim.

....

2. Yatağın altındaki torbaları çöpe at.

....

3. Mutfak dolabının üstündeki tencereler temiz.

....

4. Evin arkasındaki bahçede oturduk.

....

5. Mahalledeki bakkalın yanındaki manav yeni açıldı.

....

6. Dükkânın önündeki otobüs durağında tam bir saat bekledim.

....

7. Üsttekiler bize ait alttakiler size ait.

....

8. Rafın altıdakiler konserve.

....

9. Duvardaki resim büyükbabamın resmi.

....

10. Benim bilgisayarımla arkadaşımınki aynı.

....

11. Bunlar onlarla aynı.

....

12. Onlar bunlardan farklı.

....

13. Benim arabam Osman'ın arabasından daha iyi.

....

14. Daha uygun bir zamanda gidelim.

....

15. Carol Türkçe kursunun en yeni öğrencisi.

....

16. Nancy Türkçe kursundaki en çalışkan öğrenci.

....

17. Türkiye'nin en kalabalık şehirlerinden bazıları İstanbul, Ankara ve İzmir'dir.

....

18. Türkiye'nin en büyük şehirlerinden birisi İstanbul'dur.

....

19. Türkiye'de başka büyük şehirler de vardır.

....

20. Türkiye'nin bir başka büyük şehri de Ankara'dır.

....

21. Türkiye'deki büyük şehirlerden biri de İzmir'dir.

....

22. Türkiye'deki öbür büyük şehirler de Bursa, Antalya, Adana ve Konya'dır.

....

23. İki öğrenciden biri Türkçe öğreniyor. Öbürü İngilizce öğreniyor.

....

24. Sınıftaki öğrencilerden birisi Türkçeyi çok iyi biliyor. Diğerleri yeni öğreniyor.

....

25. Osman benim en iyi arkadaşım.

....

26. Senin en iyi arkadaşın kim?

....

27. Doktor bana çok su içmemi tavsiye etti.

....

büyükbaba - *grandfather*
mahalle - *neighbourhood, district*
konserve - *tinned food*
bir başka, başka bir, bir diğer, diğer bir - *another*
bir başkası, bir diğeri - *another one*
tavsiye etmek - *to recommend*

ait olmak - *to belong to*
başka - *other*
açıldı - *opened*
çalışkan - *hardworking*
üstünde, üzerinde - *on*
üst - *top*

E. Use the cases of *'ne' (what)*. Fill in the blanks with *'ne' (what)* / *'neler' (what)* / *'nelerden' (from what)* / *'neyin' (of what)* / *'neyle' (with/by what)* / *'neye' (to what)* or *'neli' (with what)* as in the examples.

1. ....Neyin........ adını sordun? *You asked the name of what?*
2. ....Neli.......... dondurma seviyorsun? *What kind of ice cream do you like? (with what? / what flavour?)*
3. Konserveyi .... açtın? *How (with what) did you open the tin?*
4. .... bakıyorlar? *What are they looking at? (literally: what are they looking to?)*
5. Dün .... yaptınız? *What did you do yesterday?*
6. Bavuldan .... aldı? *What did she take from the suitcase?*
7. .... hoşlanıyorsun? *What do you like?*
8. İşe .... gidiyorsun? *How do you go to work?*
9. Bunlar ....? *What are these?*
10. Bu resim .... resmi? *This picture is a picture of what?*

F. Use the cases of *'kim' (who)*. Fill in the blanks with *'kim' (who)* / *'kimler' (who)* / *'kime' (to/for whom)* / *'kimde' (on whom)* / *'kimden' (from whom)* / *'kimi' (whom)* / *'kimin' (whose)* / *'kimle/kiminle' (with whom)* or *'kimlerle' (with whom)* as in the examples.

1. Çarşıda .....kimi....... gördün? *Whom did you see at the market?*
2. Bu kalemi ...kimden...... aldı? *From whom did she take this pencil?*
3. Alışverişe .... gidiyorlar? *With whom are they going shopping?*
4. Bu defter ....? *Whose is this notebook?*
5. .... benimle geliyor? *Who is coming with me?*
6. Liste ....? *Who has the list? (On/With whom is the list?)*
7. Şu adam ....? *Who is that man?*
8. Parayı .... verdiniz? *To whom did you give the money?*
9. Bu çiçekleri .... aldın? *For whom did you buy these flowers?*
10. .... adı listede değil? *Whose name is not on the list?*

G. Write the *comparative* and *superlative* forms of the adjectives as in the examples.

adjective	comparative form	superlative form
pahalı	.......daha pahalı.......	.......en pahalı.......
büyük	....	....
temiz	....	....
kirli	....	....
gerekli	....	....
heyecanlı	....	....
ucuz	....	....
sıkıcı	....	....
ilginç	....	....

H. Buffer *'y'*, *'s'* or *'n'*? Fill in the blanks with the correct buffer letter as in the examples.

1. İstanbul Üniversitesi'.n.den mezun oldu. *She graduated from İstanbul University.*
2. Üniversite.y.e gidiyorum. *I am going to university.*
3. Araba.n..ın kapı.s.ı açık. *The door of the car is open.*
4. Dün yolda Ayşe'.....i gördüm. *I saw Ayşe in the street yesterday.*
5. O.....u aldın mı? *Did you take that?*
6. Ayşe'.....in arabası kırmızı. *Ayşe's car is red.*
7. Geçen yaz Amerika'.....a gittik. *We went to America last summer.*
8. Amerika'.....ın kuzeyinde Kanada var. *There is Canada in the north of America.*
9. Kapı.....ı kapatır mısınız lütfen? *Can you please close the door?*
10. Üniversite.....i özledim. *I have missed the university.*
11. Kapı.....ın rengi beyaz. *The colour of the door is white.*
12. Bu.....u alıyorum. *I am taking this.*
13. Hilton Oteli'.....de kalıyoruz. *We are staying at the Hilton Hotel.*
14. Hilton Oteli'.....le telefonda görüştüm. *I talked on the phone with the Hilton Hotel.*
15. Hilton Oteli'.....den geliyoruz. *We are coming from the Hilton Hotel.*
16. Bu tren bileti.....le Ankara'.....a gidiyorum. *I am going to Ankara with this train ticket.*
17. Bu tren bileti.....e ne kadar ödediniz? *How much did you pay for this train ticket?*
18. Onun arabası.....ın rengi çok güzel. *The colour of her car is very beautiful.*
19. Hastane.....e babasını ziyaret etme.....e gitti. *He went to the hospital to visit his father.*
20. Dün çay bahçesi.....e gittik. *Yesterday we went to a tea garden.*
21. Portakal su.....u.....u içtin mi? *Did you drink the orange juice?*
22. Ebru'.....u uzun süredir görmedim. *I haven't seen Ebru for a long time.*
23. Türkiye'.....i çok seviyorum. *I like Turkey very much.*
24. Araba.....ı tamirciye götürdüm. *I took your car to the repairer.*
25. Bilgisayarın bozuksa benimki.....i kullan. *If your computer is broken, use mine.*
26. Bugün Atatürk Cadde.....i'.....de dükkânlar kapalı. *Today the shops on Atatürk Street are closed.*
27. Bu.....u bavula koy. *Put this into the suitcase.*

28. Paltomun rengi…..i seviyorum. *I like the colour of my coat.*
29. Cüzdanı çanta…..ın içine koydum. *I put the wallet in (into) the bag.*
30. Nilgün yeni elbise…..i…..i bavula koymayı unutmuş? *(apparently) Nilgün forgot to put her new dress into the suitcase.*
31. Şu…..a bak. *Look at that.*
32. Yeni evleri…..e taşındılar. *They have moved to their new house.*
33. Antalya Oteli'…..e gidiyoruz. *We are going to the Antalya Hotel.*
34. Su şişe…..i saydam. *The water bottle is transparent.*
35. Su şişe…..i…..i masaya koy. *Put the water bottle on the table.*
36. Su…..u içtim. *I drank the water.*
37. Şişe…..i suyla doldurdum. *I filled up the bottle with water.*
38. Şişe…..in kapağı…..ı kaybettim. *I lost the cap of the bottle.*
39. Evin pencere….i açık. *The window of the house is open.*
40. Raftaki…..i verdi. *He gave me the one on the shelf.*

I. Write the statements in Turkish.

1. My car is better than Ali's car. ....
2. She is the most beautiful girl in the class. ....
3. Ali's job is different from my job. ....
4. Her house is bigger than my house. ....
5. Is the Nile the longest river in the world? ....
6. This shirt is different from that shirt. ....
7. That dress is the same as the other dress. ....
8. This is the same as the other one. ....

J. Put the suffix '-ki' (who, that, which) in the blanks as in the examples. Add additional suffixes where necessary. Match the English meanings.

1. Duvarda**ki**… resimleri o yaptı. *She made (painted) the pictures (which are) on the wall.*
2. İşyerinde**kilerle**… evde**kiler**…… aynı. *Those (the ones) (which are) at the workplace and those (the ones) (which are) at home are the same.*
3. Pencerenin önünde…… çiçekleri suladım. *I watered the flowers (which are) in front of the window.*
4. Kameramda…… resimleri bilgisayara aktardım. *I've transferred the pictures on my camera to the computer.*
5. Arka bahçede…… gülleri budadım. *I've pruned the roses (which are) at the rear garden.*
6. Masanın üstünde…… vazoyu yolda…… satıcıdan aldım. *I bought the vase (which is) on the table from the seller (who was) on the road.*
7. Çantanın içinde……. cüzdan para doluydu. *The wallet (which was) in the bag was full of money.*
8. İşyerinde…… evde…………. farklı. *The one (which is) at the workplace is different from the one (which is) at home.*
9. Senin…… daha iyi. *Yours (your ones) are better.*
10. Bu Mehmet'in……. *This is Mehmet's. (This is the one which belongs to Mehmet)*

aktarmak - *to transfer*
arka - *rear, back, behind*

kuzeyinde - *in the north of ….*
Nil Nehri - *the River Nile*

kuzey - *north*
nehir - *river*

K. Translate the following into English. What's the difference?

1. Bu resim öbür resimle aynı. ....
2. Bu resim diğer resimle aynı. ....

3. Bu resim öteki resimle aynı. ....
4. Bu resim öbürüyle aynı. ....

L. Practise your vocabulary. Fill in with the corresponding language.

Turkish	English
birimiz	....
....	nobody
....	all of us
....	petition
yanlışlıkla	....
saklamak	....
....	to finish (something)
....	to sign
hiç	....
....	grandfather
....	river
....	touristic
öteki	....
öbürü	....
....	neighbourhood
....	the other one
diğer	....
....	hardworking
....	the others
....	some of you
aynı	....
hepiniz	....
....	none of us
....	popular
başka	....
....	culture
bölge	....
geleneksel	....

Unit 16

Exercises

A. Read the conversation and answer the questions.

Küçük Metin
Little Metin

Bugün bayram; Şeker Bayramı. Filiz ve Erkan akrabalarını ziyaret etmeye gidecekler. Erkan her bayram mahallenin çocuklarına harçlık vermeyi ihmal etmez. Özellikle komşularının küçük oğlu sevimli Metin'in harçlığını mutlaka cebine koyar. Bu bayram da tam dışarı çıkarlarken Metin yolda onlara kendini gösterir.

Filiz "Bayramın kutlu olsun Metin."
Erkan "Merhaba Metin. İyi bayramlar."
Metin "İyi bayramlar."
Filiz "Dur! Metin'in harçlığını verelim."

Erkan pantolonunun cebinden cüzdanını çıkartmaya çalışır. Bir türlü çıkartamaz. Sonunda cüzdanından para alır ve Metin'e verir. Metin parayı çekinerek alır.

Erkan "Ne yapacaksın bu harçlıkla?"
Metin "Bilmiyorum."
Filiz "Ah canım! Ne tatlı bir çocuk. Oynarken dikkatli ol olur mu?"
Erkan "Haydi! Çabuk gidelim. Pantolonumun cebi sökülmüş. Her seferinde cüzdanı çıkartırken takılıyor. Terziye diktirecektim, unuttum."
Filiz "Geç kaldık. Saat ikide geliriz dedik. Büyükbabam da orada olacaktı. İkiye kadar yetişebilirsek iyi. Aksi takdirde onu göremeyiz."

Filiz ve Erkan bayram ziyaretinden sonra gece geç vakit eve gelirler. Erkan cüzdanının cebinde olmadığını fark eder.

Erkan "Pantolonumun cebine koyduğumu sanıyordum. Ama yok! Bulamıyorum."
Filiz "Paltonun cebine bak."
Erkan "Orada da yok. Düşürdüm herhâlde. Banka kartlarım ve ehliyetim içindeydi. Para da vardı."
Filiz "Neyse! Ne yapalım? Yapacak bir şey yok. Yarın bankayı ara kartları iptal et."

Yatmaya hazırlanırlarken, tam o sırada kapı vurulur.

Erkan "Gecenin bu saatinde kim olabilir?"
Filiz "Bilmiyorum. Bu saatte hiç kimse bizim kapımızı çalmaz."

Erkan anahtar deliğinden bakar. Kimseyi göremez.

Erkan "Kapıda kimse yok, ama kapı hâlâ vuruluyor. Kimseyi de göremiyorum."
Filiz "Şaka yapıyorlar herhâlde. Kamera şakası filan!"
Erkan "Bilmiyorum. Açsak mı acaba? Israrla vuruluyor. Merak ettim. Hazır ol! Açıyorum."
Filiz "Dur! Her ihtimale karşı şu bahçe süpürgesini eline al. Ne olur ne olmaz."
Erkan "Ver. Bahçe küreğini de sen al. Bir şey olursa kendimizi savunuruz. Hazır mısın?"

Erkan kapıyı açar ve sonunda kapıda küçük Metin'i görür. Metin Filiz ve Erkan'ı ellerinde süpürge ve kürekle görünce korkar.

Erkan "Mete! Canım. Korkma. Kapının önünü süpürecektik."

Filiz   "Ne yapıyorsun bu saatte burada? Kayıp mı oldun yoksa? Annenin babanın haberi var mı?"
Metin   "Ih… ıh… yok. Giderken bunu düşürdün."
Filiz   "Ah canım! Metin senin cüzdanını bulmuş."
Erkan   "Ah! Metin! Sana ne kadar teşekkür etsem yetmez. Çok teşekkür ederim Metin."
Filiz   "Biraz daha harçlığa ne dersin? Bugün bayram!"
Metin   "Şey!... Olur."
Erkan   "Al bakalım. Bugün senin de bizim de şanslı günümüz."
Filiz   "Kendi kendine evine gidebilecek misin? Gel ben seni evine kadar götüreyim. Annen baban merak etmesin."

kutlu olsun - *have a happy …….*
çekinerek - *timidly, bashfully, shyly*
sökülmek - *to come unstitched*
takılmak - *to get caught, to tease*
kamera şakası - *camera joke*
al bakalım - *here it is, here you are*
diktirmek, diktirtmek - *to have (something) sewn*
olabilir - *can be, may be, maybe, possible*
haberi olmak - *to know (about), to be aware*
-ebil, -abil - *can, may, might, to be able to*
iyi bayramlar - *(have a) happy holiday/festival*
gece geç vakit - *late at night*
kendimizi - *ourselves (accusative form of 'kendimiz')*
gecenin bu saatinde - *at this time of the night*
tam o sırada, tam o anda - *just at that moment*
-ecekti, -acaktı - *suffix for 'future in the past tense'*
Şeker Bayramı (Ramazan Bayramı) - *feast/festival just after Ramadan*
bayram ziyareti - *a visit to celebrate others' religious holiday/festival (bayram)*
yetişmek - *to make/arrive in time, to catch (a bus/train), to grow, to grow up, to catch up with, to reach*

ısrar - *persistence*
vurmak - *to hit, to knock, to shoot*
vurulmak - *to be hit/knocked/shot*
delik - *hole*
anahtar deliği - *keyhole*
sevimli - *cute*
kim olabilir? - *who can it be?*
bir türlü - *in no way, by no means*
ısrarla - *persistently*
kayıp - *lost, loss*
şanslı - *lucky*
yetmez - *not enough*
terzi - *tailor, dressmaker*
sanıyordum - *I was assuming*

1. Erkan ve Filiz nereye gidecekler?
   ....
2. Erkan her bayram Metin'e ne veriyor?
   ....
3. Filiz ve Erkan eve ne zaman gelirler?
   ....
4. Erkan ne düşürür?
   ....
5. Metin ne bulur?
   ....
6. Filiz Metin'i nereye götürüyor?
   ....

B. Read the conversation in exercise *A* and mark as (D) 'doğru' *(true)* or (Y) 'yanlış' *(false)*.

1. Erkan her bayram mahallenin çocuklarına harçlık vermez. **(D)   (Y)**
2. Filiz ve Erkan Metin'e harçlık veriyor. **(D)   (Y)**
3. Erkan'ın pantolonunun cebi sökülmüş. **(D)   (Y)**

4. Erkan'ın banka kartları ve ehliyeti paltosunun cebinde. **(D)** **(Y)**
5. Gece geç vakit kapı vurulur. **(D)** **(Y)**
6. Metin Erkan'ın cüzdanını bulur. **(D)** **(Y)**

C. Fill in the blanks using the suffix *'-(y)ebil'* / *'-(y)abil'* with the verbs below as in the examples. Match the English meanings.

konuşmak

1. Konuşabilirim *I can/may speak.*
2. .... *You can/may speak.*
3. .... *He/she can/may speak.*
4. .... *We can/may speak.*
5. .... *You can/may speak.*
6. .... *They can/may speak.*

açmak

1. ....? *Can (may) I open?*
2. Açabilir misin ..? *Can you open?*
3. ....? *Can (may) he/she open?*
4. ....? *Can (may) we open?*
5. ....? *Can you open?*
6. ....? *Can (may) they open?*

gitmek

1. .... *I cannot go.*
2. .... *You cannot go.*
3. Gidemez *He/she/it cannot go.*
4. .... *We cannot go.*
5. .... *You cannot go.*
6. .... *They cannot go.*

gelmek

1. ....? *Can I not come?*
2. ....? *Can you not come?*
3. ....? *Can he/she not come?*
4. Gelemez miyiz ..? *Can we not come?*
5. ....? *Can you not come?*
6. ....? *Can they not come?*

almak

1. .... *I may not take.*
2. .... *You may not take.*
3. .... *He/she may not take.*
4. .... *We may not take.*
5. Almayabilirsiniz *You may not take.*
6. .... *They may not take.*

yapmak

1. .... *I may not be able to do.*
2. .... *You may not be able to do.*
3. .... *He/she may not be able to do.*
4. .... *We may not be able to do.*
5. .... *You may not be able to do.*
6. Yapamayabilir(ler) *They may not be able to do.*

anlamak

1. Anlayabiliyorum *I can understand.*
2. .... *You can understand.*
3. .... *He/she can understand.*
4. .... *We can understand.*
5. .... *You can understand.*
6. .... *They can understand.*

yazmak

1. ....? *Am I able to write?*
2. ....? *Are you able to write?*
3. Yazabiliyor mu ..? *Is he/she able to write?*
4. ....? *Are we able to write?*
5. ....? *Are you able to write?*
6. ....? *Are they able to write?*

yüzmek

1. .... *I cannot swim.*
2. .... *You cannot swim.*
3. .... *He/she/it cannot swim.*
4. Yüzemiyoruz *We cannot swim.*
5. .... *You cannot swim.*
6. .... *They cannot swim.*

sürmek

1. ....? *Am I not able to drive?*
2. Süremiyor musun ..? *Are you not able to drive?*
3. ....? *Is he/she not able to drive?*
4. ....? *Are we not able to drive?*
5. ....? *Are you not able to drive?*
6. ....? *Are they not able to drive?*

D. Fill in the blanks as in the examples. Match the English meanings.

öğrenmek

1. _Öğrenebildim_ .... *I was able to learn.*
2. .... *You were able to learn.*
3. .... *He/she was able to learn.*
4. .... *We were able to learn.*
5. .... *You were able to learn.*
6. .... *They were able to learn.*

bilmek

1. ....? *Was I able to know?*
2. ....? *Were you able to know?*
3. ....? *Was he/she able to know?*
4. _Bilebildik mi_ ....? *Were we able to know?*
5. ....? *Were you able to know?*
6. ....? *Were they able to know?*

içmek

1. .... *I couldn't drink.*
2. .... *You couldn't drink.*
3. .... *He/she/it couldn't drink.*
4. _İçemedik_ .... *We couldn't drink.*
5. .... *You couldn't drink.*
6. .... *They couldn't drink.*

bulmak

1. ....? *Couldn't I find?*
2. _Bulamadın mı_ ...? *Couldn't you find?*
3. ....? *Couldn't he/she find?*
4. ....? *Couldn't we find?*
5. ....? *Couldn't you find?*
6. ....? *Couldn't they find?*

dinlenmek

1. _Dinlenebileceğim_ ... *I will be able to rest.*
2. .... *You will be able to rest.*
3. .... *He/she will be able to rest.*
4. .... *We will be able to rest.*
5. .... *You will be able to rest.*
6. .... *They will be able to rest.*

vermek

1. ....? *Will I be able to give?*
2. ....? *Will you be able to give?*
3. ....? *Will she/he be able to give?*
4. _Verebilecek miyiz_ ? *Will we be able to give?*
5. ....? *Will you be able to give?*
6. ....? *Will they able to give?*

gitmek

1. .... *I won't be able to go.*
2. .... *You won't be able to go.*
3. .... *He/she won't be able to go.*
4. .... *We won't be able to go.*
5. .... *You won't be able to go.*
6. _Gidemeyecek(ler)_ *They won't be able to go.*

kalmak

1. ....? *Won't I be able to stay?*
2. ....? *Won't you be able to stay?*
3. _Kalamayacak mı_ ? *Won't he/she be able to stay?*
4. ....? *Won't we be able to stay?*
5. ....? *Won't you be able to stay?*
6. ....? *Won't they be able to stay?*

kazanmak

1. .... *I was able to win.*
2. _Kazanabilmişsin_ .. *You were able to win.*
3. .... *He/she was able to win.*
4. .... *We were able to win.*
5. .... *You were able to win.*
6. .... *They were able to win.*

almak

1. ....? *Was I able to buy?*
2. ....? *Were you able to buy?*
3. ....? *Was he/she able to buy?*
4. ....? *Were we able to buy?*
5. ....? *Were you able to buy?*
6. _Alabilmiş(ler) mi_ ? *Were they able to buy?*

kazanmak - *to win, to earn, to gain*

söylemek

1. Söyleyememişim _I wasn't able to say._
2. .... _You weren't able to say._
3. .... _He/she wasn't able to say._
4. .... _We weren't able to say._
5. .... _You weren't able to say._
6. .... _They weren't able to say._

yapmak

1. ....? _Wasn't I able to do?_
2. ....? _Weren't you able to do?_
3. ....? _Wasn't she/he able to do?_
4. Yapamamış mıyız ? _Weren't we able to do?_
5. ....? _Weren't you able to do?_
6. ....? _Weren't they able to do?_

E. Fill in the blanks as in the examples. Match the English meanings.

1. Görüşmeye zamanında (gelmek) .... gelebilmiş .... _Apparently, she was able to arrive for the interview on time._
2. Bugün çok yoğundum. Onun için elektrik faturasını (ödemek) ..... ödeyemedim ..... _I was too busy today. Therefore, I was not able to pay the electric bill._
3. Dükkânı erken (açmak) ..... açabilecek misin ....? _Will you be able to open the shop early?_
4. Dün işe (gitmek) .... _Apparently, she couldn't go to work yesterday._
5. Artık cep telefonlarımızda daha hızlı internet (kullanmak) .... _Apparently, from now on, we will be able to use faster internet on our mobile phones._
6. Eve gelirken çamaşır suyu da (almak) .... lütfen? _Can you please buy bleach as well on the way home?_
7. Yakında Türkçe (konuşmak) .... _I will be able to speak Turkish soon._
8. (cevaplamak) .... sorular yedi taneydi. (cevaplamak) .... sadece üç taneydi. _The questions I was able to answer were seven. Those (the ones) I was not able to answer were only three._
9. Türkçeyi kolayca (öğrenmek) .... çok fazla öğrenci var. _There are so many students who can (are able to) learn Turkish easily._
10. Tuzu (uzatmak) .... lütfen? _Can you pass the salt, please?_
11. Bugün (kar yağmak) .... _It may snow today._
12. Eğer onu bugün (görmek) ...., benden selam söyle. _If you can see him today, say hello from me._
13. Eğer yarın onunla (görüşmek) ...., beni aramasını (söylemek) .... lütfen? _If you can see him tomorrow, can you please tell him to call me._
14. Dediklerine göre (geçinmek) .... _According to what they say, they cannot get on (they are not able to get on)._
15. Çok yorgunmuş. O yüzden bize (uğramak) .... _Apparently, he was tired. That's why he was not able to stop by._

görüşme - _interview, meeting_
yoğun - _busy, intensive_
onun için - _that's why, for him/her/it_
elektrik - _electric_
uzatmak - _to pass, to stretch, to extend, to hand_
çamaşır suyu - _bleach_

F. Fill in the blanks as in the examples. Match the English meanings.

1. Yarın (gelmek) ......_gelebilirim_........ ya da (gelmek) ......_gelemeyebilirim_...... Şu anda emin değilim. *I may come or I may not be able to come tomorrow. I am not sure at the moment.*

2. Öğretmenin dediğine göre soruların bazılarını (cevaplamak) ...._cevaplayabilmişim_....., ama bazılarını (cevaplamak) ...._cevaplayamamışım_..... *According to what the teacher says, I was able to answer some of the questions, but I was not able to answer some of them.*

3. Gürültüye rağmen dün akşam Türkçe (çalışmak) .... Sen (çalışmak) ....? *In spite of the noise, I was able to study Turkish last night. Were you not able to study?*

4. Ben hızlı (yürümek) ...., ama hızlı (koşmak) .... *I can walk fast, but I cannot run fast.*

5. Kursu bitirdikten sonra çok iyi Türkçe (konuşmak) ...., ama henüz çok iyi (konuşmak) .... *I will be able to speak Turkish very well after I finish the course, but I cannot speak very well yet.*

6. Dün Türkçe (çalışmak) ....? *Were you able to study Turkish yesterday?*

7. Yazın tatile (gitmek) .... ya da (gitmek) .... *We may go on holiday in the summer or we may not be able to go.*

8. Yazın tatile (gitmek) .... ya da (gitmek) .... *We may go on holiday in the summer or we may not go.*

9. Zaten biraz Türkçe (konuşmak) ...., ama eğer çok çalışırsam, Türkçeyi daha iyi (konuşmak) .... *I can already speak a little Turkish, but if I study very hard, I will be able to speak Turkish better.*

10. Bugün (yağmur yağmak) .... Eğer yağmur yağarsa dışarı (çıkmak) .... *It may rain today. If it rains, I may not go out.*

11. Pencereyi (açmak) ...., lütfen? Oda sıcakken (çalışmak) .... *Can you please open the window? I can't work when the room is hot.*

12. Patrona (haber vermek) .... Yarın işe (gelmek) .... *Can you please inform the boss? I might not be able to come to work tomorrow.*

13. O bugün iyi (olmak) .... Onu yarın (aramak) .... *She may not be well today. We may call her tomorrow.*

14. Hava yağmurlu (olmak) .... O yüzden evde oturup tavla (oynamak) .... *It may be rainy. Therefore, we may sit at home and play backgammon.*

emin olmak - *to be sure*   **tavla** - *backgammon*

G. Fill in the blanks with the correct forms of the verbs as in the examples. Match the English meanings.

1. Yolun sonundaki evi (satmak) ..._sattılar_.... *They have sold the house at the end of the road.*

2. Yolun sonundaki ev (satmak) ..._satıldı_...... *The house at the end of the road has been sold.*

3. İşyeri için eleman (aramak) .... *They are looking for staff for the workplace.*

4. İşyeri için eleman (aramak) .... *Staff is being sought for the workplace.*

5. Onun için ne (yapmak) ....? *What can I do for him?*

6. Onun için ne (yapmak) ....? *What can be done for him?*

7. Onun için ne (yapmak) ....? *What must I do for him?*

8. Onun için ne (yapmak) ....? *What must be done for him?*

H. Fill in the blanks with the correct forms of the verbs in brackets as in the examples. Match the English meanings.

1. Konsere (gitmek) ..... gidecektik ....., ama (gitmek) ...... gidemedik ...., çünkü bilet (almak) ...... alamadık ...... *We were going to go to a concert, but we were not able to go because we couldn't buy tickets.*

2. Baklava (yemek) ..... yemeyecektim ....., ama (durmak) .... duramadım ...., ve yedim, çünkü (dayanmak) .... dayanamadım ...... *I was not going to eat baklava, but I couldn't stop (myself), and ate because I couldn't resist.*

3. Türkçe kursuna (kaydolmak) ....…, ama (kaydolmak) ....…....., çünkü yer (bulmak) ....…....... *She was going to enrol in a Turkish course, but she couldn't (enrol) because she couldn't find a place (availability).*

4. Bugün dışarı (çıkmak) ....…, ama (çıkmak) ....…, çünkü sıkıldım. *I was not going to go out today, but I went out because I was bored.*

5. Televizyon dizisini (seyretmek) ....…., ama (seyretmek) ....…....., çünkü elektrikler kesildi. *They were going to watch the television series, but they couldn't watch because the power went off.*

6. Bugün bizim ev (boyamak) ....…., ama (boyamak) ....…...........….., çünkü boyacılar (gelmek) ....…........ *Our house was going to be painted today, but it couldn't be painted because the painters did not come.*

elektrikler kesildi - *the power went off*   **boyacı** - *painter*
kaydolmak - *to enrol, to register*   **televizyon dizisi** - *television series*
kesmek - *to cut*

I. Fill in the blanks with the correct forms of the verbs as in the examples. Match the English meanings.

1. Arabamın lastiğini (şişirmek) .... şişireceğim .... *I will inflate my car's tyre.*

2. Arabamın lastiğini (şişirmek) .... şişirteceğim (şişirttireceğim) ..... *I will have my car's tyre inflated.*

3. Kapıyı (tamir etmek) ....? *Will you not repair the door?*

4. Kapıyı (tamir etmek) ....? *Will you not have the door repaired?*

5. Bahçeyi (süpürmek) ....? *Are you going to sweep the garden?*

6. Bahçeyi (süpürmek) ....? *Are you going to have the garden swept?*

7. Babasının çantasını (taşımak) .... *She carried her father's bag.*

8. Babası çantasını ona (taşımak) .... *Her father made her carry his bag.*

9. Nermin saçlarını (kesmek) .... *Nermin has cut her hair.*

10. Nermin saçlarını (kesmek) .... *Nermin had her hair cut.*

taşımak - *to carry*   **-dir** - *causative suffix*   **-t** - *causative suffix*
-it - *causative suffix*   **-ert** - *causative suffix*

J. Translate the following into English. What's the difference?

1. Türkçe çalışacağız. ....
2. Türkçe çalışacaktık. ....

3. Dolabı tamir edecek. ....
4. Dolabı tamir ettirecek. ....

K. Practise your vocabulary. Fill in with the corresponding language.

Turkish	English
sevimli	....
....	to neglect
....	certainly
....	loss, lost
bir türlü	....
çabuk	....
....	to carry
....	persistently
dikkatli	....
....	to sweep
....	lucky
....	to find
kaydolmak	....
kaybolmak	....
....	just at that moment
....	to win, to earn, to gain
terzi	....
....	to cancel
....	to repair
....	to be sure
her seferinde	....
dayanmak	....
....	backgammon
....	to stop
bayram	....
....	to cut
korkmak	....
yetişmek	....

Unit 17

Exercises

A. Read the text below and answer the questions.

Harry ve arkadaşları kayboldular
Harry and his friends got lost

Asuman, Ömer, Didem, Osman, Lucy ve Harry arkadaşlar. Ölüdeniz'de oturuyorlar. Lucy ve Harry daha yeni Türkçe öğreniyorlar. Bir gün hep beraber Ölüdeniz'den Likya Yolu'na doğru yürümeye karar veriyorlar. Asuman, Ömer, Didem ve Osman daha önce Likya Yolu'na hiç tırmanmamışlar, ama Lucy ve Harry'nin oralarda biraz tecrübeleri var. O yüzden Harry gruba önderlik etmek istiyor. Öğleyin yola çıkıyorlar. Harry önde ve diğerleri de onu takip ederek dar patikalarda tek sıra hâlinde dağa tırmanmaya başlıyorlar. Harry Türkçesine güvenerek levhaların yazdığına göre grubu yönlendiriyor. Böylece dar patikalardan, uçurumlu yollardan, ağaçların, çalıların ve dikenlerin arasından geçerek birkaç saat sonra dağın tepesine ulaşıyorlar. Yukarıdan uzaktaki denizi ve muhteşem manzarayı görünce hepsi hayran kalıyor.

Asuman	"Sanki bir rüyadayım. Şu manzaraya bakın."
Didem	"İnanamıyorum."
Osman	"Buralara daha önce hiç gelmemiştik. Keşke daha önce gelmiş olsaydık."
Ömer	"Bir de bunun dönüşü var Harry, biliyorsun. Daha fazla yürümeyelim. Geri dönelim."
Harry	"Biliyorum. Merak etmeyin. Buradan geri dönmek yerine bir saat daha yürüyelim, oradan aşağıya kestirme yol var. Hem daha kısa sürer, hem de orada küçük bir pınar da var. Biraz serinleriz."
Ömer	"Peki, tamam. Liderimiz sensin."

Bir saat daha zeytin ağaçlarının, çalıların arasında yürürler. O kadar yorulurlar ki sonunda ağaçların altında otururlar ve yanlarındaki içeceklerini içip sandviçlerini yerler.

Harry	"Bahsettiğim pınarın buralarda bir yerlerde olması gerekiyordu, ama göremiyorum."
Osman	"Kurumuş olmasın? Ha!... ha!... ha!..."
Harry	"Bilmiyorum, mümkün."
Asuman	"Doğru yolda olduğumuzdan emin misin? Benim yön duygum çok iyidir. Sanırım son gördüğümüz levhadan sağa döneceğimize sola dönmemiz gerekiyordu. Levhaların yönü dönmüş olabilir mi acaba?"
Harry	"Olabilir. Sanırım yanlış yola geldik. Daha önce Lucy ve arkadaşlarla buralara gelmiştik, ama burası geldiğimiz yere hiç benzemiyor."
Asuman	"Yani bu dağda kaybolduk. Akşam olmaya başlıyor arkadaşlar. Bir şeyler yapmamız lazım."
Didem	"Geri dönersek geldiğimiz yolu bulabilir miyiz?"
Harry	"Hiç emin değilim. Akşamı burada geçireceğiz herhâlde."
Didem	"Ne? Akşamı burada mı geçireceğiz? Nasıl olur? Buralarda ayılar, kurtlar vardır. Ben ayılardan, tilkilerden ve kurtlardan korkarım."
Osman	"Siz uyuyun ben nöbet tutarım. Ha!... ha!... ha!..."
Asuman	"Saçmalamayın. Jandarmaları ararız. Bizi kurtarırlar. Telefon hâlâ çekiyor."

Asuman jandarma karakolunu arar ve telefonda konuşmaya başlar.

Asuman "Jandarma karakolu mu?"

Jandarma "Evet, buyurun. Nasıl yardımcı olabilirim?"

Asuman "Biz Ölüdeniz'den yukarıdaki dağlara doğru dört, beş saat kadar yürüdük, ama ne yöne doğru yürüdüğümüzü bilemedik. Şimdi nerede olduğumuzu şaşırdık. Yani kaybolduk. Geri dönemiyoruz."

Jandarma "Kaç kişisiniz?"

Asuman "Altı kişiyiz. Ben, kocam Ömer, Didem ve onun kocası Osman, ayrıca arkadaşlarımız Lucy ve Harry."

Jandarma "Tam olarak nerede olduğunuzu söyleyebilir misiniz?"

Asuman "Bilmiyorum. Burada ağaçlardan, çalılardan ve uzaktaki ormandan başka bir şey yok. Her yer aynı. Bir levha var burada ama! GPS koordinatlarından bulamaz mısınız? Ya da helikopterle arasanız!"

Jandarma "Yanınızda yeterli su ve yiyecek var mı?"

Asuman "Biraz Fanta, kola ve patlamış mısır var. Ayrıca biraz da gözleme var. Bakkalın anneannesi Düriye nine vermişti yola çıkmadan önce."

Jandarma "İyi. Siz bize nerede olduğunuzu tarif etmeye çalışın. Bir levha mı var dediniz?"

Asuman "Evet, bir ok işareti var."

Jandarma "Nereyi gösteriyor?"

Asuman "Bilmiyorum. Dönmüş herhâlde. Nereyi göstermesi gerekiyor belli değil."

Jandarma "Üzerinde ne yazıyor?"

Asuman "'Denize gider', yazıyor. Buralarda ayılar, tilkiler ve kertenkeleler varmış. Çok korkuyoruz. Ayrıca kocam Ömer de böceklerden çok korkar."

Jandarma "Denizli'ye mi gider dediniz? Ne dediğinizi tam olarak anlayamıyorum! Bağlantı hışırtılı! Kesiliyor galiba. Tam olarak ne dediğinizi anlayamadım, ama Denizli dediğinizi duydum. Şimdi oldu. O levhanın nerede olduğunu biliyoruz. Dağın kuzey tarafında. Denize on beş kilometre uzaklıkta."

Asuman "Hayır, hayır! Denizli demedim, deniz dedim, deniz! Duyabiliyor musunuz? Bağlantı kesiliyor herhâlde. Telefon çekmiyor burada, şarj da bitmek üzere. Biz oraya çok uzaktayız. Aman sakın oraya gitmeyin! Biz tam aksi yöndeyiz!"

Jandarma "Sizi tam olarak duyamıyorum, ama Denizli dediğinizi duydum. Hiç merak etmeyin anladık nerede olduğunuzu. Hiç bir yere gitmeyin. Olduğunuz yerde kalın. Orada bekleyin. Şu anda jandarmalar size doğru ilerlemeye başlıyor. Çok yakında size ulaşırız."

Likya Yolu - *Lycian Way*	**diken** - *thorn*
yönlendirmek - *to direct*	**hâlinde** - *in a .... way, in the act of, in the event of*
tecrübe - *experience*	**tek sıra hâlinde yürümek** - *to walk in a single line*
önder - *leader, chief*	**böylece** - *so, in this way, as a result, thus*
önderlik - *leadership*	**uçurum** - *cliff, precipice*
önderlik etmek - *to lead*	**arasından** - *from between/among*
buralarda - *hereabouts, around here*	**arasından geçerek** - *passing through*
grup - *group*	**içecek** - *drink*
önde - *ahead, in front*	**sandviç** - *sandwich*
takip etmek - *to follow*	**yön** - *direction*
dar - *narrow*	**duygu** - *sense, feeling*
tek - *single, only*	**nine** - *very old woman*
levha - *signboard, sign, plate*	**sol** - *left*

sağ - *right*
yukarıdan - *from above, from the top*
uzaktaki - *..... which is/are in the distance*
muhteşem - *magnificent*
rüya - *dream*
buralara - *to these places, to hereabouts*
dönüş - *return (journey), turn, going/coming back*
geri dönmek - *to go/come back, to return*
-mek/-mak yerine - *instead of .....*
kestirme - *shortcut*
pınar - *spring, fountain*
serinlemek - *to cool down/off*
lider - *leader*
o kadar ...... ki - *so .... that*
yanlarında - *with them, next to them*
-eceğine, -acağına - *instead of .....*
saçma - *nonsense, rubbish, silly*
saçmalamak - *to talk nonsense, to be silly*
jandarma - *gendarmerie, military police*
kurtarmak - *to rescue, to save*
telefon çekiyor - *there is reception (phone)*
GPS koordinatları - *GPS coordinates*
kadar - *about, as ... as ...*
işaret - *sign, mark*
nöbet - *guard duty, guard, watch*
gözleme - *pan-fried filo pastry with filling*
tarif etmek - *to describe, to give directions*
on beş kilometre uzaklıkta - *fifteen kilometres far*
nöbet tutmak - *to keep watch, to be on guard duty*
jandarma karakolu - *gendarmerie/military police station*
kurumuş olmasın - *it might've dried, I hope it hasn't dried*
-mişti, -mıştı, -müştü, -muştu - *suffix for the 'past perfect tense' (past in the past)*
hem .... hem de .... - *.... at the same time ...., both .... and ...., and .... as well*
sakın - *mind! mind you do not, beware! do not do it! (literally) beware do not!*
ilerlemek - *to go forward, to move ahead, to improve, to progress, to advance*

son - *last, end*
ok - *arrow*
ok işareti - *arrow sign*
ayı - *bear*
kurt - *wolf*
tilki - *fox*
kertenkele - *lizard*
böcek - *insect, bug*
bağlantı - *connection*
hışırtı - *rustling sound*
hışırtılı - *rustly, with rustling sound*
taraf - *side*
uzaklık - *distance*
üzere - *about to*
uzakta - *far away*
orman - *forest*
-den/-dan başka - *other than ....*
koordinat - *coordinate*
helikopter - *helicopter*
yanınızda - *with you*
kola - *cola*
patlamış mısır - *popcorn*
Denizli - *a city in Turkey*
aksi - *opposite*
çok yakında - *very soon*
bir de - *and also*
bunun - *of this*
kesilmek - *to be cut (off)*

1. Asuman, Ömer, Didem, Osman, Lucy ve Harry nereye tırmanıyorlar?
....
2. Harry geri dönmek yerine neden bir saat daha yürümek istiyor?
....
3. Kimin yön duygusu çok iyi?
....
4. Asuman telefonla nereyi arıyor?
....
5. Asuman'ın gördüğü levhanın üzerinde ne yazıyor?
....
6. Jandarma Asuman'ın dediğini neden anlayamıyor?
....

B. Read the text in exercise *A*. Mark as (D) 'doğru' *(true)* or (Y) 'yanlış' *(false)*.

1. Harry grubun önünde yürüyerek onlara önderlik ediyor. **(D)   (Y)**
2. Osman daha önce buralara gelmiş. **(D)   (Y)**
3. Gruptakiler pınarın yanında oturup sandviçlerini yerler. **(D)   (Y)**
4. Ok işaretinde 'Denizli'ye gider' yazıyor. **(D)   (Y)**
5. Bağlantı hışırtılı olduğu için jandarma Asuman'ın dediğini tam olarak anlayamıyor. **(D)   (Y)**
6. Jandarma Asuman'ın dediğini yanlış anlıyor ve yanlış yöne doğru ilerlemeye başlıyorlar. **(D)   (Y)**

C. Fill in the blanks with the *past perfect* form of the verbs in brackets using the suffixes '*-mişti*', '*-mıştı*', '*-müştü*' or '*-muştu*' as in the example.

1. Bodrum'a ilk kez 1972 yılında gittim. Bodrum'u daha önce hiç (görmek) ...*görmemiştim*....
   I went to Bodrum in 1972 for the first time. I had never seen Bodrum before.
2. Kursa geldiğimde kurs çoktan (başlamak) .... *When I arrived for the course, the course had already started. (literally: when I came to the course)*
3. Sizinle yaz tatilinden önce (görüşmek) ....? *Had we not seen each other before the summer holiday?*
4. Onu aradığımda (çıkmak) .... *She had gone out when I called her.*
5. O filmi seyretmeden önce hayatımızda hiç bu kadar (gülmek) .... *We had never laughed that much in our lives before we watched that film.*
6. Siz Bodrum'u 1980'den önce hiç (görmek) ....? *Had you ever seen Bodrum before 1980?*
7. Tatilden dönmeden önce, son gün sahilde (yürümek) .... *I had walked by the seaside the last day before I came back from holiday.*
8. Tren hareket etmeden önce epey (konuşmak) .... *We had talked quite a lot before the train departed.*

epey - *quite a lot, quite*

D. Translate the following into English.

1. Hem mavi, hem de sarı gömlek aldım. ....
2. Ya yemeğe gideriz, ya da dolaşırız. ....
3. Ne mesaj yolladı, ne de telefon etti. ....
4. Portakal suyu yerine limonata içtim. ....
5. Satın almadık. Onun yerine kiraladık. ....
6. Konuşacağına neden susuyorsun? ....
7. Gitmek yerine arasan daha iyi olur. ....
8. Çarşıya gidecek yerde sinemaya gittik. ....
9. Böylece yolculuğun sonuna geldik. ....
10. O kadar güzeldi ki, bir süre seyrettim. ....
11. Öyle parlaktı ki, bakamadım. ....
12. Yapılabilecek bir şey yok sanırım. ....
13. Dersi anlamış gibi görünüyorsunuz. ....
14. Sanki her şey aniden oldu. ....

15. Belki bir gün yine görüşürüz. ....
16. Konuşmakta olan adam bildiğim birisi. ....
17. Çikolatalı olanlar çok daha lezzetli. ....
18. Bahçesi olan bir ev aldım. ....

susmak - *to keep/be quiet, to stop talking*
-in/-ın/-ün/-un yerine - *instead of …..*
satın almak, almak - *to buy, to purchase*
-ecek/-acak yerde - *instead of …..*
-miş/-mış/-müş/-muş gibi - *as if …..*
-mekte/-makta olan - *the one who/which/that is ....*
olanlar - *the ones who/that/which ……., the things that have happened*

bir süre - *for a while*
parlak - *bright, shiny*
öyle/o kadar ...... ki - *so .... that*
ne .... ne de .... - *neither .... nor ....*

E. Fill in the blanks with the correct forms of the verbs in brackets using '-iyor' and '-iyordu' suffixes as in the examples. Match the English meanings.

1. Çocuklar çok (gürültü yapmak) .....*gürültü yapıyorlardı*...., ama şimdi sessizce (oynamak) ......*oynuyorlar.*............ *The children were making a lot of noise, but they are playing quietly now.*
2. Sen geçen sene bu zamanlarda Bodrum'da (yüzmek) .... *You were swimming in Bodrum last year around this time.*
3. O dün çok (düşünmek) .... *She was thinking a lot yesterday.*
4. Sen evvelki gün plajda (güneşlenmek) ....? *Were you sunbathing at the beach the day before yesterday?*
5. Onunla (konuşmak) ...., ama şimdi (konuşmak) ....
I was not talking to him, but I am talking now.
6. Bu yıl (çalışmak) ...., ama geçen yıl (çalışmak) ....
She is working this year, but she was not working last year.
7. Geçen sene Türkçeyi iyi (konuşmak) ...., ama şimdi (konuşmak)
.... *I was not able to speak Turkish well last year, but I can speak now.*
8. Dün sabah bu saatlerde (çalışmak) .... *We were working around this time yesterday morning.*
9. (siz) Bahçede (oturmak) .... yoksa (oturmak) ....?
Göremedim. *Were you sitting or were you not sitting in the garden? I could not see.*
10. Sen geçen yıl bir ev almayı (düşünmek) .... Şimdi (düşünmek)
...............................? *You were thinking about buying a house last year. Are you not thinking now?*
11. Daha geçen gün ona kravatın nasıl bağlandığını (göstermek) ...., ama şimdi ben kendim (yapmak) .... *I was showing him how to tie a tie just the other day, but I cannot do it myself now.*

bu zamanlarda - *around this time*
geçen gün - *the other day*
bağlamak - *to tie, to connect*
-iyordu, -ıyordu, -üyordu, -uyordu - *the ending used for the 'past continuous tense'*

kravat bağlamak - *to tie a tie*

F. Fill in the blanks with the *past continuous* form of the verbs as in the examples. Add the related personal endings and apply the consonant changes.

seyretmek

1. Seyrediyordum   *I was watching.*
2. ....   *You were watching.*
3. ....   *He/she/it is watching.*
4. ....   *We were watching.*
5. ....   *You were watching.*
6. .... / *They were watching.*
   ....   *They were watching.*

aldırmak

1. ....   *I was not taking notice.*
2. ....   *You were not taking notice.*
3. ....   *He/she was not taking notice.*
4. Aldırmıyorduk   *We were not taking notice.*
5. ....   *You were not taking notice.*
6. .... / *They were not taking notice.*
   ....   *They were not taking notice.*

gülmek

1. ....?   *Was I laughing?*
2. Gülüyor muydun ?   *Were you laughing?*
3. ....?   *Was he/she laughing?*
4. ....?   *Were we laughing?*
5. ....?   *Were you laughing?*
6. ....? / *Were they laughing?*
   ....?   *Were they laughing?*

demek

1. ....?   *Was I not saying?*
2. ....?   *Were you not saying?*
3. Demiyor muydu ?   *Was he/she not saying?*
4. ....?   *Were we not saying?*
5. ....?   *Were you not saying?*
6. ....? / *Were they not saying?*
   ....?   *Were they not saying?*

aldırmak - *to take notice, to care*

G. Fill in the blanks with the *past perfect* form of the verbs as in the examples. Add the related personal endings and apply the consonant changes.

gitmek

1. ....   *I had gone.*
2. ....   *You had gone.*
3. ....   *He/she/it had gone.*
4. Gitmiştik   *We had gone.*
5. ....   *You had gone.*
6. .... / *They had gone.*
   ....   *They had gone.*

tanışmak

1. ....   *I had not met.*
2. Tanışmamıştın   *You had not met.*
3. ....   *He/she had not met.*
4. ....   *We had not met.*
5. ....   *You had not met.*
6. .... / *They had not met.*
   ....   *They had not met.*

kazanmak

1. ....?   *Had I won?*
2. ....?   *Had you won?*
3. Kazanmış mıydı ?   *Had he/she won?*
4. ....?   *Had we won?*
5. ....?   *Had you won?*
6. ....? / *Had they won?*
   ....?   *Had they won?*

almak

1. ....?   *Had I not bought?*
2. ....?   *Had you not bought?*
3. ....?   *Had he/she not bought?*
4. ....?   *Had we not bought?*
5. ....?   *Had you not bought?*
6. Almamış mıydı(lar) ? / *Had they not bought?*
   Almamışlar mıydı ?   *Had they not bought?*

H. Fill in the blanks with the correct tense forms as in the examples. Add the related personal endings and make the consonant changes.

	present continuous	simple present	future	past definite	past indefinite
(ben)	....	....	alacağım	....	....
(sen)	....	....	....	geç kaldın	....
(o)	....	görüşür	....	....	....
(biz)	....	....	....	....	kazanmışız
(siz)	....	....	....	....	....
(onlar)	çalışıyor / çalışıyorlar	.... /	.... /	.... /	.... /

	past continuous	future in the past	past perfect	used to	passive *(past)*
(ben)	uyuyordum	....	....	....	....
(sen)	....	....	....	gülerdin	....
(o)	....	....	....	....	....
(biz)	....	alacaktık	....	....	....
(siz)	....	....	....	....	işe alındınız
(onlar)	.... /	.... /	gelmişti / gelmişlerdi	.... /	.... / ....

	must	must not	if *(present)*	if *(present)*	if *(future)*
(ben)	....	....	görsem	....	....
(sen)	....	....	....	....	....
(o)	....	....	....	içmese	....
(biz)	....	....	....	....	....
(siz)	yapmalısınız	....	....	....	satacaksanız
(onlar)	.... /	gitmemeli / gitmemeliler	.... /	.... /	.... /

	if *(continuous)*	if *(unlikely)*	İf *(past unreal)*	may	causative
(ben)	deniyorsam	....	....	....	....
(sen)	....	....	....	....	....
(o)	....	yazsaydı	....	....	....
(biz)	....	....	söyleseydik	....	....
(siz)	....	....	....	açabilirsiniz	....
(onlar)	.... /	.... /	.... /	.... /	yıkattı / yıkattılar

I. Translate the following into English. What's the difference?

1. Ev almayı düşünüyor musunuz? ....
2. Ev almayı düşünüyor muydunuz? ....

3. Uçak kalkmış. ....
4. Havaalanına geldiğimizde uçak kalkmıştı. ....

J. Practise your vocabulary. Fill in with the corresponding language.

Turkish	English
oralarda	....
....	experience
....	insect, bug
....	to follow
önde	....
dar	....
....	single, only
....	group
yeterli	....
....	bush
....	sandwich
....	popcorn
böylece	....
kurumak	....
....	return journey
....	leader
yukarıdan	....
....	between, among
....	direction
....	the other day
muhteşem	....
sanki	....
....	hereabouts, around here
....	connection
kestirme	....
....	distance
üzerinde, üstünde	....
duygu	....

Key to the exercises

Unit 1 - Key

A 1 Evet, (Aylin) evli. **2** Hayır, (Peter) Türk değil. (Peter) İngiliz. **3** Hayır, (Aylin) Fethiyeli değil. (Aylin) Antalyalı. **4** Hayır, (görevli) İstanbullu değil. (görevli) Muğlalı. **5** Evet, (Fethiye) sıcak. **6** Hayır, (Aylin) emekli değil. **7** Evet, (Aylin) hemşire.

B 1(Y) **2**(D) **3**(Y) **4**(D) **5**(Y) **6**(Y) **7**(D)

C 1 Adın ne? **2** Adınız ne? **3** Nerelisin? **4** Nerelisiniz? **5** Nerede oturuyorsun? **6** Nerede oturuyorsunuz? **7** Ne iş yapıyorsun? **8** Ne iş yapıyorsunuz?

D 1c **2**e **3**a **4**d **5**b

E (1)d **(2)**f **(3)**c **(4)**a **(5)**h **(6)**b **(7)**e **(8)**g

F (ben) Gitarist**im** / (sen) Gitarist**sin** / (o) Gitarist / (biz) Gitarist**iz** / (siz) Gitarist**siniz** / (onlar) Gitarist/Gitarist**ler**

(ben) Mimar**ım** / (sen) Mimar**sın** / (o) Mimar / (biz) Mimar**ız** / (siz) Mimar**sınız** / (onlar) Mimar/Mimar**lar**

(ben) Postacı**yım** / (sen) Postacı**sın** / (o) Postacı / (biz) Postacı**yız** / (siz) Postacı**sınız** / (onlar) Postacı/Postacı**lar**

(ben) Aktör**üm** / (sen) Aktör**sün** / (o) Aktör / (biz) Aktör**üz** / (siz) Aktör**sünüz** / (onlar) Aktör/Aktör**ler**

(ben) Komşu**yum** / (sen) Komşu**sun** / (o) Komşu / (biz) Komşu**yuz** / (siz) Komşu**sunuz** / (onlar) Komşu/Komşu**lar**

(ben) Garson değil**im** / (sen) Garson değil**sin** / (o) Garson değil / (biz) Garson değil**iz** / (siz) Garson değil**siniz** / (onlar) Garson değil/Garson değil**ler**

(ben) Gazeteci değil**im** / (sen) Gazeteci değil**sin** / (o) Gazeteci değil / (biz) Gazeteci değil**iz** / (siz) Gazeteci değil**siniz** / (onlar) Gazeteci değil/Gazeteci değil**ler**

(ben) Hazır **mıyım**? / (sen) Hazır **mısın**? / (o) Hazır **mı**? / (biz) Hazır **mıyız**? / (siz) Hazır **mısınız**? / (onlar) Hazır **mı**?/Hazır**lar mı**?

(ben) Genç değil **miyim**? / (sen) Genç değil **misin**? / (o) Genç değil **mi**? / (biz) Genç değil **miyiz**? / (siz) Genç değil **misiniz**? / (onlar) Genç değil **mi**?/Genç değil**ler mi**?

G 1 O, Onlar **2** Sen **3** Biz **4** Sen **5** O, Onlar **6** Ben **7** O, Onlar **8** Sen **9** O, Onlar **10** biz **11** Biz **12** Biz **13** Siz **14** Sen **15** Biz **16** Sen

H 1 mü **2** mu **3** mi **4** mi **5** mı **6** mi **7** mı **8** mu **9** mi **10** mı **11** mi **12** mı **13** mi **14** mu **15** mü **16** mu **17** musun, musunuz **18** misin, misiniz **19** müsün, müsünüz **20** mı **21** mi **22** mi **23** mı **24** misiniz **25** mu

I (1) nasılsın **(2)** iyiyim **(3)** nasılsın **(4)** değilim **(5)** hastayım **(6)** teşekkürler

J 1j **2**o **3**g **4**h **5**i **6**a **7**m **8**e **9**p **10**k **11**q **12**r **13**b **14**s **15**n **16**f **17**t **18**c **19**l **20**d

K a doksan iki **b** yetmiş altı **c** dört yüz yetmiş bir **d** iki milyon sekiz yüz üç bin yedi yüz doksan sekiz **e** üç yüz kırk beş bin beş yüz kırk üç **f** altı yüz seksen bin üç yüz on dört **g** beş yüz otuz dokuz bin dört yüz kırk dört

L 1 Evet, bugün hava kapalı. Hayır, bugün hava kapalı değil. **2** Evet, ev temiz. Hayır, ev temiz değil.

M haritalar, misafirler, dağlar, lokantalar, caddeler, bakkallar, dişler, erkekler, sayılar, mısırlar, kahveler, öğretmenler, paralar, tencereler, koltuklar, papatyalar, gelincikler, şekerler, kadınlar, bıçaklar, aileler, sorular, yüzükler, yapraklar, hayatlar, raflar, taksiler, sular, çaylar, dolaplar

N 1 Bugün çok mutlu değilim. **2** Mehmet bir satıcı değil(dir). **3** Sorular zor değil. **4** Kutu boş ve hafif değil. **5** Nilgün sarışın değil(dir). **6** Torbalar dolu ve ağır değil.

O 1 How are you? *(informal)* **2** How are you? *(formal)* **3** What is your name? *(informal)* **4** What is your name? *(formal)*

P today, ev, evet, kadın, restaurant, street, adam/erkek, aile, number, çay, arkadaş, elbise, and, man/guy/chap, sabah, lamba, neighbour, oda, öğrenci, soğuk, postman/postwoman, hot, yolcu, evli, hairdresser/hairdresser's, ne, hello, where (at)

Unit 2 - Key

A 1 Evet, Pelin bir danışman. **2** Hayır, Pelin evli değil. **3** Pelin Ankara'da oturuyor. **4** Pelin kahvaltıdan sonra gazete okuyor. **5** Pelin Cumartesi günleri alışveriş yapıyor. **6** Pelin pazarları evde ev işi yapıyor.

B 1(Y) **2**(Y) **3**(Y) **4**(Y) **5**(D) **6**(Y)

C içmek içiyorum, içiyorsun, içiyor, içiyoruz, içiyorsunuz, içiyor/içiyorlar **seyretmek** seyrediyorum, seyrediyorsun, seyrediyor, seyrediyoruz, seyrediyorsunuz, seyrediyor/seyrediyorlar **yemek** yiyorum, yiyorsun, yiyor, yiyoruz, yiyorsunuz, yiyor/yiyorlar **yıkamak** yıkıyorum, yıkıyorsun, yıkıyor, yıkıyoruz, yıkıyorsunuz, yıkıyor/yıkıyorlar **yürümek** yürüyorum, yürüyorsun, yürüyor, yürüyoruz, yürüyorsunuz, yürüyor/yürüyorlar **koşmak** koşuyorum, koşuyorsun, koşuyor, koşuyoruz, koşuyorsunuz, koşuyor/koşuyorlar

D seyretmek seyretmiyorum, seyretmiyorsun, seyretmiyor, seyretmiyoruz, seyretmiyorsunuz, seyretmiyor/seyretmiyorlar **çıkmak** çıkmıyorum, çıkmıyorsun, çıkmıyor, çıkmıyoruz, çıkmıyorsunuz, çıkmıyor/çıkmıyorlar **yüzmek** yüzmüyorum, yüzmüyorsun, yüzmüyor, yüzmüyoruz, yüzmüyorsunuz, yüzmüyor/yüzmüyorlar **uyumak** uyumuyorum, uyumuyorsun, uyumuyor, uyumuyoruz, uyumuyorsunuz, uyumuyor/uyumuyorlar

E içmek içiyor muyum, içiyor musun, içiyor mu, içiyor muyuz, içiyor musunuz, içiyor mu/içiyorlar mı **çalışmak** çalışıyor muyum, çalışıyor musun, çalışıyor mu, çalışıyor muyuz, çalışıyor musunuz, çalışıyor mu/çalışıyorlar mı **sürmek** sürüyor muyum, sürüyor musun, sürüyor mu, sürüyor muyuz, sürüyor musunuz, sürüyor mu/sürüyorlar mı **konuşmak** konuşuyor muyum, konuşuyor musun, konuşuyor mu, konuşuyor muyuz, konuşuyor musunuz, konuşuyor mu/konuşuyorlar mı

F sevmek sevmiyor muyum, sevmiyor musun, sevmiyor mu, sevmiyor muyuz, sevmiyor musunuz, sevmiyor mu/sevmiyorlar mı **oynamak** oynamıyor muyum, oynamıyor musun, oynamıyor mu, oynamıyor muyuz, oynamıyor musunuz, oynamıyor mu/oynamıyorlar mı **düşünmek** düşünmüyor muyum, düşünmüyor musun, düşünmüyor mu, düşünmüyor muyuz, düşünmüyor musunuz, düşünmüyor mu/düşünmüyorlar mı **oturmak** oturmuyor muyum, oturmuyor musun, oturmuyor mu, oturmuyor muyuz, oturmuyor musunuz, oturmuyor mu/oturmuyorlar mı

G 1 geziyoruz **2** hatırlamıyorum **3** gidiyor musunuz **4** okuyorum **5** gidiyor/gidiyorlar **6** çalışıyorum **7** geziyorum **8** kahvaltı ediyoruz, çıkıyoruz **9** biniyorum **10** kalkıyoruz **11** yatıyoruz **12** alıyor **13** sürüyor **14** yiyoruz **15** gidiyoruz, gelmiyor musunuz **16** içiyorum, sevmiyorum **17** seviyor musun **18** koşmuyorum **19** koşuyorum **20** oturuyor **21** alıyorum **22** öğreniyor **23** konuşmuyorsun/konuşmuyorsunuz **24** içmiyor musun **25** oturuyor/oturuyorlar **26** biliyor **27** fırçalamıyor, fırçalıyor **28** fırçalıyor **29** diliyorum

H 1h **2**b **3**g **4**j **5**k **6**f **7**a **8**l **9**m **10**c **11**n **12**e **13**d **14**i

I bekle / bekleme, kal / kalma, gör / görme, unut / unutma, gir / girme, dene / deneme, anlat / anlatma, öde / ödeme, gül / gülme, söyle / söyleme

J 1 gelecek ay **2** hafta sonu / hafta sonunda **3** pazarları / pazar günleri **4** akşamleyin / akşam **5** şu anda / şimdi **6** şimdi / şu anda **7** bu ay **8** her gün **9** yarın **10** bu akşam **11** bugün **12** her akşam

K 1e **2**g **3**j **4**i **5**k **6**n **7**a **8**l **9**m **10**d **11**c **12**f **13**b **14**h

L 1 morning, in the morning **2** in the mornings **3** today **4** every day

M holiday, yarın, yeni, gece, tooth, book, gazete, akşamleyin/akşam, bicycle, müzik, her gün, erken, Turkish (language), shopping, şimdi, sabah/sabahleyin, English (language), geç, bugün, çalışmak, single (unmarried), sometimes, gitmek, gelmek, a little/some, hafta, hair, to get up/to stand up/to depart/to take off

Unit 3 - Key

A (a) yaşıyorsunuz (b) oturuyoruz (c) biliyorsunuz (d) öğreniyoruz (e) biliyor musunuz (f) biliyorum (g) istiyorum (h) çalışıyoruz (i) yapıyoruz (j) içiyoruz (k) konuşuyoruz (l) söylüyoruz (m) gülüyor (n) istiyorum (o) yapıyorum (p) çalışıyorum

B 1(Y) 2(D) 3(Y) 4(D) 5(D) 6(Y) 7(D)

C 1 -a 2 -ya 3 -da 4 -den 5 -dan 6 -da 7 -a 8 -de, -ya 9 -de, -da 10 -da 11 -dan 12 -ya 13 -de 14 -e 15 -den 16 -ya 17 -de 18 -a 19 -ya

D (some alternative answers): 1 İşe arabayla/otobüsle/trenle/yürüyerek gidiyorum. İşe gitmiyorum. 2 Bodrum'da/Fethiye'de/Amerika'da/İngiltere'de tatil yapıyorum. Tatil yapmıyorum. 3 Evet, (bisikletle) geziyorum. Hayır, (bisikletle) gezmiyorum. 4 Kalemle anahtarlar çantada. 5 Evet, perşembe günü alışverişe gidiyorum. Hayır, perşembe günü alışverişe gitmiyorum. 6 Evet, Tarkan'la arkadaşız. Hayır, Tarkan'la arkadaş değiliz. 7 Bugün günlerden çarşamba. 8 Kırk dört yaşındayım. 9 Şu anda saat biri yedi geçiyor. 10 İşe (saat) sekizde gidiyorum. İşe gitmiyorum. 11 Saat 912 TL. 12 Toplantı iki saat sürüyor. 13 Kursa sekiz öğrenci geliyor. 14 Dört kişi Türkçe biliyor. 15 Yarın Nilgün alışveriş yapıyor. Yarın Nilgün alışverişe gidiyor.

E 1 The coat is in the car. 2 The car is also slow. 3 I want to drink Fanta. 4 Çiğdem also wants to eat meal. 5 Do you want to learn Turkish? 6 Do you not want to work today? 7 We want to stay at home on holiday. 8 This summer the holiday is also boring. 9 I am not bored on holiday. 10 I am bored at home.

F 1g 2g 3f 4a 5b 6j 7d 8h 9i 10e 11a 12c

G 1f 2i 3c 4h 5e 6a 7b 8g 9j 10d

H 1 The school is finishing in the summer. 2 We are buying a new car in the spring. 3 We are not going on holiday in winter. 4 The school is starting in autumn. 5 What day is today? 6 It is five past two. 7 The film is finishing at quarter past three. 8 Aynur is always putting on makeup in front of the mirror. 9 The train departs at twenty to two. 10 What is the time? 11 At the moment we are walking at the seaside.

I 1 (saat) Yediyi altı geçiyor. 2 (saat) On buçuk 3 (saat) Altıya çeyrek var. 4 (saat) İkide. 5 (saat) Onu on geçe. 6 (saat) Yediyi çeyrek geçe. 7 Film (saat) sekizi çeyrek geçe başlıyor. 8 (saat) Yediye yirmi var. 9 (saat) Yediyi yirmi geçiyor. 10 Tren (saat) birde geliyor. 11 Uçak (saat) beşe on kala kalkıyor/hareket ediyor.

J 1 Nerede 2 nereye 3 nereden 4 Nerede 5 Nereye 6 nerede

K 1 Neden 2 kim 3 kimin 4 Ne 5 neden 6 kaç 7 hangi 8 Ne kadar/Kaç 9 ne kadar/kaça 10 kaçta/ne zaman 11 Kaç/Kaç tane 12 kaçta 13 kaç 14 ne zaman/kaçta 15 kaç 16 Kaçta/Ne zaman 17 kaç 18 ne kadar 19 neden 20 Hangi

L 1 Uçak (saat) kaçta kalkıyor? / Uçak ne zaman kalkıyor? 2 Saat kaç? 3 İşe neyle gidiyorsun? 4 Tren (saat) kaçta geliyor? / Tren ne zaman geliyor? 5 Ders (saat) kaçta bitiyor? / Ders ne zaman bitiyor? 6 Derse kaç kişi geliyor? 7 İstanbul'da nereye gidiyorsunuz? / İstanbul'da nerelere gidiyorsunuz? 8 Bu elbise kaça/kaç lira/ne kadar/kaç para? 9 Film (saat) kaçta? / Film ne zaman? 10 Film kaç saat sürüyor? / Film ne kadar sürüyor?

M 1 -de, -ye 2 -a 3 -dan 4 -de 5 -dan, -da 6 -den, -a, -yla 7 -de 8 -a, -den, -la 9 -a, -da 10 -de, -a 11 -ya 12 -da 13 -a 14 -den, -e, -le, -yle 15 -ye 16 -de 17 -den 18 -den 19 -ye 20 -de 21 -ya 22 -a, -yle 23 -e, -de 24 -dan

N 1 cuma 2 Monday 3 pazar 4 Thursday 5 salı 6 Saturday 7 çarşamba

O 1 What is the time? (What time is it?) 2 How much is the watch/clock? (What is the price?) 3 We are strolling at (around) the shops. 4 The shops are busy too.

P July, ama, burada, yabancı, let's .../come on/go on, to say, biraz, yapmak, to start, neden/niçin/niye, beraber/birlikte, kalabalık, straight away/immediately, all/whole, konuşmak, çok, April, aralık, kış, Cumartesi, how much (what's the price), what time, kim, kasım, tourist, ne zaman, whose, sea

Unit 4 - Key

A 1 Ahmet bugün müdür Özgür Bey'le görüşüyor. **2** Tülin her gün yemek yapıyor, sofra hazırlıyor, ev topluyor, bulaşık yıkıyor, çamaşır yıkıyor, ütü yapıyor, alışveriş yapıyor. **3** Ahmet müdürle görüşüyor, çünkü terfi ediyor. **4** Tülin sıkılıyor, çünkü her gün hep aynı şeylerle uğraşıyor. **5** Sema bugün yemek yapıyor. **6** Sema biber dolma, patlıcan musakka, pilav ve hoşaf pişiriyor. **7** Akşamleyin müdür Özgür Bey ve eşi Gülnur Hanım geliyor(lar).

B 1(Y) **2**(D) **3**(Y) **4**(Y) **5**(D) **6**(D) **7**(Y) **8**(Y) **9**(Y) **10**(D) **11**(D)

C ödemek öde, ödesin, ödeyin/ödeyiniz, ödesin/ödesinler **bakmak** bak, baksın, bakın/bakınız, baksın/baksınlar **görüşmek** görüş, görüşsün, görüşün/görüşünüz, görüşsün/görüşsünler **durmak** dur, dursun, durun/durunuz, dursun/dursunlar

D 1 -sun/-sunlar **2** -sın **3** -in/-iniz **4** -mesin/-mesinler **5** -ma/-mayın/-mayınız **6** -sin, -sun, -sin **7** -sın **8** -me **9** -meyin/-meyiniz **10** -sin mi, -sin mi **11** -sun mu/-sunlar mı, masın mı/-masınlar mı **12** -yin/-yiniz **13** -sin, -sin **14** -sun **15** -sin, -sın

E 1d **2**a **3**c **4**b **5**e **6**b **7**f **8**d **9**d **10**f **11**b **12**c

F 1 asla/hiç, hiç/hiç, hiçbir zaman/hiç **2** genellikle, çoğunlukla, hep **3** hep, çoğunlukla, genellikle **4** asla, hiç, hiçbir zaman **5** ara sıra, nadiren, sık sık, genellikle **6** çoğunlukla, hiç, asla, hiçbir zaman, genellikle **7** ara sıra, bazen, nadiren **8** nadiren, hep, çoğunlukla, genellikle, bazen **9** asla, hiçbir zaman, nadiren, hiç, hep, çoğunlukla, genellikle, bazen **10** bazen, ara sıra, sık sık **11** hep, bazen, nadiren, ara sıra, çoğunlukla, genellikle **12** hep, çoğunlukla, genellikle, bazen **13** hiçbir zaman, hep, hiç, çoğunlukla, genellikle, bazen, asla **14** hep, çoğunlukla, genellikle, bazen, sık sık **15** her zaman/bazen, hep/genellikle, hiç/her zaman, asla/hep, hiçbir zaman/her zaman, genellikle/bazen **16** sık sık, çoğunlukla, bazen, hep **17** asla, hiç, hiçbir zaman, kesinlikle

G 1l **2**p **3**m **4**e **5**r **6**n **7**q **8**g **9**c **10**d **11**k **12**h **13**f **14**j **15**i **16**b **17**o **18**a **19**s

H 1-li **2**-suz **3**-li **4**-li **5**-li **6**-lı **7**-süz **8**-lü **9**-li **10**-lı **11**-siz **12**-lı **13**-sız **14**-lu **15**-lü **16**-lı **17**-lı **18**-lı **19**-lu

I başlamak başlama, başlamasın, başlamayın/başlamayınız, başlamasın/başlamasınlar **içmek** içme, içmesin, içmeyin/içmeyiniz, içmesin/içmesinler

J yürümek yürüsün mü, yürüsün mü/yürüsünler mi **çalışmak** çalışsın mı, çalışsın mı/çalışsınlar mı

K yapmak yapmasın mı, yapmasın mı/yapmasınlar mı **dinlemek** dinlemesin mi, dinlemesin mi/dinlemesinler mi

L 1 Evet, otelde çok turist var. Hayır, otelde çok turist yok. **2** Evet, odada Nermin var. Hayır, odada (hiç) kimse yok. **3** Evet, saat yarımda otobüs var. Hayır, saat yarımda otobüs yok. **4** Cüzdanda 25TL var. **5** Evet, bende fazla para var. Hayır, bende fazla para yok. **6** Kütüphanede yirmi iki kişi var. **7** Evet, evde ekmek var. Hayır, evde ekmek yok. **8** Listede Ömer, Meltem ve İpek var/varlar. **9** Sırada biz varız. **10** Evet, varım. Hayır, yokum.

M 1 Delicious meal. **2** The meal is delicious. **3** I have 100 TL (with me/on me). **4** I also have 100 TL (with me/on me).

N here, yavaş, taze, dergi, nobody/anybody, early, mavi, oyun, rain, Amerikalı, eczane, ilginç, out of order/broken, rainy, asla/hiç/hiçbir zaman, yer, lift, kütüphane, pasta (gateau)/kek, giriş, there is/there are/to have, wallet/purse, sıra, manzara, spare/much/too much/too many, dondurma, woman, list

Unit 5 - Key

A Hakan pazar günleri çalıştı mı? *(Did Hakan work on Sundays?)* Hakan pazar günleri çalışmadı. Erken kalkmadı; geç kalktı, çünkü işe gitmedi. Kahvaltıdan sonra bahçede oturdu. Araba yıkadı. Daha sonra, arkadaşları Nilgün, Özlem, Burak ve Hasan geldiler. Onlar da pazar günü çalışmadılar. Bahçede hep beraber sohbet ettiler, barbekü yaptılar, müzik dinlediler. Hakan bira içti. Hasan çok iyi gitar çaldı. Nilgün şarkı söyledi. Eğlendiler. Daha sonra, Burak ve Hasan maç seyrettiler; Hakan seyretmedi. Sonra arkadaşları gitti. Hakan bulaşık yıkadı, biraz ütü yaptı ve yattı. Hakan pazar günleri sadece tembellik yaptı.

B 1m 2c 3h 4n 5i 6a 7e 8o 9k 10g 11l 12p 13b 14d 15f 16j

C beğenmek beğendim, beğendin, beğendi, beğendik, beğendiniz, beğendi/beğendiler

yapmak yaptım, yaptın, yaptı, yaptık, yaptınız, yaptı/yaptılar

uyumak uyudum, uyudun, uyudu, uyuduk, uyudunuz, uyudu/uyudular

gülmek güldüm, güldün, güldü, güldük, güldünüz, güldü/güldüler

D okumak okumadım, okumadın, okumadı, okumadık, okumadınız, okumadı/okumadılar

içmek içmedim, içmedin, içmedi, içmedik, içmediniz, içmedi/içmediler

E söylemek söyledim mi, söyledin mi, söyledi mi, söyledik mi, söylediniz mi, söyledi mi/söylediler mi

yüzmek yüzdüm mü, yüzdün mü, yüzdü mü, yüzdük mü, yüzdünüz mü, yüzdü mü/yüzdüler mü

koşmak koştum mu, koştun mu, koştu mu, koştuk mu, koştunuz mu, koştu mu/koştular mı

çalışmak çalıştım mı, çalıştın mı, çalıştı mı, çalıştık mı, çalıştınız mı, çalıştı mı/çalıştılar mı

F ödemek ödemedim mi, ödemedin mi, ödemedi mi, ödemedik mi, ödemediniz mi, ödemedi mi/ödemediler mi

yazmak yazmadım mı, yazmadın mı, yazmadı mı, yazmadık mı, yazmadınız mı, yazmadı mı/yazmadılar mı

G 1 evvelki gün öğleden önce 2 geçen sene 3 geçen yılbaşı 4 dün sabah 5 biraz önce, daha şimdi 6 dün öğleden sonra 7 dün gece 8 sekiz yıl önce 9 yarım saat önce 10 bir saat sonra 11 yıllar sonra 12 aylar önce 13 daha şimdi, biraz önce 14 dün bütün gün

H 1 (sen/siz) Hiç İngiltere'ye gittin mi/gittiniz mi? 2 (sen/siz) Hiç kebap yedin mi/yediniz mi? 3 (ben) Dün hastaydım. 4 (sen/siz) İki gün önce neredeydin/neredeydiniz? 5 (sen/siz) Dün çalıştın mı/çalıştınız mı? 6 (o) Ne zaman geldi? 7 Kim aradı?/Kim telefon etti? 8 (ben) Dün hasta değildim. 9 (sen/siz) Su almadın mı?/almadınız mı? 10 (o) Geçen sene/yıl Bodrum'da değil miydi? 11 (sen/siz) Dün gece hiç uyumadın mı?/uyumadınız mı? 12 (onlar) Yedi mi/yediler mi? 13 Çantada ne vardı? 14 Çantada anahtarlar vardı.

I 1 I have never eaten 'çiğ köfte'. 2 Have you ever jumped with a parachute? 3 There was no bread at home yesterday morning. 4 Did you not watch television last night? 5 Have you ever been to a bazaar in Fethiye? 6 I have never been to a bazaar in Fethiye. 7 I got up late in the morning. 8 It was very cold yesterday. 9 Was the concert not boring? 10 Who were they? 11 It was a very windy day yesterday. 12 Where did you eat (meal)? 13 With whom did you go on holiday? 14 Were there many tourists at the hotel? 15 There were not (really) many customers at the restaurant. 16 There were many Spanish passengers on the train. 17 Was there not a house here in the past? 18 You were not here yesterday.

J 1r 2p 3t 4a 5i 6b 7q 8s 9n 10m 11l 12k 13d 14u 15c 16e 17o 18f 19h 20j 21g

K 1 -ydı 2 değildik 3 muydu 4 değildi 5 -du 6 -dı 7 -ydi 8 -tu 9 -ydi 10 değildi 11 değil miydi 12 -tum 13 -dı 14 -di 15 -ydi

L 1 mıydım **(a)** *Was I there* 2 mıydın **(b)** *Were you there* 3 mıydı **(c)** *Was she/he/it there* 4 mıydık **(d)** *Were we there* 5 mıydınız **(e)** *Were you there* 6 mıydı/-lar mıydı/mıydılar **(f)** *Were they there*

M 1 -ydım **(a)** *I was here just now* 2 -ydın **(b)** *You were here just now* 3 -ydı **(c)** *She/he/it was here just now* 4 -ydık **(d)** *We were here just now* 5 -ydınız **(e)** *You were here just now* 6 -ydı/-lardı/-ydılar **(f)** *They were here just now*

N 1d 2h 3f 4c 5i 6b 7j 8a 9e 10g

O 1 Yemekte patlıcan musakka yoktu. 2 Acıkmadım. 3 Dün hasta değildim. 4 Bugün ders yok muydu? 5 Türkçe konuşmadım. 6 Susamadın mı?

P 1 We did not go to the cinema yesterday. 2 We have never been to England. 3 The meal is very delicious. 4 The meal was very delicious.

Q lazy, havuz, randevu almak, hiçbir şey, everything, New Year's Day, biraz önce, aslında, there, ödemek, susamak, acıkmak, suddenly, parcel, belki, neden olmasın, meatball, ilk defa, anlamak, sadece, in the past, to stay/to remain/to be left, yağmur, evvelki gün, in the meantime/by the way, merak etme, with him/her/it, how many times

Unit 6 - Key

A 1 Selma evde, çünkü izinli. / Çünkü işe gitmiyor. **2** Selma işe gitmiyor, çünkü çok yorgun/çünkü izinli. **3** Hayır, Selma hasta değil. **4** Selma izin alıyor, çünkü çok yorgun. **5** Film Venedik'te geçiyor. **6** Filmde Johnny Depp'le Angelina Jolie oynuyor(lar). / Filmde Johnny Depp ile Angelina Jolie oynuyor(lar). **7** Hülya Brad Pitt'e hayran **8** Mudo'da ucuzluk var. **9** Selma bir etekle (bir) çanta bakmak istiyor. / Selma bir etek ile (bir) çanta bakmak istiyor. / Selma etekle çanta bakmak istiyor. / Selma etek ile çanta bakmak istiyor. **10** Hülya bir bluzla (bir) pantolon almak istiyor. / Hülya bir bluz ile (bir) pantolon almak istiyor. / Hülya bluzla pantolon almak istiyor. / Hülya bluz ile pantolon almak istiyor. **11** Ucuzluk gelecek hafta sonu bitiyor. **12** McDonald's'ın önünde buluşmak istiyorlar.

B 1(D) **2**(Y) **3**(Y) **4**(Y) **5**(Y) **6**(Y) **7**(Y) **8**(D) **9**(Y) **10**(Y) **11**(Y) **12**(Y)

C gezmek Gezeyim, Gezelim **çalışmak** Çalışayım, Çalışalım **yürümek** Yürüyeyim, Yürüyelim **davet etmek** Davet edeyim, Davet edelim

D çay içmek Çay içmeyeyim, Çay içmeyelim **oturmak** Oturmayayım, Oturmayalım **beklemek** Beklemeyeyim, Beklemeyelim **yürüyüşe çıkmak** Yürüyüşe çıkmayayım, Yürüyüşe çıkmayalım

E söylemek Söyleyeyim mi, Söyleyelim mi **dinlenmek** Dinleneyim mi, Dinlenelim mi **başvurmak** Başvurayım mı, Başvuralım mı **almak** Alayım mı, Alalım mı

F sohbet etmek Sohbet etmeyeyim mi, Sohbet etmeyelim mi **müzik dinlemek** Müzik dinlemeyeyim mi, Müzik dinlemeyelim mi **tanıştırmak** Tanıştırmayayım mı, Tanıştırmayalım mı

G 1m **2**k **3**n **4**l **5**s **6**o **7**f **8**a **9**q **10**t **11**j **12**r **13**p **14**d **15**i **16**g **17**h **18**e **19**b **20**c

H 1 şarkıcı **2** sanatçı **3** gözlükçü **4** dondurmacı **5** balıkçı **6** fotoğrafçı **7** futbolcu **8** tamirci **9** gazeteci **10** ayakkabıcı **11** basketbolcu **12** camcı

I 1 Dışarı çıkalım mı? **2** Telefon edeyim mi? /Arayayım mı? **3** Yardım edeyim. **4** Konuşalım mı? **5** Gitmeyelim mi? **6** İçmeyeyim mi? **7** Ben pişireyim. **8** (haydi!) Yürüyelim. **9** (ben) Kahve içeyim. **10** (haydi!) Bir lokantaya/restorana gidelim. **11** İkişer tane almayalım mı? **12** (haydi!) Telefonda konuşalım.

J 1 Shall we go shopping? **2** Shall I help? **3** I will not have soup. I will have meatballs. **4** We shouldn't be late. / Let's not be late. **5** Let's chat. / We should chat. **6** Let's not go to the concert. / We shouldn't go to the concert. **7** Come on! Let's run. **8** Shall we not watch television? **9** Shall I buy fruit from the greengrocer's? **10** I should take a shower before breakfast. / I will take a shower before breakfast. / Let me take a shower before breakfast. / I would like to take a shower before breakfast. **11** Let's take/buy five each. / We should take/buy five each. **12** Let's go at twelve. / We should go at twelve. **13** Shall we drink beer? / Shall we have a beer? **14** Shall I give some money?

K 1n **2**g **3**p **4**t **5**v **6**q **7**c **8**r **9**x **10**a **11**i **12**b **13**d **14**e **15**f **16**w **17**j **18**k **19**s **20**m **21**l **22**u **23**o **24**h

L 1f **2**g **3**c **4**n **5**e **6**b **7**o **8**m **9**l **10**i **11**j **12**d **13**h **14**k **15**a

M 1 Coffee with little sugar, please! **2** This meal is a little salty. **3** Don't spend much money in the shops. **4** I have skied so many times. **5** You put very little milk in the tea. **6** She/he paid a lot of/too much money for those dresses. **7** There are a lot of people on the beach. **8** Eat more. Put on some weight. **9** I do not want more water. **10** She/he gave more money. **11** Less money will/should be/is enough. **12** I bought a few/several books. **13** They do not pay enough salary at the workplace. **14** They pay insufficient salary at the workplace. **15** There is no cheese at the (dining) table. / There is not any cheese at the (dining) table. **16** How much salary do they live on? **17** How many cars have you changed? **18** Some people are very respectful. **19** Don't be this desperate. (there is) No need. **20** Don't think that much. **21** What are these? **22** Those are documents. **23** They/those are on the list. **24** This is not needed, but that is needed. **25** That/she/he/it is interesting. **26** How many did you

buy/take each? / How many have you bought/taken each? **27** We bought/took two each. / We have bought/taken two each. **28** This much dessert is enough. **29** I was disturbed because of the noise.
N 1 The cold weather made (me/you/him/her/us/them) ill. **2** I got ill in the cold weather. **3** to be disturbed **4** to disturb
O really, yardım etmek, yardımcı olmak, sanırım, never mind/forget it, probably/presumably/I assume, kaybetmek, yeterli/yeter, really/is that right/is that so, insan, şu, maaş, blouse, eight each, meyve, tam olarak, no need, kaybolmak, iş yeri, yetersiz, trousers, for a long time, doküman, şunlar, sale, bunlar, suitable/convenient, people

Unit 7 - Key

A 1 Evet, gelecek hafta anneler günü. **2** Buket ve Sedat, Gizem ve Ekrem'in çocukları. / Buket ve Sedat, Gizem ve Ekrem'in kızı ve oğlu. **3** Buket ve Sedat annelerine hediye almak için para istiyorlar. **4** Buket'le Sedat'ın annelerinin adı Gizem. **5** Buket'le Sedat babalarından (Ekrem'den) para istiyorlar. **6** Buket'le Sedat annelerine bir kolye ve parfüm aldılar. / Buket annesine bir kolye aldı. Sedat annesine bir parfüm aldı. **7** Buket'le Sedat Anneler Günü için hediye aldılar. **8** Babalar Günü'nde babalarına hiçbir şey almıyorlar. **9** Hep beraber önce eğlence parkına, sonra bir restorana gidiyorlar. **10** Ekrem eşi Gizem için (bir demet) çiçek aldı.
B 1(Y) **2**(Y) **3**(Y) **4**(D) **5**(Y) **6**(Y) **7**(Y) **8**(D) **9**(D) **10**(D)
C 1 Kitapta çok güzel resimler var. **2** Kitabın adı ne? **3** Gözlüğün çantada. **4** Yatağın boyu kısa. **5** Ayak bileğim acıyor. **6** Türk mutfağı zengin ve sağlıklı. **7** Geceleyin ay ışığı çok romantik. **8** Otobüs durağında bir saat bekledim. **9** İnsanlar durakta bekliyor. **10** Tavşanların kulakları neden uzun? **11** Köpeğin kulağı büyük. **12** Saksının toprağı iyi. **13** Kazanın sebebi aşırı hızdı. **14** Çorabım yırtık. **15** Kitapların dolapta. **16** Sınavın sonucu hiç iyi değil. **17** Yeni bir çocuk kulübü açıldı. **18** Davetiye mektubu dün geldi. **19** Arabanın rengi çok güzel. **20** Köpeğin sahibi Harry. **21** Sokakta insanlar yürüyor. **22** Uçakta sıkıldım. **23** Haluk'un evi uzak. **24** Uçağın bir kanadı kırmızı. **25** Kaçta buluşuyorsunuz? **26** Üçte evde görüşürüz. **27** Onun kazancı iyi. **28** Didem mutfakta yemek pişiriyor. **29** Çocuğa biraz harçlık verdim. **30** Ispanaktan sonra tavuk yedik. **31** Fotoğrafta kimler var? **32** Yolcu uçağının kaptanı Ayşe'nin babasının bir arkadaşı.
D 1 koyun yoğurdu **2** tiyatro oyuncusu **3** ders kitabı **4** telefon numarası **5** sokak köpeği **6** yaz tatili **7** yatak odası **8** elma bahçesi **9** çilek reçeli **10** limon suyu **11** üniversite öğrencisi **12** armut ağacı **13** deniz suyu **14** banka hesabı **15** kapı kilidi **16** mum ışığı **17** kredi kartı **18** masa örtüsü **19** duvar boyası **20** bilet kuyruğu **21** su bardağı **22** telefon faturası **23** mercimek çorbası **24** bilet ücreti
E 1 onun çekmecesi **2** sizin sağlığınız **3** onun aynası **4** bizim rafımız **5** sizin kanepeniz **6** onların çocukları **7** senin gömleğin **8** sizin tarağınız **9** benim bisikletim **10** benim kitabım **11** bizim dolabımız **12** sizin dokümanlarınız **13** benim yüzüğüm **14** senin kolyen **15** onların dosyaları **16** benim mutfağım **17** senin çocuğun **18** onun bebeği **19** senin saçın **20** bizim borcumuz
F 1 sözlüğün kapağı **2** yemeğin tadı **3** müziğin sesi **4** sorunun cevabı **5** bıçağın ucu **6** lambanın ışığı **7** yüzüğün değeri **8** tekerleğin rengi **9** evin mutfağı **10** öğretmenin kitabı **11** gömleğin düğmesi **12** kitabın adı **13** çocuğun elbisesi **14** insanların evleri
G 1 benim **2** onun, onların **3** bizim **4** bizim **5** senin **6** onun, onların **7** senin **8** benim **9** bizim **10** senin **11** onun, onların **12** benim **13** onun, onların **14** benim **15** onun, onların **16** sizin **17** bizim **18** benim **19** onun, onların **20** senin
H 1 Bu benimki. **2** Seninki doğru. **3** Onunki sütlü mü? **4** Bizimki yavaş değil. **5** Sizinkiler iyi. **6** Onlarınki geniş değil mi?
I 1 Kendine **2** kendi kendine, kendi kendisine **3** Kendi kendime (kendim) **4** kendilerinden **5** kendinize **6** kendine, kendisine **7** kendine, kendisine **8** kendi kendine (kendin) **9** Kendi kendimize (kendimiz) **10** kendine, kendisine **11** kendi kendime (kendim)
J 1 oğlu **2** omzum **3** ağzı **4** alnında **5** ömrümde **6** nehrin **7** ismi **8** şehrin **9** resmim **10** burnu **11** sabrım

K 1 garden gate **2** the gate of the garden **3** the book's page **4** book page
L sure, eğlence, sözlük, tat, perfume, necklace, telefon numarası, fotoğraf çekmek, place/floor/ground/seat, mutfak, monitör, cep, somewhere/a place, ticket price (fare), soru, ağrımak, medicine, dosya, güvenmek, uçak bileti, dog, address, cep telefonu, cevap, eyeglasses/spectacles, şehir, orange juice, healthy

Unit 8 - Key

A 1 Tekne gezisi için tekneye Ölüdeniz'den binecekler. **2** Kelebekler Vadisi'nde bir saat kalacaklar. **3** Kelebekler Vadisi'nde plajda oturacaklar, bir şeyler içecekler, güneşlenecekler ve yüzecekler. **4** Vadide kelebek görmeyecekler, çünkü yılın bu zamanında kelebekler yok. **5** Patikalarda şelaleye kadar yürüyecekler. **6** Kelebekler Vadisi'nden sonra Akvaryum Koyu'na gidecekler. **7** Kelebekler Vadisi'nden önce Mavi Mağara'ya gittiler. **8** Teknede (mangalda) balık ve salata veriyorlar. **9** Gezi Ölüdeniz'de bitiyor. **10** Akşamleyin barda Metin ve nişanlısı Arzu ile buluşacaklar.
B 1(D) **2**(D) **3**(Y) **4**(D) **5**(D) **6**(Y) **7**(Y) **8**(D) **9**(D) **10**(D)
C telefon etmek edeceğim, edeceksin, edecek, edeceğiz, edeceksiniz, edecek/edecekler
müzik dinlemek dinleyeceğim, dinleyeceksin, dinleyecek, dinleyeceğiz, dinleyeceksiniz, dinleyecek/dinleyecekler **yola çıkmak** çıkacağım, çıkacaksın, çıkacak, çıkacağız, çıkacaksınız, çıkacak/çıkacaklar **kart oynamak** oynayacağım, oynayacaksın, oynayacak, oynayacağız, oynayacaksınız, oynayacak/oynayacaklar
D ayran içmek içmeyeceğim, içmeyeceksin, içmeyecek, içmeyeceğiz, içmeyeceksiniz, içmeyecek/içmeyecekler **sinemaya gitmek** gitmeyeceğim, gitmeyeceksin, gitmeyecek, gitmeyeceğiz, gitmeyeceksiniz, gitmeyecek/gitmeyecekler **geç kalmak** kalmayacağım, kalmayacaksın, kalmayacak, kalmayacağız, kalmayacaksınız, kalmayacak/kalmayacaklar **tatil yapmak** yapmayacağım, yapmayacaksın, yapmayacak, yapmayacağız, yapmayacaksınız, yapmayacak/yapmayacaklar
E plajda yüzmek yüzecek miyim, yüzecek misin, yüzecek mi, yüzecek miyiz, yüzecek misiniz, yüzecek mi/yüzecekler mi **televizyon seyretmek** seyredecek miyim, seyredecek misin, seyredecek mi, seyredecek miyiz, seyredecek misiniz, seyredecek mi/seyredecekler mi
gitar çalmak çalacak mıyım, çalacak mısın, çalacak mı, çalacak mıyız, çalacak mısınız, çalacak mı/çalacaklar mı **bulaşık yıkamak** yıkayacak mıyım, yıkayacak mısın, yıkayacak mı, yıkayacak mıyız, yıkayacak mısınız, yıkayacak mı/yıkayacaklar mı
F sırada beklemek beklemeyecek miyim, beklemeyecek misin, beklemeyecek mi, beklemeyecek miyiz, beklemeyecek misiniz, beklemeyecek mi/beklemeyecekler mi **dans etmek** etmeyecek miyim, etmeyecek misin, etmeyecek mi, etmeyecek miyiz, etmeyecek misiniz, etmeyecek mi/etmeyecekler mi **alışveriş yapmak** yapmayacak mıyım, yapmayacak mısın, yapmayacak mı, yapmayacak mıyız, yapmayacak mısınız, yapmayacak mı/yapmayacaklar mı
kart yollamak yollamayacak mıyım, yollamayacak mısın, yollamayacak mı, yollamayacak mıyız, yollamayacak mısınız, yollamayacak mı/yollamayacaklar mı
G olacağım, olacaksın, olacak, olacağız, olacaksınız, olacak/olacaklar
H olmayacağım, olmayacaksın, olmayacak, olmayacağız, olmayacaksınız, olmayacak/olmayacaklar
I olacak mıyım, olacak mısın, olacak mı, olacak mıyız, olacak mısınız, olacak mı/olacaklar mı
J olmayacak mıyım, olmayacak mısın, olmayacak mı, olmayacak mıyız, olmayacak mısınız, olmayacak mı/olmayacaklar mı
K 1 olacak **2** gitmeyecek misin/gitmeyecek misiniz **3** gelecek mi **4** olmayacak **5** konuşmayacak mısın/konuşmayacak mısınız **6** zayıflayacak **7** bineceğim **8** olacak **9** olmayacak **10** olacak mı, olmayacak mı **11** mezun olacak **12** emekli olacak **13** evlenecek/evlenecekler **14** verecek/verecekler
L 1i **2**l **3**j **4**h **5**g **6**k **7**c **8**d **9**a **10**e **11**f **12**b
M 1 gene / geçen yıl / yine / yazın / tekrar / yeniden / bir daha **2** sessiz sessiz / sessizce / doğal olarak / muhtemelen **3** öğleyin / gene / kesinlikle / sabahleyin / öğleden önce **4** bu akşam / sabahleyin /

öğleden önce **5** neyse ki / doğrusu / sanırım / muhtemelen **6** içeriye/sessizce, içeri/sessiz sessiz, içeri/muhtemelen, içeri/sessizce, sessizce içeri/yavaşça **7** maalesef/muhtemelen/neyse ki, maalesef/sanırım/şans eseri, maalesef/galiba/neyse ki **8** maalesef / ne yazık ki / doğrusu / yine / doğal olarak / daha sonra / biraz önce **9** asla / hiç / henüz / hâlâ / maalesef / aslında **10** hiç/erken, hiçbir zaman/zamanında, asla/zamanında, asla/erken **11** hemen hemen **12** biraz önce / dün **13** hiç / henüz / hiçbir zaman / hâlâ / neyse ki **14** nadiren / ara sıra / bazen / sık sık / zaman zaman
N 1 Our money has finished straight away. **2** Our money has almost finished. **3** I will speak Turkish next year. **4** I will be speaking Turkish next year.
O boat, öbür gün, artık, yeniden/tekrar/gene/yine/bir daha, trip/cruise/tour, in the end/finally/at last, açık, yol, to stop by/to drop by/to pop in, zamanında, harika, her yer, approximate(ly)/about, from time to time, ada, herkes, this place/here, hoş, sessiz sessiz/sessizce, yakında, in my opinion/according to me, certainly/definitely, sonunda, muhtemelen/herhâlde, the day before, maalesef/ne yazık ki, a little later, in your opinion/according to you

Unit 9 - Key

A 1 Ailece Kalkan'a tatile gidiyorlar. **2** Buzdolabının fişini Gizem çekiyor. **3** Ocağı Gizem kontrol ediyor. **4** Buket eşyalarını daha bavula koymadı. **5** Yola erken çıkmak istiyorlar, çünkü yolda fotoğraf da çekecekler. **6** Geçen sefer göl kenarında durdular, çünkü navigasyon cihazı onları yanlış yola götürdü. **7** Benzincide benzin almak için duracaklar. / Benzincide depoyu doldurmak için duracaklar. **8** Gizem sandviçleri beyaz torbalara koydu. **9** Gizem sandviçleri dün akşam hazırladı. **10** Ben torbaları çöpe attım, çünkü onları (o torbaları) çöp zannettim. **11** Gizem yolda bir şey yemek istemiyor, çünkü geçen sefer midesi bozuldu. **12** Geçen sefer yolda üç defa durdular, çünkü Gizem'in midesi bozuldu.
B 1(D) **2**(D) **3**(Y) **4**(Y) **5**(Y) **6**(D) **7**(D) **8**(D) **9**(D) **10**(Y) **11**(D) **12**(D)
C 1-ı **2**-i **3**-yı **4**-i **5**-i **6**-i **7**-yi **8**-ı **9**-yu **10**-yu **11**-u **12**-i **13**-ı, -i **14**-yı, hesabı **15**-ı **16** (no suffix) **17**-ı **18**-ı, -ı **19**-ı **20**-u **21** (no suffix) **22**-yu **23**-ı **24**-yı **25**-u **26**-u **27**-yi **28** (no suffix) **29**-yi **30** gömleği **31**-yü **32** (no suffix), -yı **33**-i **34**-u **35**-i **36**-ı **37**-i **38**-i
D 1a-i **b**-e **c**-de **d**-den **e**-in **2a**-u **b**-a **c**-da **d**-dan **e**-un **3a** mektubu **b** mektuba **c** mektupta **d** mektuptan **e** mektubun **4a**-yü **b**-ye **c**-de **d**-den **e**-nün **5a**-yi **b**-ye **c**-de **d**-den **e**-nin **6a**-yı **b**-ya **c**-da **d**-dan **e**-nın
E *direct object* beni, seni, onu, bizi, sizi, onları
to bana, sana, ona, bize, size, onlara
in/on/at/by bende, sende, onda, bizde, sizde, onlarda
from benden, senden, ondan, bizden, sizden, onlardan
possessive benim, senin, onun, bizim, sizin, onların
with benle/benimle, senle/seninle, onla/onunla, bizle/bizimle, sizle/sizinle, onlarla
F *object of a verb* şişeyi, çorabı, boyayı, rengi, kâğıdı, çocuğu
to şişeye, çoraba, boyaya, renge, kâğıda, çocuğa
in/on/at/by şişede, çorapta, boyada, renkte, kâğıtta, çocukta
from şişeden, çoraptan, boyadan, renkten, kâğıttan, çocuktan
possessive şişenin, çorabın, boyanın, rengin, kâğıdın, çocuğun
with şişeyle, çorapla, boyayla, renkle, kâğıtla, çocukla
G *direct object* bunu, şunu, onu, bunları, şunları, onları
to buna, şuna, ona, bunlara, şunlara, onlara
in/on/at/by bunda, şunda, onda, bunlarda, şunlarda, onlarda
from bundan, şundan, ondan, bunlardan, şunlardan, onlardan
possessive bunun, şunun, onun, bunların, şunların, onların
with bunla/bununla, şunla/şununla, onla/onunla, bunlarla, şunlarla, onlarla
H 1 Gülnur dün dokümanları firmaya gönderdi **mi**? **2** Gülnur dün dokümanları firmaya **mı** gönderdi? **3** Gülnur dün **mü** dokümanları firmaya gönderdi? **4** Gülnur **mu** dün dokümanları firmaya gönderdi?

5 Gülnur dün dokümanları **mı** firmaya gönderdi?
I 1 (onu) Yarın halledeceğiz. / (onu) Yarın hallederiz. **2** (o) Beni dün aradı. **3** Tanıştırayım. **4** Onu rafa koy/koyun/koyunuz. / Onu rafın üstüne/üzerine koy/koyun/koyunuz. **5** Seni/Sizi anlıyorum. **6** Beni ziyaret etti. **7** Onu düşürdüm. **8** Gürültü bizi uyandırdı. **9** O seni/sizi evine davet etti mi? **10** Onu tanıyorum. **11** O sana/size ne dedi/ne söyledi? **12** (onlar) Bana (bir) içki ikram etti(ler). **13** Ona bir demet çiçek verdi. **14** (onlar) Bize bir broşür verdi(ler). **15** Bunu unuttun/unuttunuz. **16** Şunları rafa koy/koyun/koyunuz. / Şunları rafın üstüne/üzerine koy/koyun/koyunuz.**17** Yatak odasının duvarlarını boyuyorum. **18** Çamaşır makinesini tamir ettim. **19** Portakal suyunu buzdolabına koydu. **20** Berna'yı ne zaman gördün/gördünüz?
J 1 The pencil fell down. **2** I dropped the pencil. **3** Did Aynur buy a blouse? **4** Was it Aynur who bought a blouse?
K cook, harita, ziyaret etmek, davet etmek, to offer food/drink/etc to a guest/to reduce the price, bridge, halletmek, ocak, blanket, tarif/yemek tarifi, düşürmek, düşmek/aşağı düşmek, pillow/cushion, belonging/thing/furniture, son zamanlarda, raf, litter/rubbish, benzinci/benzin istasyonu, sanki, dünya, driving licence/licence, to wake someone up, hazır, tarih, brochure, ayarlamak, plug (on an electrical cord)/receipt, to charge

Unit 10 - Key

A 1 Kütüphanelere daha çok giderdik, çünkü kütüphaneler bizim en büyük bilgi kaynağımızdı. **2** Eskiden haberleri televizyondan, radyodan, gazetelerden öğrenirdik. **3** Müzik CD'lerini dükkânlardan alırdık, çünkü müzik indirmek için internet siteleri yoktu. **4** Küçük bir alışveriş bütün günümüzü alırdı, çünkü alışveriş yapmak için çarşıya giderdik/bir şey almak için dükkân dükkân dolaşırdık/değişik dükkânlarda fiyatları karşılaştırırdık. **5** Filmleri ya sinemada ya da televizyonda seyrederdik ya da DVD alırdık veya kiralardık. **6** Fotoğraflarımızı çeker çekmez görmezdik, çünkü bir fotoğrafçı dükkânına gider, fotoğrafları orada bastırırdık. / Çünkü fotoğrafları bir fotoğrafçı dükkânında bastırırdık. Ancak birkaç gün sonra fotoğrafları dükkândan alırdık. / Çünkü dijital kameralar yoktu. **7** Eskiden navigasyon cihazları yerine kâğıt haritalar vardı. **8** Şimdi internet bizim için geniş bir bilgi ve paylaşım kaynağı.
B 1(Y) **2**(D) **3**(D) **4**(D) **5**(D) **6**(D) **7**(Y) **8**(Y)
C park etmek ederim, edersin, eder, ederiz, edersiniz, eder/ederler **araba yıkamak** yıkarım, yıkarsın, yıkar, yıkarız, yıkarsınız, yıkar/yıkarlar **sahilde yürümek** yürürüm, yürürsün, yürür, yürürüz, yürürsünüz, yürür/yürürler **kitap okumak** okurum, okursun, okur, okuruz, okursunuz, okur/okurlar **yemek yapmak** yaparım, yaparsın, yapar, yaparız, yaparsınız, yapar/yaparlar **zamanında gelmek** gelirim, gelirsin, gelir, geliriz, gelirsiniz, gelir/gelirler
D bisiklete binmek binmem, binmezsin, binmez, binmeyiz, binmezsiniz, binmez/binmezler **geç yatmak** yatmam, yatmazsın, yatmaz, yatmayız, yatmazsınız, yatmaz/yatmazlar
E kahve içmek içer miyim, içer misin, içer mi, içer miyiz, içer misiniz, içer mi/içerler mi **çarşıda dolaşmak** dolaşır mıyım, dolaşır mısın, dolaşır mı, dolaşır mıyız, dolaşır mısınız, dolaşır mı/dolaşırlar mı **bahçede üşümek** üşür müyüm, üşür müsün, üşür mü, üşür müyüz, üşür müsünüz, üşür mü/üşürler mi **evde oturmak** oturur muyum, oturur musun, oturur mu, oturur muyuz, oturur musunuz, oturur mu/otururlar mı
F dondurma yemek yemez miyim, yemez misin, yemez mi, yemez miyiz, yemez misiniz, yemez mi/yemezler mi **geç kalmak** kalmaz mıyım, kalmaz mısın, kalmaz mı, kalmaz mıyız, kalmaz mısınız, kalmaz mı/kalmazlar mı
G 1 kaynar **2** ziyaret eder misiniz **3** geç kalmam **4** oturursunuz **5** içer misin **6** kapatır mısın **7** içer misiniz/içer miydiniz **8** yemez misiniz/yemez miydiniz **9** giderim **10** içer **11** severim **12** yatarız **13** görüşürüm **14** yeriz **15** gelir misin **16** okurum **17** yaparsınız **18** konuşuruz **19** yalan söylemez **20** içer/içerler **21** girmez misiniz/girmez miydiniz **22** bakarım **23** seyrederiz

24 erken kalkar **25** dışarı çıkarsın
H 1 yağardı **2** harcamazdım **3** yapardı/yaparlardı **4** seyrederdi/seyrederlerdi **5** kalkardım,
güneşlenirdim **6** bilmezdi **7** oynardık, yapardık **8** telefon ederdim, ziyaret ederdim **9** konuşurdu
10 giderdik **11** otururdu/otururlardı, zaman geçirirdi/zaman geçirirlerdi **12** götürürdü, alırdı
13 otururdunuz **14** içer miydin **15** giderdik, yerdik, içerdik, sevmezdim, severdim, gider miydiniz
16 görürdün **17** çalışırdı **18** yatmaz mıydık
I 1 sürerken **2** için **3** ona **4** kasaptayken **5** kasapta **6** yürürken **7** caddedeyken **8** caddede **9** sıcakken
10 ederken **11** soğukken **12** soğukta **13** oradayken **14** evdeyken **15** yokken **16** yokken
17 açarken/açınca **18** Fethiye'deyken/Fethiye'de iken **19** ikiden beri **20** bize **21** Nurcan'la/Nurcan
ile/Nurcan ve **22** otobüsle/otobüs ile **23** yoksa/aksi takdirde **24** kalkınca **25** kalkarken **26** plaja kadar
27 dokuza kadar **28** dokuzdan sonra **29** çünkü **30** o yüzden/onun için/ondan dolayı/o nedenle/o
nedenden dolayı **31** yorulana kadar/yoruluncaya kadar **32** gibi **33** ikiye kadar
J 1 It is eleven o'clock. He/she/it is still sleeping. **2** The postman/postwoman has not arrived yet.
3 My pencil was here just now. **4** I have just painted the walls. **5** I have been learning Turkish since
2016. **6** We have not seen each other since September. **7** It has been one year since we went to
Turkey. **8** I have not seen my friend for five days. **9** I have been learning Turkish for two years.
10 I have been learning Turkish for two years. **11** I have not seen him for a long time. **12** The plane
has already taken off. **13** I already know Turkish. **14** I have already been speaking Turkish.
15 I go to work without having breakfast. **16** Just as we were chatting, Nermin arrived (came).
K 1 She/he comes home early every evening. **2** She/he used to come home early every evening.
3 I saw her/him in İstanbul. **4** I saw her/him when I was in İstanbul.
L yet/just/still, daha şimdi, çünkü, sorumluluk, that's why/therefore/because of that, otherwise,
karşılaştırmak, boş zaman, like/such as, sosyal, medya, mesaj, in other words/I mean, travel/journey,
fiyat, iletişim, outside, zaten/çoktan/daha şimdiden, o yüzden/onun için/ondan dolayı/o nedenle/o
nedenden dolayı, üzere, spare time, gift, onun yerine, paylaşmak, different, çay bahçesi, age, digital

Unit 11 - Key
A 1 Nancy Türkiye'de tatil yaptı. **2** Nancy yolda yürürken hediyelik eşya satan dükkânlar, baharat
satan dükkânlar, mücevherciler, kebapçılar ve simit satan çocuklar gördü. **3** Nancy ertesi gün
sabahleyin deniz kenarında bir çay bahçesinde oturdu ve çay içti. Yolda yürüyen, alışveriş eden
insanları seyretti. Plaja gitti. Güneşlendi ve yüzdü. **4** Nancy günlüğüne gezdiği yerleri, kaldığı oteli,
güneşlendiği plajları, çıktığı tekne gezilerini ve tanıştığı insanları yazdı. **5** Nancy arkadaşlarına kolye,
küpe ve bilezikler aldı. **6** Nancy'nin en yakın arkadaşı Linda. **7** Nancy Linda için bir kolye aldı.
8 Nancy hep böyle bir tatili özledi. **9** Nancy böyle bir tatili gerçekleştirdi. **10** Amerika'da arkadaşlarına
aldığı hediyeleri verdi. **11** Amerika'da (arkadaşı) Linda'yla buluştu. **12** Nancy Türkiye'ye Linda ile
(beraber) gitmek istiyor.
B 1(Y) **2**(D) **3**(D) **4**(D) **5**(D) **6**(Y) **7**(D) **8**(Y) **9**(Y) **10**(D) **11**(D) **12**(D)
C 1 konuşan **2** yürüyen **3** işe almayan **4** davet eden **5** tanışan **6** tanışan **7** çalan **8** arayan/arayanlar
9 oynayan **10** oynayanları **11** düşünmeyen **12** yaşayan
D 1 konuştuğun **2** gördüğünüz **3** hatırladıklarım **4** hatırladığım **5** kaldığımız **6** aldığını/aldıklarını
7 aldığımız **8** yediğin/yediğiniz **9** içtiğin/içtiğiniz **10** yazdığı **11** yazdığını **12** karşılaştığımız **13** bulduğu
14 okuduğum **15** okuduklarım **16** bilmediğim **17** gördüğün/gördüğünüz **18** ödediği
E 1 ödeyeceği **2** alacağımız **3** tanışacağın/tanışacağınız **4** kalacağım **5** gideceğimiz **6** buluşacağı
7 gideceğiniz **8** alacaklarınızı/alacağınızı **9** telefon edeceğin **10** telefon edeceklerinin
11 söyleyeceğini/söyleyeceklerini **12** oynayacakları **13** arkadaşlık edeceğin **14** arkadaşlık edecekleri
F 1 geç kaldığı için/geç kaldığından dolayı **2** geç kaldığı zaman/geç kaldığında/geç kalınca **3** geç
kaldığı hâlde **4** yattıkları için/yattıklarından dolayı **5** geç kalmadığı sürece **6** geç kalmadığı zaman/geç
kalmadığında/geç kalmayınca **7** gelmediği için/gelmediğinden dolayı **8** geç kalacağı için/geç

kalacağından dolayı **9** geç kalacağı hâlde **10** geç kalacağı zaman/geç kalacağında **11** geldiği sürece **12** geldiğimizden beri **13** istediğiniz kadar **14** dediğim gibi **15** düşündüğümüz gibi **16** söz verdiğin hâlde **17** açtığım zaman/açtığımda/açınca **18** gittiğimizden beri **19** telefon edeceği için/telefon edecekleri için/ telefon edeceğinden dolayı/telefon edeceklerinden dolayı **20** aramadığı zaman/aramadığında/aramayınca **21** tatile gideceğimiz hâlde **22** alışveriş yapacağın zaman/alışveriş yapacağında **23** görmediğimiz için/görmediğimizden dolayı **24** ayrılacağınız için/ayrılacağınızdan dolayı

G 1 Gizem sandviçleri beyaz torbalara koyduğunu söyledi. **2** Carol ve Robert bugün Türkçe dersine gelmeyeceklerini söylediler. **3** Gizem yiyecekleri dün akşam hazırladığını söyledi. **4** Osman evi satacağını söyledi. **5** Öğrenciler Türkçe'nin kolay olduğunu söylediler. **6** Fatma Ekrem gelene kadar bekleyeceğini söyledi. **7** Nilgün yağmur duruncaya kadar ağacın altında beklediklerini söyledi. **8** Arkadaşım dışarıda çok üşüdüğünü söyledi.

H 1 Ahmet, "Kebaplar çok lezzetli", dedi. **2** Buket ve Sedat, "Annemize hediye alacağız", dediler. **3** Ali, "Yaz gelince tatile gidiyoruz/gideriz", dedi. **4** Aynur, "Sigara içmeyeceğim", dedi. **5** Cansu, "Sıkıldım/Sıkılıyorum", dedi. **6** Arzu, "Bodrum'da dinleneceğim", dedi. **7** Behzat, "Eve daha yeni geldim," dedi. **8** Aykut, "İstanbul'dayım," dedi.

I 1 Alacağınız araba yeni mi? **2** Alacağınız yeni mi? **3** Hatırlayacağı anılar çocukluk anıları. **4** Hatırlayacakları çocukluk anıları. **5** Buluşacağımız günü düşünüyorum. **6** Buluşacağımızı düşünüyorum. **7** Oturacağımız ev bahçeli. **8** Kalacağımız otel deniz manzaralı.

J 1 Konuştuğumuz konular önemli. **2** Konuştuklarımız önemli. **3** Çalıştığın şirket nerede? **4** İşe aldığın kişi tecrübeli mi? **5** İşe aldığın tecrübeli mi? **6** Yazdığım mektupları postalar mısın? **7** Yazdıklarımı postalar mısın? **8** İçtiğimiz içkiler şirketin ikramı.

K 1 I will read a book. **2** This is the book I am going to read. **3** The person who misses/missed me is Sema. **4** The person whom I miss/missed is Sema.

L memory, günlük, havaalanı/havalimanı, çocukluk, lots of, like that, baharat, küpe, like this/such/in this way, kolye, özellikle, yazar, to post, world/earth, önceden, dikkatlice, also/additionally/moreover/separately, tecrübeli, inanılmaz, işe almak, to be/get angry, to worry/to be curious/to wonder, söz vermek, söz tutmak, friendship, oyuncu, hill/top, bracelet

Unit 12 - Key

A 1 Evde kapalı kalırlar diye (çünkü soğuk hava dalgası geliyormuş). **2** İklim değişikliği yüzünden buzullar eriyecekmiş, bütün dünya sular altında kalacakmış, sular kuruyup sıcaklardan dolayı insanlar kavrulacakmış, dünya yok olacakmış. **3** Filiz başka birisiyle internette bir arkadaş sitesinde tanışmış. **4** Arif iş gezisindeymiş. **5** Arif başkasıyla ilgileniyormuş. **6** Arif Buket'e ilgi duyuyormuş. **7** Buket Arif'e hayranlıkla bakıyormuş. **8** Arif'in ev sahibi Arif'i aramış, çünkü Arif kirayı geciktirmiş. / Çünkü Arif kaldığı evin kirasını geciktirmiş. **9** Ev sahibi Demet'in arkadaşı. **10** Arif Buket'i aradı.

B 1(D) **2**(Y) **3**(D) **4**(Y) **5**(D) **6**(D) **7**(Y) **8**(D) **9**(D) **10**(Y)

C demek demişim, demişsin, demiş, demişiz, demişsiniz, demiş/demişler
uyuyakalmak uyuyakalmışım, uyuyakalmışsın, uyuyakalmış, uyuyakalmışız, uyuyakalmışsınız, uyuyakalmış/uyuyakalmışlar **düşürmek** düşürmüşüm, düşürmüşsün, düşürmüş, düşürmüşüz, düşürmüşsünüz, düşürmüş/düşürmüşler **uyumak** uyumuşum, uyumuşsun, uyumuş, uyumuşuz, uyumuşsunuz, uyumuş/uyumuşlar

D öğrenmek öğrenmemişim, öğrenmemişsin, öğrenmemiş, öğrenmemişiz, öğrenmemişsiniz, öğrenmemiş/öğrenmemişler **anlamak** anlamamışım, anlamamışsın, anlamamış, anlamamışız, anlamamışsınız, anlamamış/anlamamışlar

E söylemek söylemiş miyim, söylemiş misin, söylemiş mi, söylemiş miyiz, söylemiş misiniz, söylemiş mi/söylemişler mi **yapmak** yapmış mıyım, yapmış mısın, yapmış mı, yapmış mıyız, yapmış mısınız, yapmış mı/yapmışlar mı **görüşmek** görüşmüş müyüm, görüşmüş müsün, görüşmüş mü, görüşmüş müyüz, görüşmüş müsünüz, görüşmüş mü/görüşmüşler mi **okumak** okumuş muyum, okumuş musun, okumuş mu, okumuş muyuz, okumuş musunuz, okumuş mu/okumuşlar mı

F görmek görmemiş miyim, görmemiş misin, görmemiş mi, görmemiş miyiz, görmemiş misiniz, görmemiş mi/görmemişler mi **almak** almamış mıyım, almamış mısın, almamış mı, almamış mıyız, almamış mısınız, almamış mı/almamışlar mı

G güzel güzel**mişim**, güzel**mişsin**, güzel**miş**, güzel**mişiz**, güzel**mişsiniz**, güzel**miş**/güzel**lermiş**/güzel**mişler yakışıklı** yakışıklı**ymışım**, yakışıklı**ymışsın**, yakışıklı**ymış**, yakışıklı**ymışız**, yakışıklı**ymışsınız**, yakışıklı**ymış**/yakışıklı**larmış**/yakışıklı**ymışlar üzgün** üzgün**müşüm**, üzgün**müşsün**, üzgün**müş**, üzgün**müşüz**, üzgün**müşsünüz**, üzgün**müş**/üzgün**lermiş**/üzgün**müşler kısa boylu** kısa boylu**ymuşum**, kısa boylu**ymuşsun**, kısa boylu**ymuş**, kısa boylu**ymuşuz**, kısa boylu**ymuşsunuz**, kısa boylu**ymuş**/kısa boylu**larmış**/kısa boylu**ymuşlar**

H sakin değilmişim, değilmişsin, değilmiş, değilmişiz, değilmişsiniz, değilmiş/değillermiş/değilmişler **konuşkan** değilmişim, değilmişsin, değilmiş, değilmişiz, değilmişsiniz, değilmiş/değillermiş/değilmişler

I evde miymişim, miymişsin, miymiş, miymişiz, miymişsiniz, miymiş/miymiş/miymişler **akıllı** mıymışım, mıymışsın, mıymış, mıymışız, mıymışsınız, mıymış/mıymış/mıymışlar **güçlü** müymüşüm, müymüşsün, müymüş, müymüşüz, müymüşsünüz, müymüş/miymiş/müymüşler **mutlu** muymuşum, muymuşsun, muymuş, muymuşuz, muymuşsunuz, muymuş/mıymış/muymuşlar

J birinci değil miymişim, değil miymişsin, değil miymiş, değil miymişiz, değil miymişsiniz, değil miymiş/değiller miymiş/değil miymişler **yalnız** değil miymişim, değil miymişsin, değil miymiş, değil miymişiz, değil miymişsiniz, değil miymiş/değiller miymiş/değil miymişler

K 1w 2h 3z 4t 5i 6k 7r 8q 9x 10u 11n 12a 13y 14v 15j 16m 17l 18d 19f 20b 21g 22p 23o 24s 25c 26e

L 1 karşısında 2 altında 3 yanında 4 içinde 5 içine 6 üstüne 7 içinden 8 üstünde 9 ortasında 10 altına 11 etrafında 12 arasında 13 önünde 14 arkasında

M 1 yiyeceğiz 2 yiyor 3 diyor 4 yemiyoruz/yemeyiz 5 diyeceksin 6 ne dedin 7 dedim 8 yedik

N 1 İstanbul'a gidip onu ziyaret ettim. 2 Plajda güneşlenip yüzdük. 3 Buluşup yemeğe gideceğiz. 4 Çiçekleri sulayıp gülleri budadım. 5 Her gün erken kalkıp koşar. 6 Kahvaltı edip dışarı çıkıyorum. 7 Benzin alıp yola devam ettik. 8 Bara gidip bira içelim mi?

O 1 sohbet ederek 2 dinleyerek 3 içerek 4 çalışarak 5 alarak 6 yürüyerek 7 yiyerek 8 uyuyarak

P 1 We went to the beach and sunbathed. 2 We went to the beach and sunbathed. 3 Apparently, she was late. 4 (I assume) She must have been late.

Q food, hangisi, iklim, abartmak, weather, to be surprised/to be confused, fırtına, sakin, well done, altında, önünde, arkasında, obvious/clear, before that/previously, konuşkan, kısa boylu, rent, ortasında, düşünce, düşünmek, happy, first, daha önemli, gül, then/afterwards/after that, ünite, landlord/landlady/homeowner, someone else

Unit 13 - Key

A 1 Serdar ve Aslı, Kerem ve Elif'le sohbet ediyorlar. 2 Elif (annesinden kalan) evi sattığı için pişman olmuş. 3 Kerem Elif'in yerinde olsaymış o da aynısını yaparmış. 4 Elif o zamanlar evi satmış, çünkü sıkıntı içindeymiş. 5 Kerem Elif'le evlendiği için pişman olmamış. 6 Serdar Aslı ile evlendiği için pişman olmamış. 7 Ertesi gün Aslı'nın annesinin doğum günü. 8 Geçen yıl doğum günü kutlamadılar, çünkü Serdar geç vakte kadar çalıştı.

B 1(D) 2(D) 3(Y) 4(Y) 5(Y) 6(D) 7(D) 8(Y) 9(D) 10(D)

C yürümek yürüsem, yürüsen, yürüse, yürüsek, yürüseniz, yürüse/yürüseler **çalışmak** çalışsam, çalışsan, çalışsa, çalışsak, çalışsanız, çalışsa/çalışsalar **yemek** yemesem, yemesen, yemese, yemesek, yemeseniz, yemese/yemeseler **oturmak** oturmasam, oturmasan, oturmasa, oturmasak, oturmasanız, oturmasa/oturmasalar **dinlenmek** dinleniyorsam, dinleniyorsan, dinleniyorsa, dinleniyorsak, dinleniyorsanız, dinleniyorsa/dinleniyorlarsa/dinleniyorsalar **uyumak** uyumuyorsam, uyumuyorsan, uyumuyorsa, uyumuyorsak, uyumuyorsanız, uyumuyorsa/uyumuyorlarsa/uyumuyorsalar **D beklemek** bekleyeceksem, bekleyeceksen, bekleyecekse, bekleyeceksek, bekleyecekseniz, bekleyecekse/bekleyeceklerse/bekleyecekseler **çıkmak** çıkacaksam, çıkacaksan, çıkacaksa, çıkacaksak, çıkacaksanız, çıkacaksa/çıkacaklarsa/çıkacaksalar **pişirmek** pişirmeyeceksem, pişirmeyeceksen, pişirmeyecekse, pişirmeyeceksek, pişirmeyecekseniz, pişirmeyecekse/pişirmeyeceklerse/pişirmeyecekseler **içmek** içmeyeceksem, içmeyeceksen, içmeyecekse, içmeyeceksek, içmeyecekseniz, içmeyecekse/içmeyeceklerse/içmeyecekseler **bilmek** bilseydim, bilseydin, bilseydi, bilseydik, bilseydiniz, bilseydi/bilselerdi/bilseydiler **boyamak** boyasaydım, boyasaydın, boyasaydı, boyasaydık, boyasaydınız, boyasaydı/boyasalardı/boyasaydılar

E 1 gideceksen **2** arasak **3** aradıysa/aramışsa **4** ararsa **5** arayacaksa **6** arasaymışım **7** arasaydın **8** arasaydın **9** aradıysa/aramışsa **10** arıyorsan **11** arasaydın/arasaydınız **12** içeri girsen/içeri girseniz, içeri girseydin/içeri girseydiniz, içeri girsene/içeri girsenize **13** gideceksek **14** yer ayırtacaksanız **15** gittiyse/gitmişse **16** gitseydi **17** giderse **18** gidecekse **19** ödemediyseniz **20** alışveriş yapacaksan **21** almadıysan **22** çalışıyorsa **23** gidersek **24** telefon etsem **25** geç kalırsam **26** geç kalacaksan **27** geciktirseymiş **28** yemiyorsan/yemiyorsanız **29** geç kalsaymışız **30** bilseydim **31** çalışsaydın **32** gelseymişim

F 1 defoluysa **2** uygunsa **3** yorgunsan/yorgunsanız **4** yorgun değilsen/yorgun değilseniz **5** müsaitseniz **6** çaysa **7** meşgulse **8** pahalıysa **9** pahalı değilse **10** yoksa **11** yoksa **12** varsa **13** öğrenciyseniz **14** fikriyse

G 1 kitaptan **2** Ekrem'e **3** dedikodulara **4** taksiden **5** taksiye **6** fotoğrafa **7** annesine **8** eve **9** karikatüre **10** arkadaşımla **11** Mehmet'e, planlarımdan **12** Ankara'ya **13** yediğine/yediklerine **14** müşteriden **15** çiçeklere **16** arkadaşıyla **17** Ahmet'le **18** Meltem'e **19** arkadaşıma **20** ona **21** Kenan'dan **22** Demet'le **23** Demet'le **24** Kenan'la **25** Kenan'la **26** tatile **27** pikniğe **28** köpeklerden **29** Nilgün'le, alışverişe **30** Meltem'le, alışverişe **31** yemekten **32** komşumuzla **33** duvara **34** sigaradan **35** çiçeklere **36** istasyona **37** dışına **38** ağaca **39** Ahmet'e **40** adama

H 1 You will have fun if you come on holiday with us. **2** You would have fun if you came on holiday with us. / You would have had fun if you had come on holiday with us. **3** If he/she came early, he/she should wait (tell him/her to wait). / If he/she has come early, he/she should wait (tell him/her to wait). **4** If he/she came early, he/she would wait. / If he/she had come early, he/she would have waited.

I to regret, farklı, satmak, kiraya vermek, if only/I wish, afterwards/later on, pansiyon, gerçek, to celebrate, eğer, özür dilemek, acele etmek, note, to book/to make reservation, defolu, meşgul/yoğun, to get locked out, ürün, korkmak, yurt dışı, to like, available/suitable/convenient, plan, bıkmak, at a discount/reduced, tebrik etmek, picnic, to leave a message

Unit 14 - Key

A 1 Linda ve David muhabirin sorularını cevapladılar. **2** Röportaj Fethiye'de yaşayan yabancılarla ilgiliydi. **3** Linda ve David Türkiye'ye (daha) ilk geldiklerinde Türkçe öğrenmeye başladılar. **4** David ve Linda Türkiye'de tekne gezisi yapmayı, yüzmeyi, akşamları yemeğe gitmeyi seviyorlar. **5** David Türkiye'de yamaç paraşütüyle atlamayı ve bağlama çalmayı öğrendi. **6** David daha sonra bağlama çalacak. **7** Linda Türkiye'de en çok deniz kenarında yürümeyi seviyor. **8** Linda ve David emekli olduktan sonra Türkiye'ye taşındılar.

B 1(D) **2**(D) **3**(D) **4**(D) **5**(D) **6**(Y) **7**(Y) **8**(Y)

C 1 almaya/almak için, gitmeniz, gerekmez, indirmek/indirmeniz **2** kalkmam **3** kalkmak **4** koşmaya **5** emekli olmadan önce, emekli olduktan sonra, yürümeye **6** öğrenmek **7** öğrenmemiz **8** yaşamayı **9** seyretmek **10** dinlenmeye **11** öğrenmem **12** olman/olmanız **13** olmak **14** korkmasına **15** içmesine/içtiğine **16** içmesinden/içtiğinden **17** içmesini/içtiğini **18** içmesine/içtiğine

19 içmesinden/içtiğinden **20** içmesini/içtiğini
D 1 soğuk havaya, gitmeyi **2** türbülansa, okumaya **3** kiraya, biriktirmeye **4** ödemesine, biriktirmeye
5 konuşmaya **6** olman **7** olmak **8** yemeklerin, olması **9** rüzgâra **10** size **11** deftere, ihtiyacınız
12 görmemiz **13** öğrenmesi **14** gitmemiz **15** almak **16** almayı **17** almak **18** gelmesini **19** olmak
20 olmanı **21** yapmamaya **22** geç kalmak **23** gelmenizi **24** gelmek **25** yorulmamasını **26** söz vermesine
27 söz verdiği **28** gelmemize **29** geldiğimiz **30** olmasına **31** ziyaret etmeden **32** ziyaret ettikten
33 olmama **34** olduğum **35** ziyaret etmeye **36** içmeye
E 1 dolaşmaya/dolaşmak için **2** yürümekten **3** oynamayı **4** çıkmadan **5** koştuktan **6** öğrenmek
7 yemenin **8** içmek **9** takmak **10** ödemek **11** dinlenmeye **12** kabul etmek **13** onaylamak **14** konuşmaya
15 yürümem **16** konuşmamız **17** gelmesi **18** söylemen/söylemeniz **19** uyuması **20** başvurman
21 gitmemiz **22** çalışması/çalışmaları **23** yemen **24** randevu alması/randevu almaları **25** doldurmamız
26 gelmesini **27** çalışmana **28** yürümekten **29** yürümekten **30** yürümek **31** yürümeyi **32** içmekten
33 içmeyi **34** yemek **35** içmek **36** atlamayı **37** yürümekten **38** dinlenmeye/dinlenmek için **39** gitmek
40 söylemesi **41** gitmeyi **42** gitmen **43** gitmek **44** sevdiğim, sevdiğin **45** olmama, gitmek
F 1 yemeliyiz **2** harcamamalısın **3** atmalıyız **4** yürümelisin/yürümelisiniz **5** uyumalıyımşız **6** fırçalamalısın
7 yıkamalıyız **8** yer vermeliyiz **9** gitmemeli miyim **10** kirletmemeliyiz **11** saygılı olmalıyız **12** yememeli
13 telefon etmeli miyim **14** bırakmalıyım **15** geç kalmamalısın **16** gitmeli
G 1 Drinking water. / Do not drink the water. **2** Do not drink the water. **3** He went to the hospital.
4 He went to the hospital to visit his mother.
H respectful, çevre, yer vermek, vergi, tie, in a short time, defter, mümkün, to enjoy, ihtiyaç, zorunlu, mükemmel, to pollute/to make dirty, grammar, cesaret, cesaretli/cesur, to visit, tırmanmak, sabırlı olmak, eleştirmek, in spite of/although/despite, needed/have to/necessary, onaylamak, katılmak, interview, hoşlanmak/sevmek/hoşa gitmek, even, rubbish bin

Unit 15 - Key
A 1 Türkiye doğal güzelliklerinin, turistik ve tarihî yerlerinin yanı sıra, mutfağıyla da ünlüdür.
2 Türk mutfağı turizm sektörünün yardımıyla tüm dünyada tanınmıştır. **3** Evet, Türkiye'deki ana yemekler Türk kültürüne dayanan geleneksel yemeklerdir. **4** Türk mutfağındaki geleneksel yemeklerden bazıları türlü, patlıcan musakka, güveç, yeşil fasulye, kuru fasulye, karnıyarık, tarhana çorbası, ezogelin çorbası, dolmalar, yaprak sarma, pilav, bulgur pilavı, çiğ köfte, börek, mantı, kebaplar, pideler ve köftedir. **5** Hayır, yemeklerdeki temel malzemeler Türkiye'de her bölgede farklı değildir. **6** Türk mutfağındaki hamur tatlılarından bazıları baklava, şöbiyet, tel kadayıf, revani ve şekerparedir. **7** Türkiye'de kahvaltıda genellikle beyaz peynir ya da kaşar peyniri, tereyağı ya da margarin, reçel ya da bal, zeytin, yumurta, domates, salatalık ve ekmek yenir. **8** Yabancı ülkelerde bilinen Türk yemekleri döner kebap, şiş kebap, şiş köfte, pilav, musakka ve baklavadır.
B 1(D) **2**(D) **3**(D) **4**(D) **5**(Y) **6**(D) **7**(D) **8**(D)
C 1 bazıları/hiçbirisi/kimisi/birkaçı/pek çoğu **2** herkesin/bazılarının **3** hepsini **4** hiçbirimiz
5 hepimiz **6** hiçbirimiz/hepimiz **7** tümünü/hepsini, hiç/hiçbir şey **8** hepsini/bir kısmını **9** hiçbir şey/her şeyi/hepsini **10** herkes **11** her şeyi **12** tümü/hepsi/her yer/bunların hepsi **13** hepimiz **14** hiçbirimiz
15 herkes/bazıları/diğerleri **16** hiçbir şey/bir şey **17** birisi/biri **18** biri/birisi/hiçbirisi/biriniz
19 biri/birisi/bazıları **20** kimi/bazısı/birisi/kimisi, ötekiler/öbürleri/diğerleri **21** her yer **22** her şey
23 öteki/öbürü/diğeri **24** öteki/öbür/diğer
D 1 Those (which are) inside the box are mine. **2** Throw the bags (which are) under the bed to the bin. **3** The saucepans on (top of) the kitchen cupboard are clean. **4** We sat in the garden behind the house. **5** The greengrocer's shop next to the grocery shop in the neighbourhood has recently opened.
6 I have waited at the bus stop in front of the shop for exactly an hour. **7** Those (the ones) (which are) on top belong to us, those (the ones) (which are) below belong to you. **8** Those (the ones) (which are) under the shelf are tinned food. **9** The picture (which is) on the wall is my grandfather's picture. **10** My

computer and my friend's are the same. / My computer is the same as my friend's (computer) (which belongs to my friend). **11** These are the same as those. **12** Those are different from these. **13** My car is better than Osman's car. **14** Let's go/we should go at a more convenient time. **15** Carol is the newest student in (of) the Turkish course. **16** Nancy is the most hardworking student in the Turkish course. **17** Some of the most crowded cities in (of) Turkey are İstanbul, Ankara and İzmir. **18** One of the biggest cities in (of) Turkey is İstanbul. **19** There are other big cities as well in Turkey. **20** Another big city in (of) Turkey is Ankara. **21** And one of the big cities in Turkey is İzmir. **22** And the other big cities in Turkey are Bursa, Antalya, Adana and Konya. **23** One of the two students is learning Turkish. The other one is learning English. **24** One of the students in the classroom knows Turkish very well. The others are just learning. **25** Osman is my best friend. **26** Who is your best friend? **27** The doctor recommended me to drink plenty of water.

E 1 neyin **2** neli **3** neyle **4** neye **5** ne, neler **6** ne, neler **7** nelerden **8** neyle **9** ne, neler **10** neyin

F 1 kimi **2** kimden **3** kimle, kiminle, kimlerle **4** kimin **5** kim, kimler **6** kimde **7** kim **8** kime **9** kime **10** kimin

G daha pahalı, en pahalı / daha büyük, en büyük / daha temiz, en temiz / daha kirli, en kirli / daha gerekli, en gerekli / daha heyecanlı, en heyecanlı / daha ucuz, en ucuz / daha sıkıcı, en sıkıcı / daha ilginç, en ilginç

H 1 Üniversitesi'nden **2** üniversiteye **3** arabanın kapısı **4** Ayşe'yi **5** onu **6** Ayşe'nin **7** Amerika'ya **8** Amerika'nın **9** kapıyı **10** üniversiteyi **11** kapının **12** bunu **13** Oteli'nde **14** Oteli'yle **15** Oteli'nden **16** biletiyle, Ankara'ya **17** biletine **18** arabasının **19** hastaneye, etmeye **20** bahçesine **21** suyunu **22** Ebru'yu **23** Türkiye'yi **24** arabanı **25** benimkini **26** Caddesi'nde **27** bunu **28** rengini **29** çantanın **30** elbisesini **31** şuna **32** evlerine **33** Oteli'ne **34** şişesi **35** şişesini **36** suyu **37** şişeyi **38** şişenin, kapağını **39** penceresi **40** raftakini

I 1 Benim arabam Ali'nin arabasından daha iyi. **2** O sınıftaki en güzel kız. **3** Ali'nin işi benim işimden farklı. **4** Onun evi benim evimden daha büyük. **5** Nil Nehri dünyadaki en uzun nehir mi? / Nil Nehri dünyanın en uzun nehri mi? **6** Bu gömlek şu gömlekten farklı. **7** Bu elbise öbür elbiseyle aynı. / Bu elbise öteki elbiseyle aynı. / Bu elbise diğer elbiseyle aynı. **8** Bu öbürüyle/ötekiyle/diğeriyle aynı.

J 1 duvardaki **2** işyerindekilerle, evdekiler **3** önündeki **4** kameramdaki **5** bahçedeki **6** üstündeki, yoldaki **7** içindeki **8** işyerindeki, evdekinden **9** seninkiler **10** Mehmet'inki

K 1 This picture is the same as the other picture. **2** This picture is the same as the other picture. **3** This picture is the same as the other picture. **4** This picture is the same as the other one.

L one of us, hiç kimse/kimse, hepimiz, dilekçe, by mistake/accidentally, to hide, bitirmek, imzalamak, none/any/at all/nothing/never/ever, büyükbaba, nehir, turistik, the other (one), the other (one), mahalle/bölge, öteki/öbürü/diğeri, the other, çalışkan, ötekiler/öbürleri/diğerleri, bazılarınız, the same, all of you, hiçbirimiz, popüler, different/apart from/other, kültür, region/district, traditional

Unit 16 - Key

A 1 Erkan ve Filiz akrabalarını ziyaret etmeye gidecekler. / Erkan ve Filiz akrabalarına gidecekler. **2** Erkan her bayram Metin'e harçlık veriyor. **3** Filiz ve Erkan eve gece geç vakit gelirler. / Filiz ve Erkan eve geceleyin gelirler. / Filiz ve Erkan eve gece gelirler. **4** Erkan cüzdanını düşürür. **5** Metin Erkan'ın cüzdanını bulur. **6** Filiz Metin'i evine götürüyor.

B 1(Y) **2**(D) **3**(D) **4**(Y) **5**(D) **6**(D)

C konuşmak 1 konuşabilirim **2** konuşabilirsin **3** konuşabilir **4** konuşabiliriz **5** konuşabilirsiniz **6** konuşabilir/konuşabilirler **açmak 1** açabilir miyim? **2** açabilir misin? **3** açabilir mi? **4** açabilir miyiz? **5** açabilir misiniz? **6** açabilir mi?/açabilirler mi? **gitmek 1** gidemem **2** gidemezsin **3** gidemez **4** gidemeyiz **5** gidemezsiniz **6** gidemez/gidemezler **gelmek 1** gelemez miyim? **2** gelemez misin? **3** gelemez mi? **4** gelemez miyiz? **5** gelemez misiniz? **6** gelemez mi?/gelemezler mi? **almak 1** almayabilirim **2** almayabilirsin **3** almayabilir **4** almayabiliriz **5** almayabilirsiniz **6** almayabilir/almayabilirler **yapmak 1** yapamayabilirim **2** yapamayabilirsin **3** yapamayabilir

4 yapamayabiliriz 5 yapamayabilirsiniz 6 yapamayabilir/yapamayabilirler **anlamak** 1 anlayabiliyorum
2 anlayabiliyorsun 3 anlayabiliyor 4 anlayabiliyoruz 5 anlayabiliyorsunuz 6 anlayabiliyor/anlayabiliyorlar
yazmak 1 yazabiliyor muyum? 2 yazabiliyor musun? 3 yazabiliyor mu? 4 yazabiliyor muyuz?
5 yazabiliyor musunuz? 6 yazabiliyor mu?/yazabiliyorlar mı? **yüzmek** 1 yüzemiyorum 2 yüzemiyorsun
3 yüzemiyor 4 yüzemiyoruz 5 yüzemiyorsunuz 6 yüzemiyor/yüzemiyorlar **sürmek** 1 süremiyor muyum?
2 süremiyor musun? 3 süremiyor mu? 4 süremiyor muyuz? 5 süremiyor musunuz?
6 süremiyor mu?/süremiyorlar mı?
D öğrenmek 1 öğrenebildim 2 öğrenebildin 3 öğrenebildi 4 öğrenebildik 5 öğrenebildiniz
6 öğrenebildi/öğrenebildiler **bilmek** 1 bilebildim mi? 2 bilebildin mi? 3 bilebildi mi? 4 bilebildik mi?
5 bilebildiniz mi? 6 bilebildi mi?/bilebildiler mi? **içmek** 1 içemedim 2 içemedin 3 içemedi 4 içemedik
5 içemediniz 6 içemedi/içemediler **bulmak** 1 bulamadım mı? 2 bulamadın mı? 3 bulamadı mı?
4 bulamadık mı? 5 bulamadınız mı? 6 bulamadı mı?/bulamadılar mı? **dinlenmek** 1 dinlenebileceğim
2 dinlenebileceksin 3 dinlenebilecek 4 dinlenebileceğiz 5 dinlenebileceksiniz
6 dinlenebilecek/dinlenebilecekler **vermek** 1 verebilecek miyim? 2 verebilecek misin?
3 verebilecek mi 4 verebilecek miyiz? 5 verebilecek misiniz? 6 verebilecek mi?/verebilecekler mi?
gitmek 1 gidemeyeceğim 2 gidemeyeceksin 3 gidemeyecek 4 gidemeyeceğiz 5 gidemeyeceksiniz
6 gidemeyecek/gidemeyecekler **kalmak** 1 kalamayacak mıyım? 2 kalamayacak mısın?
3 kalamayacak mı? 4 kalamayacak mıyız? 5 kalamayacak mısınız?
6 kalamayacak mı?/kalamayacaklar mı? **kazanmak** 1 kazanabilmişim 2 kazanabilmişsin
3 kazanabilmiş 4 kazanabilmişiz 5 kazanabilmişsiniz 6 kazanabilmiş/kazanabilmişler
almak 1 alabilmiş miyim? 2 alabilmiş misin? 3 alabilmiş mi? 4 alabilmiş miyiz? 5 alabilmiş misiniz?
6 alabilmiş mi?/alabilmişler mi? **söylemek** 1 söyleyememişim 2 söyleyememişsin 3 söyleyememiş
4 söyleyememişiz 5 söyleyememişsiniz 6 söyleyememiş/söyleyememişler
yapmak 1 yapamamış mıyım? 2 yapamamış mısın? 3 yapamamış mı? 4 yapamamış mıyız?
5 yapamamış mısınız 6 yapamamış mı?/yapamamışlar mı?
E 1 gelebilmiş 2 ödeyemedim 3 açabilecek misin 4 gidememiş 5 kullanabileceğiz
6 alabilir misin/alabilir misiniz 7 konuşabileceğim 8 cevaplayabildiğim, cevaplayamadıklarım
9 öğrenebilen 10 uzatabilir misin/uzatabilir misiniz 11 yağabilir 12 görebilirsen
13 görüşebilirsen/görüşebilirseniz, söyleyebilir misin/söyleyebilir misiniz 14 geçinemiyorlarmış
15 uğrayamamış
F 1 gelebilirim, gelemeyebilirim 2 cevaplayabilmişim, cevaplayamamışım 3 çalışabildim, çalışamadın
mı 4 yürüyebilirim/yürüyebiliyorum, koşamam/koşamıyorum 5 konuşabileceğim, konuşamıyorum
6 çalışabildin mi/çalışabildiniz mi 7 gidebiliriz, gidemeyebiliriz 8 gidebiliriz, gitmeyebiliriz
9 konuşabiliyorum, konuşabileceğim 10 yağmur yağabilir, çıkmayabilirim 11 açabilir misin/açabilir
misiniz, çalışamıyorum/çalışamam 12 haber verebilir misin/haber verebilir misiniz, gelemeyebilirim
13 olmayabilir, arayabiliriz 14 olabilir, oynayabiliriz
G 1 sattılar 2 satıldı 3 arıyorlar 4 aranıyor 5 yapabilirim 6 yapılabilir 7 yapmalıyım 8 yapılmalı
H 1 gidecektik, gidemedik, alamadık 2 yemeyecektim, duramadım, dayanamadım 3 kaydolacaktı,
kaydolamadı, bulamadı 4 çıkmayacaktım, çıktım 5 seyredeceklerdi, seyredemediler 6 boyanacaktı,
boyanamadı, gelmedi
I 1 şişireceğim 2 şişirteceğim (şişirttireceğim) 3 tamir etmeyecek misin 4 tamir ettirmeyecek misin
(tamir ettirtmeyecek misin) 5 süpürecek misin 6 süpürtecek misin (süpürttürecek misin) 7 taşıdı
8 taşıttı (taşıttırdı) 9 kesti 10 kestirdi (kestirtti)
J 1 We are going to study Turkish. 2 We were going to study Turkish. 3 He is going to repair the
cupboard. 4 He is going to have the cupboard repaired.

K cute, ihmal etmek, mutlaka/kesinlikle, kayıp, in no way/by no means, quickly/fast/quick, taşımak, ısrarla, careful, süpürmek, şanslı, bulmak, to enrol/to register, to get lost, tam o sırada/tam o anda, kazanmak, tailor/dressmaker, iptal etmek, tamir etmek, emin olmak, each time/every time, to resist/to be based on/to lean/to bear/to stand/to last/to put up with/to endure, tavla, durmak, religious/national/public holiday, kesmek, to be afraid/scared, to grow/to grow up/to catch up with

Unit 17 - Key

A 1 Asuman, Ömer, Didem, Osman, Lucy ve Harry Likya Yolu'na tırmanıyorlar. **2** Harry geri dönmek yerine bir saat daha yürümek istiyor, çünkü (oradan) aşağıya kestirme yol var. / Çünkü daha kısa sürer. / Çünkü hem kısa sürer hem de orada küçük bir pınar da var. **3** Asuman'ın yön duygusu çok iyi. **4** Asuman telefonla jandarma karakolunu arıyor. **5** Asuman'ın gördüğü levhanın üzerinde 'Denize gider' yazıyor. **6** Jandarma Asuman'ın dediğini anlayamıyor, çünkü bağlantı hışırtılı. / Çünkü bağlantı kesiliyor.

B 1(D) **2**(Y) **3**(Y) **4**(Y) **5**(D) **6**(D)

C 1 görmemiştim **2** başlamıştı **3** görüşmemiş miydik **4** çıkmıştı **5** gülmemiştik **6** görmüş müydünüz **7** yürümüştüm **8** konuşmuştuk

D 1 I bought both blue and yellow shirt. **2** We either go for a meal or walk around. **3** He neither sent a message, nor called. **4** I drank lemonade instead of orange juice. **5** We did not buy. İnstead of that, we rented. **6** Instead of talking, why are you keeping quiet? **7** Instead of going, it will be better if you call. **8** Instead of going to the shops, we went to the cinema. **9** So we have come to the end of the journey. **10** It was so beautiful that I watched (it) for a while. **11** It was too (so) bright that I could not look. **12** I assume there is nothing that can be done. / I assume there is not anything that can be done. **13** You seem (as if) you have understood the lesson. **14** (it seems) As if everything happened suddenly. **15** Maybe one day we see each other again. **16** The man who is talking is someone I know. **17** The ones with chocolate are much more delicious. **18** I bought a house which has a garden.

E 1 gürültü yapıyorlardı, oynuyorlar **2** yüzüyordun **3** düşünüyordu **4** güneşleniyor muydun **5** konuşmuyordum, konuşuyorum **6** çalışıyor, çalışmıyordu **7** konuşamıyordum, konuşabiliyorum **8** çalışıyorduk **9** oturuyor muydunuz, oturmuyor muydunuz **10** düşünüyordun, düşünmüyor musun **11** gösteriyordum, yapamıyorum

F seyretmek 1 seyrediyordum **2** seyrediyordun **3** seyrediyordu **4** seyrediyorduk **5** seyrediyordunuz **6** seyrediyordu/seyrediyorlardı **aldırmak 1** aldırmıyordum **2** aldırmıyordun **3** aldırmıyordu **4** aldırmıyorduk **5** aldırmıyordunuz **6** aldırmıyordu/aldırmıyorlardı **gülmek 1** gülüyor muydum **2** gülüyor muydun **3** gülüyor muydu **4** gülüyor muyduk **5** gülüyor muydunuz **6** gülüyor muydu/gülüyorlar mıydı **demek 1** demiyor muydum **2** demiyor muydun **3** demiyor muydu **4** demiyor muyduk **5** demiyor muydunuz **6** demiyor muydu/demiyorlar mıydı

G gitmek 1 gitmiştim **2** gitmiştin **3** gitmişti **4** gitmiştik **5** gitmiştiniz **6** gitmişti/gitmişlerdi **tanışmak 1** tanışmamıştım **2** tanışmamıştın **3** tanışmamıştı **4** tanışmamıştık **5** tanışmamıştınız **6** tanışmamıştı/tanışmamışlardı **kazanmak 1** kazanmış mıydım **2** kazanmış mıydın **3** kazanmış mıydı **4** kazanmış mıydık **5** kazanmış mıydınız **6** kazanmış mıydı/kazanmış mıydılar/kazanmışlar mıydı **almak 1** almamış mıydım **2** almamış mıydın **3** almamış mıydı **4** almamış mıydık **5** almamış mıydınız **6** almamış mıydı/almamış mıydılar/almamışlar mıydı

H çalışıyorum, çalışıyorsun, çalışıyor, çalışıyoruz, çalışıyorsunuz, çalışıyor/çalışıyorlar
görüşürüm, görüşürsün, görüşür, görüşürüz, görüşürsünüz, görüşür/görüşürler
alacağım, alacaksın, alacak, alacağız, alacaksınız, alacak/alacaklar
geç kaldım, geç kaldın, geç kaldı, geç kaldık, geç kaldınız, geç kaldı/geç kaldılar
kazanmışım, kazanmışsın, kazanmış, kazanmışız, kazanmışsınız, kazanmış/kazanmışlar
uyuyordum, uyuyordun, uyuyordu, uyuyorduk, uyuyordunuz, uyuyordu/uyuyorlardı
alacaktım, alacaktın, alacaktı, alacaktık, alacaktınız, alacaktı/alacaklardı

gelmiştim, gelmiştin, gelmişti, gelmiştik, gelmiştiniz, gelmişti/gelmişlerdi

gülerdim, gülerdin, gülerdi, gülerdik, gülerdiniz, gülerdi/gülerlerdi

işe alındım, işe alındın, işe alındı, işe alındık, işe alındınız, işe alındı/işe alındılar

yapmalıyım, yapmalısın, yapmalı, yapmalıyız, yapmalısınız, yapmalı/yapmalılar

gitmemeliyim, gitmemelisin, gitmemeli, gitmemeliyiz, gitmemelisiniz, gitmemeli/gitmemeliler

görsem, görsen, görse, görsek, görseniz, görse/görseler

içmesem, içmesen, içmese, içmesek, içmeseniz, içmese/içmeseler

satacaksam, satacaksan, satacaksa, satacaksak, satacaksanız, satacaksa/satacaklarsa/satacaksalar

deniyorsam, deniyorsan, deniyorsa, deniyorsak, deniyorsanız, deniyorsa/deniyorlarsa/deniyorsalar

yazsaydım, yazsaydın, yazsaydı, yazsaydık, yazsaydınız, yazsaydı/yazsalardı/yazsaydılar

söyleseydim, söyleseydin, söyleseydi, söyleseydik, söyleseydiniz, söyleseydi/söyleselerdi/söyleseydiler

açabilirim, açabilirsin, açabilir, açabiliriz, açabilirsiniz, açabilir/açabilirler

yıkattım, yıkattın, yıkattı, yıkattık, yıkattınız, yıkattı/yıkattılar

I 1 Are you thinking of buying a house? **2** Were you thinking of buying a house? **3** Apparently, the plane took off. **4** The plane had taken off when we arrived at the airport.

J thereabouts/around there, tecrübe, böcek, takip etmek, in front/ahead, narrow, tek, grup, sufficient/enough, çalı, sandviç, patlamış mısır, so/in this way/as a result/thus, to dry, dönüş, lider, from above/from the top, arasında, yön, geçen gün, magnificent, as if, buralarda, bağlantı, shortcut, uzaklık, on, feeling/sense

Turkish - English glossary

-a, -e *to*
abi *elder brother*
abla *elder sister*
acaba *I wonder (if)*
acele et *hurry up*
acele etmek *to hurry*
acı *pain*
acıkmak *to be/get hungry*
acımak *to hurt, to have pity on somebody*
aç *hungry*
açık *open, clear, light*
açıklamak *to explain*
açılmak *to be opened*
açmak *to open, to turn on, to turn up the volume*
ad *name*
ada *island*
adam *man, guy, chap*
aday *candidate, applicant*
âdet *custom, tradition*
adet *unit, piece*
adım *footstep*
adınız *your name*
adres *address*
aferin *well done*
affedersiniz *sorry, excuse me*
affetmek *to forgive*
afiyet olsun *bon appétit, enjoy your meal*
Afrika *Africa*
Afrikalı *African (person)*
ağabey *elder brother*
ağaç *tree*
ağır *heavy, slow*
ağız *mouth*
ağlamak *to cry*
ağrımak *to ache*
ağustos *August*
ah canım *oh dear*
aile *family*
ailece *as a/with the (whole) family*
ait olmak *to belong to*
ajanda *diary*
akciğer *lung*
Akdeniz *the Mediterranean Sea*
akıl *mind*
akıllı *clever, smart, wise*
akla gelmek *to come to mind*
akraba *relative*
aksi *opposite*
aksi takdirde *otherwise*
akşam *evening, in the evening*
akşamları *in the evenings*
akşamleyin *in the evening*
aktarmak *to transfer*
aktör *actor*

akvaryum *aquarium*
al *take, buy (imperative)*
alçak *low*
alçı *plaster*
aldırmak *to take notice, to care*
aldırmamak *to ignore*
alev *flame*
alışkın olmak *to be used to (doing) something*
alışveriş merkezi *shopping mall*
alışveriş *shopping*
alışveriş yapmak *to shop, to do shopping*
alışverişe gitmek *to go shopping*
alkol *alcohol*
almak *to take, to buy, to get, to receive*
Alman *German (person)*
Almanca *German (language)*
Almanya *Germany*
alt *bottom*
altı *six*
altıda *at six*
altın *gold*
altında *under*
altmış *sixty*
ama *but*
aman *please (for goodness' sake)*
Amerika *America, USA*
Amerikalı *American (person)*
ampul *light bulb*
ana dili *native language*
ana *main, primary, mother*
anahtar deliği *keyhole*
anahtar *key*
anahtarlık *key ring*
ancak *however, only, barely, on the other hand*
anı *memory (what is remembered)*
aniden *suddenly*
anlamak *to understand*
anlamıyorum *I do not understand*
anlaşmak *to agree, to get along*
anlaştık *(we) agreed*
anlatmak *to tell*
anlıyorum *I understand*
anne *mother*
anneanne *grandmother (mother's mother)*
annemler *my mother and family*
annesine *to (for) her/his mother*
Antalyalı *a person from Antalya*
apartman *block of flats*
aptal *silly, stupid*
ara sıra *sometimes, occasionally*
araba *car*
araç *vehicle*
arada bir *sometimes, occasionally*
aradan *from then till now*

aralık *gap, ajar, December, interval*
arama motoru *search engine*
aramak *to call (make a telephone call)*
aramak *to look for, to search*
Arapça *Arabic (language)*
arasında *between, among*
arasından *from between/among*
arasından geçerek *passing through*
araştırmak *to research, to investigate*
arka *rear, back, behind*
arkadaş *friend*
arkadaşım *my friend*
arkadaş olmak *to be friends*
arkadaşlar *friends*
arkadaşları *her/his friends*
arkadaşlarla *with friends*
arkadaşlık etmek *to be/make friends with*
arkadaşlık *friendship*
arkasında *behind*
armut *pear*
arsa *plot, land*
artık *from now on, no longer*
artık *residue, leftover*
artmak *to increase*
arzu etmek *to wish, to desire*
asansör *lift*
asla *never*
aslında *actually, in fact*
asmak *to hang*
Asya *Asia*
aşağı *downwards*
aşağı düşmek *to fall down*
aşağı yukarı *approximately, more or less*
aşağıya *downwards*
aşçı *cook*
âşık olmak *to fall in love*
aşırı *excessive, extreme*
at *horse*
atlamak *to jump*
atlet *sleeveless vest, athlete*
atmak *to throw, to dispose of*
Avrupa *Europe*
avuç avuç *handful*
avukat *lawyer, solicitor*
ay *moon, month*
ayak bileği *ankle*
ayak *foot*
ayakkabı boyası *shoe polish*
ayakkabı *shoe*
ayakkabıcı *shoe store, shoe seller*
ayakta durmak *to stand*
ayarlamak *to adjust*
ayı *bear*
ayna *mirror*
aynı *the same*
aynı zamanda *at the same time*
aynısı *the same*
ayran *a yogurt drink*

ayrı *separate*
ayrıca *additionally, moreover, also, separately*
ayrılmak *to separate/get divorced/split up, to leave*
az *little (quantity), few*
az önce *just a moment ago*
az sonra *shortly, a little later*

baba *father*
babaanne *grandmother (father's mother)*
bacak *leg*
bağımsız *independent*
bağırmak *to shout*
bağlama *a stringed folk musical instrument*
bağlamak *to tie, to connect*
bağlantı *connection*
baharat *spice*
baharatçı *spice shop, spice seller*
bahçe *garden*
bahçıvan *gardener*
bahis *bet*
bahse girmek *to bet*
bahsetmek *to mention*
bahşiş vermek *to tip*
bakalım *let's see, let's have a look*
bakarsın *you never know, it might just happen that*
bakkal *grocery store, grocer*
baklava *a kind of dessert*
bakmak *to look at/after, to browse, to face*
bal *honey*
balayı *honeymoon*
balık *fish*
balkon *balcony*
bana *to me, for me*
banka *bank*
bankacı *banker, bank employee*
banyo *bathroom*
banyo yapmak *to have a bath*
bar *bar*
barbekü yapmak *to barbecue*
bardak *glass (tumbler)*
basketbol *basketball*
basmak *to print, to press, to tread on*
bastırmak *to have something printed*
bastırmak *to supress, to press*
baş *head*
başarılı *successful*
başarmak *to succeed, to manage, to achieve*
başbakan *prime minister*
başı ağrımak *to have headache*
başı dönmek *to feel dizzy*
başın(ız) sağ olsun *my condolences*
başka *other, different, apart from*
başka bir *another*
başka bir şey *something else, anything else*
başka biri(si) *someone else*
başka *other, different*
başka? *what else?*

başkaları *others*
başkası *someone else*
başkent *capital city*
başlamak *to start*
başlık *headline, title, heading, headgear, cap*
başvurmak *to apply*
başvuru *application*
başvuru tarihi *application date*
batı *west*
batmak *to sink, to set (sun)*
battaniye *blanket*
bavul *suitcase*
bay *male*
bayan *female, lady*
bayat *stale*
bayılmak *to faint, to love doing something*
bayram *religious/national/public holiday*
bazen *sometimes, occasionally*
bazı *some*
bazıları *some of ....*
-in/-den bazıları *some of.......*
bazılarımız *some of us*
bazılarınız *some of you*
-in/-den bazısı *some of ....*
bebek *baby*
bedava *free of charge*
beğenmek *to like*
bej *beige*
bekâr *single person (unmarried)*
beklemek *to wait*
bel *waist*
belediye *local authority, district council*
belki *maybe, perhaps*
belli *obvious, clear*
belli değil *it's not clear, it's not known*
bembeyaz *pure/bright white*
ben *I*
bence *in my opinion, according to me*
bende *on me, with me*
benden *from me*
benim *my, mine*
benim adım *my name*
benimki *my one*
benimle *with me*
benzemek *to look like, to resemble*
benzin *fuel, petrol*
benzin istasyonu *petrol station*
benzinci *petrol station*
beraber *together*
berber *barber*
berrak *clear*
beş *five*
beş yıl önce *five years ago*
beşer *five each*
bey *Mr*
beyaz *white*
beyaz eşya *white good*
beyaz peynir *white cheese (feta cheese)*

beyefendi *Sir*
beyin *brain*
bıçak *knife*
bıkmak *to get/be fed up*
bırakmak *to leave, to give up*
bıyık *moustache*
biber *pepper*
biber dolma *stuffed peppers*
bidon *jerrycan*
biftek *steak*
bile *even*
bilek *wrist*
bilet *ticket*
bilezik *bracelet*
bilgi *knowledge, information*
bilgisayar *computer*
bilgisayar firması *computer firm*
bilgisayar firmasında *at (a) computer firm*
bilgisayarda *on the computer*
bilinmek *to be known*
bilmek *to know*
bilmemek *not to know*
bina *building*
binmek *to get on/in a bus/train/plane/car*
binmek *to ride a bicycle/ motorcycle/horse*
bir *one, a, an*
bir an önce *at once*
bir başka *another*
bir başkası *another one*
bir çok *a lot of, so many*
bir daha *not again, no more, once more, again*
bir demet çiçek *a bunch of flowers*
bir diğer *another*
bir diğeri *another one*
bir gün önce *the day before*
bir günde *in one day*
bir kere daha *once again, once more*
-in/-ın/-ün/-un bir kısmı *some of ....*
bir süre *for a while*
bir süre önce *a while ago*
bir süre sonra *after a while*
bir sürü *loads of*
bir şey *something, anything*
bir şey değil *you're welcome, not at all*
bir şeyler *something, some things*
bir şeyler yapalım *let's do things/something*
bir türlü *in no way, by no means*
bir yandan da *and at the same time*
bir yer *somewhere*
bir yerde *somewhere (lit.: at/in somewhere)*
bir zamanlar *once upon a time*
bira *beer*
bira içmek *to drink beer*
biraz *a little, some*
biraz önce *just a moment ago*
biraz sonra *a little later*
birazdan *soon, in a little while, a little later*
birbiri *each other*

birbirleri *each other*
birbirlerine *to each other*
birbirleriyle *with each other*
birçok *a lot of, so many*
birdenbire *suddenly, all of a sudden*
birikmek *to accumulate, to pile up*
biriktirmek *to collect (something)*
biriktirmek *to accumulate (something)*
(para) biriktirmek *to save (up) money*
birimiz *one of us*
birinci *first*
biriniz *one of you*
biri(si) *someone, somebody*
-in/-ın/-ün/-un biri(si) *one of ....*
-den/-dan biri(si) *one of ....*
birkaç (tane) *a few, a couple of ......, several*
birkaçı *a few of them*
birlikte *together*
bisiklet *bicycle*
bisiklete binmek *to ride a bicycle*
bitirmek *to finish (something)*
bitmek *to finish*
biz *we*
bize *to us*
bizim *our*
bizimle *with us*
blucin *blue jeans*
bluz *blouse*
Boğaz(içi) *the Bosphorus*
boğaz *throat*
borç *debt*
boş *empty, free, vacant*
boş ver *never mind, forget it*
boş yer *empty space/seat, vacancy*
boş vakit *spare/free time*
boş zaman *spare/free time*
boşa harcamak *to waste*
boşa harcamamak *not to waste*
boşanmak *to get divorced*
bot *boot, boat*
boy *length, height*
boya *paint*
boyacı *painter, shoeshine boy*
boyamak *to paint*
boyun *neck*
boyunca *all along, throughout*
bozuk *broken, out of order*
bozuk para *small change*
bozulmak *to break down, to go out of order*
bozulmak *to go bad/off (food)*
bozulmak *to be upset/embarrassed*
böcek *bug, insect*
böğürtlen *blackberry*
bölge *district, region*
börek *filled pastry, pie*
böyle *like this, such, in this way*
böyle bir *such a*
böylece *so, in this way, as a result, thus*

broşür *brochure*
bu *this*
bu akşam *this evening, tonight*
bu arada *in the meantime, by the way*
bu ay *this month*
bu hafta *this week*
bu kadar *this much, that's it*
bu kez *this time*
bu saatlerde *by/around this time*
bu sabah *this morning*
bu sefer *this time*
bu sene *this year*
bu sırada *at that moment*
bu yıl *this year*
bu zamanlarda *around this time*
buçuk *half*
budamak *to prune*
bugün *today*
bugünlerde *nowadays*
buğday *wheat*
bulanık *cloudy, blurry, muddy*
bulaşıcı *contagious*
bulaşık *dirty dishes*
bulaşık yıkamak *to do the washing up*
Bulgaristan *Bulgaria*
bulgur pilavı *bulgur rice*
bulmak *to find*
buluşmak *to meet (someone somewhere)*
bulut *cloud*
bulvar *boulevard*
bunlar *these*
bunları *accusative form of 'bunlar'*
bunların hepsi *all of these*
bunun için *because of this*
burada *here*
buralara *to these places, to hereabouts*
buralarda *hereabouts, around here*
burası *this place, here*
buraya *to here*
burkulmak *to be sprained*
burun *nose*
buyurun *here you are*
buz *ice*
buzdolabı *fridge*
buzluk *cool box*
buzul *glacier, iceberg*
büfe *kiosk, food stand*
büro *office*
bütün *all, whole*
bütün gün *all day*
büyük *big*
büyükbaba *grandfather*

cadde *street, avenue*
cam *glass*
cami *mosque*
canı çekmek *to fancy*

canı sıkılıyor *she/he is bored*
canı sıkılmak *to get/be bored*
canım *(my) dear, darling*
canım sıkılıyor *I am bored*
caz *jazz*
ceket *jacket*
cennet *heaven*
cep *pocket*
cep telefonu *mobile phone*
cesaret *courage*
cesaretli *courageous, brave*
cesur *courageous, brave*
cevap *answer*
cevap vermek *to reply*
cevaplamak *to answer*
ciddi *serious*
cihaz *device*
cinsiyet *gender*
cips *crisps*
civarında *about, around*
cuma *Friday*
cumartesi *Saturday*
cumartesi günleri *on Saturdays*
cumartesi sabahları *Saturday mornings*
cumhuriyet *republic*
cüzdan *wallet, purse*

çabuk *quickly, fast*
çabuk ol *be quick*
çabuk olmak *to be quick*
çağırmak *to call out*
çakmak *cigarette lighter*
çakmak soketi *cigarette lighter socket (in car)*
çalı *bush*
çalışkan *hardworking*
çalışmak *to work, to study*
çalışmak *to try (to do something)*
çalmak *to play a musical instrument*
çalmak *to steal*
çalmak *to ring (bell)*
çam *pine*
çamaşır *laundry, underwear*
çamaşır suyu *bleach*
çamaşır yıkamak *to do the washing*
çamur *mud*
çamurlu *muddy*
çanta *bag*
çantacı *bag seller, bag shop*
çarpışmak *to collide*
çarpmak *to hit, to strike*
çarşaf *sheet*
çarşamba *Wednesday*
çarşı *shops, shopping centre, market*
çay *tea*
çay bahçesi *tea garden*
çaydanlık *teapot*
çekinerek *timidly, bashfully, shyly*

çekmece *drawer*
çekmek *to pull*
çekmek *to put up with*
çekmek *to suffer*
çekmek *to withdraw (money)*
çerçeve *frame*
çeşit *variety, sort, kind, type*
çeşitli *various*
çevre *environment*
çeyrek *quarter*
çıkar(t)mak *to take out, to remove*
çıkış *exit*
çıkmak *to go/come out, to come out/off*
çıkmak *to go up*
çıkmak *to go out on a date*
çıtır çıtır *crispy*
çiçek *flower*
çiçekçi *florist*
çift *couple, pair*
çiftlik *farm*
çiğ *raw, uncooked*
çiğ köfte *raw meatballs*
çikolata *chocolate*
çilek *strawberry*
çilekli *with strawberry*
çimen, çim *grass*
Çin *China*
Çince *Chinese (language)*
Çinli *Chinese (person)*
çirkin *ugly*
çizme *boot*
çizmek *to draw*
çocuk *child*
çocukluk *childhood*
çoğunlukla *mostly, usually*
çok *very, many, a lot, much*
çok az *very little, very few*
çok daha fazla *much more*
çok fazla *too much, too many*
çok yakında *very soon*
çok yaşa *bless you*
çoktan *already*
çoktan beri *for a long time*
çorap *sock, stocking*
çorba *soup*
çöp *litter, rubbish*
çöp kutusu *rubbish bin*
çöpe atmak *to throw to the bin*
çünkü *because*

-da, -de *at, on, in*
da, de *too, as well, and then, and*
dağ *mountain*
daha *only just, more, yet, still, any longer*
daha az *less*
daha çok *more*
daha fazla *more*

daha iyi *better*
daha önce *previously, before*
daha önemli *more important*
daha sonra *later on*
daha şimdi *just now*
daha şimdiden *already*
daha yeni *just, recently*
dâhil *included*
dair *related*
daire *flat, apartment, circle*
dakika *minute*
dalga *wave*
-dan beri, -den beri *since, for*
danışma *information, advice, consultation*
danışmak *to consult*
danışman *consultant*
-dan/-den önce *before ….ing (with verbal nouns)*
-dan/-den önce *before …….*
dans etmek *to dance*
-dan sonra, -den sonra *after …….*
dar *narrow*
davet etmek *to invite*
davetiye *invitation*
davranış *behaviour*
davranmak *to behave*
dayanan *which is based on*
dayanmak *to be based on*
dayanmak *to resist, to bear, to stand*
dayanmak *to lean*
dayanmak *to last, to endure*
dayanmak *to put up with*
dayı *uncle*
de, da *too, as well, and then, and*
-de, -da *at, on, in*
dede *grandfather*
dedikodu *gossip*
defa *time, occasion*
defolu *faulty, defective*
defter *notebook*
değer *value, worth, price*
değerli *valuable*
değil *not*
değil mi? *is it not?*
değişik *different*
değişiklik *change*
değişmek *to change, to vary*
değiştirmek *to change/replace something*
deli *mad*
delik *hole*
demek *to say, so, to name, to mean*
demek istemek *to mean*
demek öyle *so it is like that then*
demet *bunch*
denemek *to try*
deniz *sea*
deniz kenarı *seaside, seashore*
deniz kenarında *by the seaside*
deniz kıyısı *seaside, seashore*

deniz manzaralı *with a sea view*
Denizli *a city in Turkey*
depo *tank, depot, warehouse*
derece *degree, thermometer*
dergi *magazine*
derler *they say*
ders *lesson*
ders almak *to take lesson*
ders çalışmak *to study (lesson)*
dert *problem, worry*
devam etmek *to continue*
deve *camel*
dışarı *out, outside, outwards*
dışarı(ya) çıkmak *to go out*
dışarıda *outside*
dışarıdan *from outside*
dışında *outside, at the outside of ….*
-in dışında *apart from …., other than ….*
(bunun/onun) dışında *other than this/that*
diğer *other*
diğer *the other*
diğer bir *another*
diğeri *the other one*
diğerleri *the others, the other ones*
dijital *digital*
diken *thorn*
dikkat *care, attention*
dikkat etmek *to pay attention*
dikkat etmek *to mind, to be careful*
dikkatli *careful, carefully*
dikkatli olmak *to be careful*
dikkatlice *carefully*
dikkatsiz *careless*
dikkatsizce *carelessly*
dikmek *to sew, to plant*
diktirmek *to have (something) sewn*
dil *tongue, language*
dilekçe *petition*
dilemek *to wish*
dilim *slice*
dinlemek *to listen*
dinlenme tesisi *motorway services*
dinlenmek *to rest*
dip *bottom*
diş *tooth*
diş ağrısı *toothache*
diş fırçalamak *to brush teeth*
diş fırçası *toothbrush*
diş hekimi *dentist*
diş macunu *toothpaste*
dişçi *dentist*
dişler *teeth*
ditmek *to shred*
diye *called, (so) that, in case, in order to*
doğa *nature*
doğal *natural*
doğal olarak *naturally*
doğal olmak *to be natural*

doğramak *to chop*
doğru *correct, true, straight*
doğrusu *to tell the truth*
doğu *east*
doğum *birth*
doğum günü *birthday*
doksan *ninety*
doksanıncı *ninetieth*
doktor *doctor*
dokunmak *to touch*
dokuz *nine*
dokuzdan sonra *after nine*
doküman *document*
dolap *cupboard*
dolaşmak *to stroll, to tour, to walk around*
doldurmak *to fill (in)*
dolma *stuffed vegetables*
dolmuş *shared taxi*
dolu *full*
domates *tomato*
dondurma *ice-cream*
dost *close friend*
dosya *file, folder*
dosyalamak *to file, to put in a file*
dökmek *to pour, to spill, to empty*
dönmek *to turn, to return*
dönüş *return journey, turn*
dönüş *going/coming back*
dört gözle beklemek *to look forward to (informal)*
döviz *foreign exchange*
dudak *lip*
durak *stop, bus stop*
durdurmak *to stop something/somebody*
durmak *to stop*
durum *condition, situation*
duş almak *to take shower*
duş *shower*
duvar *wall*
duyduğuma göre *according to what I've heard*
duygu *sense, feeling*
duymak *to hear, to feel*
düğme *button*
düğmeli *with button*
dükkân *shop, store*
dün *yesterday*
dün gece *last night*
dünya *world*
düşmek *to fall (down)*
düşünce *thought*
düşünmek *to think*
düşürmek *to drop (something)*
düz *straight*
düzeltmek *to correct, to straighten*
düzenli *regular, tidy*
düzenli olarak *regularly*

-e, -a *to*

-eceğine, -acağına *instead of .....*
eczacı *chemist (pharmacist)*
eczane *chemist's (shop), pharmacy*
e-dergi (elektronik dergi) *online magazine*
efendim *Sir, Madam*
efendim? *pardon?*
e-gazete (elektronik gazete) *online newspaper*
Ege Denizi *the Aegean Sea*
eğer *if*
eğlence *entertainment, fun, amusement*
eğlence parkı *amusement park*
eğlenceli *entertaining*
eğlenmek *to have fun*
ehliyet *licence, driving licence*
ekim *October*
eklemek *to add, to attach*
ekmek *bread*
ekran *screen*
el *hand*
elbise *dress*
elektrik *electric*
elektrikçi *electrician, electrician's*
eleman *staff, personnel*
eleştirmek *to criticize*
elma *apple*
emekli *retired*
emekli olmak *to retire*
emin *sure, certain*
emin değilim *I'm not sure*
emin olmak *to be sure*
eminim *I'm sure*
emlak *real estate, property*
emlakçı *estate agent*
en az *least, at least*
en azından *at least*
en çok *mostly, (the) most*
en *most*
e-posta (elektronik posta) *e-mail*
erimek *to melt*
erkek *man, male*
erkek arkadaş *boyfriend*
erken *early*
ertelemek *to postpone*
ertesi gün *the next day*
eski *old (objects)*
eski zamanlarda *in olden times*
eskiden *in the past*
eskisi gibi *as it used to be, as before*
espri *joke*
espri yapmak *to make a joke*
eş *spouse*
eşi *his/her spouse*
eşya *belonging, thing, furniture*
et *meat*
etek *skirt*
etli *with meat*
etli/sebzeli sulu yemek *stew*
etmek *to do/make/perform*

etraf *surroundings*
ev *house, home*
ev hanımı *housewife*
ev işi *housework*
ev sahibi *landlord, landlady, homeowner*
ev yemeği *home-made meal*
evde *at home*
eve *(literally) to home*
evlenmek *to get married*
evli *married*
evliyiz *we are married*
evren *universe*
eylül *September*
eyvah *oh no! (exclamation)*
evet *yes*
evvelki *previous*
evvelki gün *the day before yesterday*
ezogelin çorbası *a type of lentil soup*

fabrika *factory*
faiz *interest (money)*
fakat *but*
fanila *vest*
fare *mouse*
fark *difference*
fark eder *it makes difference*
fark edilmek *to be noticed*
fark etmek *to notice*
fark etmez *it makes no difference*
farkında olmak *to be aware (of)*
farklı *different*
farklı bir şekilde *in a different way*
fasulye *bean*
fatura *invoice, bill (electricity bill, etc.), receipt*
fayda *benefit*
fazla *spare, much, too much, too many*
(çok) fazla *too much*
(daha) fazla *more, much*
fena *bad*
fırça *brush*
fırçalamak *to brush*
fırtına *storm*
fikir *idea*
filan *or so, and so on, et cetera (informal)*
film *film, movie*
fincan *cup*
firma *firm, company*
fiş *plug (on an electrical cord), receipt*
fiş çekmek *to unplug*
fiyat *price*
form *form*
fotoğraf *photograph*
fotoğraf çekmek *to take picture*
fotoğraf çektirmek *to have a picture taken*
Fransız *French (person)*
Fransızca *French (language)*
futbol *football*

futbolcu *footballer*

galiba *probably, it looks/seems like*
galiba *I think ....*
galiba *maybe, perhaps*
garaj *garage*
gardırop *wardrobe*
garip *strange, awkward*
garson *waiter*
garsonla *with the waiter*
gazete *newspaper*
gazeteci *journalist*
gece *night, at night*
geceleyin *at night*
gecikmek *to be late*
geciktirmek *to delay*
geç kalmak *to be late*
geç *late*
geçen ay *last month*
geçen gece *the other night*
geçen gün *the other day*
geçen hafta *last week*
geçen perşembe *last Thursday*
geçen sene *last year*
geçen sefer *last time*
geçen yıl *last year*
geçenlerde *lately, recently*
geçerli *valid*
geçersiz *invalid*
geçinmek *to get on, to get by*
geçirmek *to spend/pass (time)*
geçirmek *to get something through*
geçmek *to take place, to pass*
geçmiş olsun *get well soon*
gelecek *future, next*
gelecek ay *next month*
gelecek hafta *next week*
geleneksel *traditional*
gelecek *the future*
gelecekte *in the future*
gelincik *poppy*
geliş *arrival*
geliştirmek *to develop something*
gelmek *to come*
gelmek, varmak *to arrive*
gemi *ship, boat*
genç *young*
gençlik *youth*
gene *again*
genel *general*
genelde *generally, in general*
genellikle *mostly, usually, generally*
genel olarak *in general, generally*
geniş *wide, large, broad*
genişlik *width*
gerçek *real, true, truth*
gerçekleşmek *to come true*

gerçekleştirmek *to make (something) come true*
gerçekten *really, truly*
gerçekten de *indeed, really*
gerçekten mi? *really?*
gerek *necessity, need, have to*
gerek yok *no need*
gerekli *necessary, needed*
gerekmek *have to, supposed to*
gerekmek *to be necessary*
geri al *undo (lit.: take it back)*
geri *back*
geri dönmek *to return*
getirmek *to bring*
gezi *tour, trip*
gezmek *to tour, to stroll, to walk around*
gezmeye çıkmak *to go out for a stroll*
gezmeye gitmek *to go for a stroll*
gıcırdamak *to squeak*
gibi *like, such as*
gibi görünüyor *looks like/as if …..*
giriş *entrance, entry*
girmek *to go in, to enter*
girmemek *not to enter, not to go in*
gitar *guitar*
gitarist *guitarist*
gitmek *to go*
giyinmek *to get dressed*
giymek *to wear, to put on clothes*
gök gürültüsü *thunder*
gök *sky*
gökyüzü *sky*
göl *lake*
gömlek *shirt*
göndermek *to send*
görev *duty*
görevli *officer, attendant*
görmek *to see*
görünmek *to be seen*
görünmek *to seem, to appear, to look*
görüntü *view, vision*
görüşme *interview, meeting*
görüşmek *to see one another*
görüşmek *to have a talk with*
görüşmek *to have an interview*
görüşmek *to discuss, to meet*
görüşürüz *see you*
göstermek *to show*
götürmek *to take somebody/something
            from one place to another*
göz *eye*
göz atmak *to take a look at*
göz gezdirmek *to take a look at*
gözleme *pan-fried filo pastry with filling*
gözlük *eyeglasses, spectacles*
GPS koordinatları *GPS coordinates*
gramer *grammar*
gri *grey*
grip *flu*

grup *group*
güçlü *strong, powerful*
gül *rose*
gülmek *to laugh*
gümüş *silver*
gün *day*
günaydın *good morning*
güncellemek *to update*
…… günde *in …… day(s)*
güneş *sun*
güneş gözlüğü *sunglasses*
güneşlenmek *to sunbathe*
güneşli *sunny*
güney *south*
güneybatı *south-west*
günlük *diary, daily*
günlük tutmak *to keep a diary*
gürültü *noise*
gürültü yapmak *to make noise*
gürültülü *noisy*
güveç *casserole, stew*
güven *trust*
güvenli *safe, secure*
güvenlik *safety, security*
güvenmek *to trust, to rely on*
güzel *beautiful*
güzellik *beauty*

haber *news*
haber vermek *to let someone know (inform)*
haber(ler) *news*
haberi olmak *to know (about), to be aware*
haberi yok *she/he has no knowledge about it*
hadi, haydi *let's …, come on, go on*
hafıza *memory*
hafif *light*
hafifçe *slightly*
hafta *week*
hafta sonları *weekends, at the weekends*
hafta sonu *weekend, at the weekend*
hafta sonunda *at the weekend*
hakkında *about, concerning, regarding*
hâlâ *still, yet*
halı *carpet*
halıcı *carpet seller, carpet shop*
hâlinde *in a …. way, in the act of*
halletmek *to sort out*
hamile *pregnant*
hamur *dough, pastry*
hangi *which*
hangisi *which one*
hanım *lady, Mrs / Miss / Ms*
hanımefendi *Madam*
hani *where (informal), remember*
harcamak *to spend (money/time)*
harcamamak *not to spend (money/time)*
harçlık *pocket money*

hareket etmek *to depart/move*
hariç *excluded, except*
harika *wonderful*
harita *map*
hasta *sick, ill, patient*
hasta olmak *to be ill*
hastane *hospital*
hat *line*
hata *error, mistake, fault*
hatırlamak *to remember*
hatırlatmak *to remind*
hatta *even*
hava *weather, air*
havaalanı *airport*
havalimanı *airport*
havuç *carrot*
havuz *pool*
hayal etmek *to imagine*
hayat *life*
hayatım *my life, my dear, darling*
hayatımda *in my life*
hayatlarında *in their lives*
haydi, hadi *let's ..., come on, go on*
hayır *no, goodness, charity*
hayranlıkla *with admiration*
hayvan *animal*
hazır *ready*
hazır olmak *to be/get ready*
hazırlamak *to prepare*
hazırlamak *to get someone/something ready*
hazırlanmak *to get ready/prepared*
haziran *June*
hediye *gift*
hediye etmek *to give something as a gift*
hediyelik eşya *souvenir*
helikopter *helicopter*
hem .... hem de .... *both .... and ...., at the same time*
hemen *straight away, right now, immediately*
hemen hemen *almost*
hemşire *nurse*
henüz *yet, still, just now*
hep *all the time, every time, always, forever, all*
hep beraber *all together*
hepimiz *all of us*
hepiniz *all of you*
-in hepsi *all of ...., all of it/them*
her *every*
her akşam *every evening*
her ay *every month*
her gece *every night*
her gün *every day*
her hafta *every week*
her ihtimale karşı *just in case*
her sabah *every morning*
her seferinde *each/every time*
her şey *everything*
her şeyimiz *our everything*
her yaz *every summer*

her yer *everywhere*
her yerde *(at) everywhere*
her zaman *always*
herhâlde *probably, I assume, maybe*
herkes *everybody*
her neyse *whatever, anyway*
hesap *bill, account*
heyecanlı *exciting, excited*
hırsız *thief*
hırsız girdi *a thief broke in*
hışırtı *rustling/crackling sound*
hız *speed*
hızlı *fast, quick*
hiç *none, any, at all, nothing, never, ever*
hiç kimse *nobody, anybody*
hiç *none, any, no*
hiçbir şey *anything, nothing*
hiçbir zaman *never*
hiçbirimiz *none of us*
-in/-den hiçbiri(si) *none of ....*
hissetmek *to feel*
Hollanda *Holland*
Hollandalı *Dutch (person)*
hostes *hostess, stewardess*
hoş *nice, pleasant*
hoş bulduk *thanks for your welcome*
hoş geldin *welcome*
hoş geldiniz *welcome (formal, plural)*
hoşa gitmek *to like*
hoşaf *stewed fruit, compote*
hoşça kal *goodbye*
hoşlanmak *to like*

ılık *warm*
ısı *temperature*
ısınmak *to warm up*
ıslak *wet*
ıslık *whistle*
ıslık çalmak *to whistle*
ısmarlamak *to order*
ıspanak *spinach*
ısrar *persistence, insistence*
ısrarla *persistently*
ısrarlı bir biçimde/şekilde *persistently*
ışık *light*

iç çamaşırı *underwear*
içecek *drink*
içeri, içeriye *inwards, in*
için *for, because, in order to*
içki *drink, alcoholic drink*
içmek *to drink*
ihmal etmek *to neglect*
ihtiyacı olmak *to need, to be in need of*
ihtiyaç *need*
iken, -ken *while, as, when*

iki *two*
iki ay sonra *two months later*
iki sene önce *two years ago*
iki gündür *for two days*
iki kişilik *for two people*
ikimiz *the two/both of us, you and I/me*
ikisi *two (of them)*
ikisi de *both (of them)*
ikişer *two each*
iklim *climate*
iklim değişikliği *climate change*
ikram *treat, what's offered to a guest*
ikram *discount*
ikram etmek *to offer food, drink, etc. to a guest*
ilaç *medicine*
ile, -le, -la *with, by, and*
ileride *further on, ahead, in the future*
ilerlemek *to go forward, to move ahead*
ilerlemek *to improve, to progress, to advance*
ilerletmek *to improve (something)*
iletişim *communication*
ilgi *attention, interest*
ilgi çekmek *to attract attention*
-e/-a ilgi duymak *to be interested in …..*
ilgilenmek *to be interested*
ilginç *interesting*
ilk *first, for the first time*
ilk defa *for the first time*
ilk kez *for the first time*
ilk önce *first of all, firstly*
ilk sefer *for the first time*
ilk zamanlar *in the beginning, at first*
ilkbahar *spring*
imdat *help*
imkânsız *impossible*
imzalamak *to sign*
inanılmaz *unbelievable*
inanmak *to believe*
indirimli *at a discount, reduced*
indirmek *to bring down, to lower, to download*
İngiliz *English (person)*
İngilizce dersi *English lesson*
İngilizce *English (language)*
İngiltere *England*
inik *deflated*
inmek *to get off (bus, train, plane, bike, etc.)*
inmek *to get out of (car, taxi, etc.)*
inmek *to go/climb down*
inmek *to land*
insan *human, person*
insanlar *people*
inşa etmek *to build*
inşaat *construction*
inşaatçı *builder*
inşaat yapmak *to build a building*
inşallah *hopefully*
internet *internet*
internet sitesi (web sitesi) *web site*

ip *thread, string*
iptal etmek *to cancel*
İrlanda *Ireland*
İrlandalı *Irish*
isim *name*
İskoçya *Scotland*
İskoçyalı *Scottish*
İspanya *Spain*
İspanyol *Spanish (person)*
İspanyolca *Spanish (language)*
ismin(iz) ne *what is your name*
istasyon *station*
istemek *to want*
İsveç *Sweden*
İsveççe *Swedish (language)*
İsveçli *Swedish (person)*
İsviçre *Switzerland*
İsviçreli *Swiss*
iş adamı *businessman*
iş kadını *businesswoman*
iş gezisi *business trip*
iş görüşmesi *job interview*
iş *job, work, business*
iş yeri *workplace*
işaret *sign, mark*
işçi *worker*
işe almak *to employ, to recruit*
işte *well, (as) you see, here it is, see!*
işte (iş + de) *at work*
İtalya *Italy*
İtalyan *Italian (person)*
İtalyanca *Italian (language)*
itfaiyeci *fire fighter*
itmek *to push*
iyi akşamlar *good evening*
iyi eğlenceler *have fun*
iyi ettin *you did well*
iyi fikir *good idea*
iyi geceler *good night*
iyi giyinmek *to dress up*
iyi *good, well*
iyi görünüyor *looks all right/fine*
iyi günler *have a nice day*
iyi ki *it's good (that) ….*
iyi o zaman *OK then, well then*
iyi sabahlar, günaydın *good morning*
iyi tatiller *have a nice holiday*
iyi yolculuklar *have a nice journey*
iyileşmek *to recover, to get better*
iyilik *I'm fine, goodness*
izin *permission*
izin almak *to take permission*
izinli *on leave*
izinsiz *without permission*

jandarma *gendarmerie, military police*
jandarma karakolu *military police station*

Japon *Japanese (person)*
Japonca *Japanese (language)*
Japonya *Japan*
jel *gel*
jelatin *gelatine*
jeton *token*

kabul etmek *to accept, to admit*
kaç (tane) *how many*
kaça *how much (what's the price)*
kaç defa *how many times*
kaç kere *how many times*
kaç kez *how many times*
kaç kişi *how many people*
kaç saat *how many hours*
kaç sefer *how many times*
kaç sene *how many years*
(saat) kaçta *what time*
kaç tane *how many*
kimin *whose*
kaçar *how many each*
kaçıncı *which .... (in ordinal series)*
kaçırmak *to miss (a vehicle, a chance)*
kaçırmak *to kidnap*
kaçmak *to run away, to escape*
kadar *about, as ... as ...*
kadar *as far as, (-e) until*
kadayıf *a kind of dessert*
kadeh *glass (for alcoholic drink), wine glass*
kadın *woman*
kafa *head*
kafein *caffeine*
kâğıt *paper*
kahvaltı *breakfast*
kahvaltı etmek *to have breakfast*
kahvaltıda *at breakfast*
kahve *coffee*
kahverengi *brown*
kalabalık *crowded, crowd*
kaldırmak *to lift, to raise*
kale *castle*
kalem *pencil*
kalın *thick*
kalite *quality*
kalkış *departure*
kalkmak *to get/stand up, to depart, to take off*
kalmak *to remain, to be left, to stay*
kalp *heart*
kamera *camera*
kamera şakası *camera joke*
Kanada *Canada*
kanat *wing*
kanca *hook, catch*
kanepe *sofa*
kanguru *kangaroo*
kapak *cover, lid, cap*
kapalı *closed, overcast*

kapamak, kapatmak *to close*
kapı *door, gate*
kapıda kalmak *to get locked out*
kaptan *captain*
kar *snow*
kar fırtınası *snowstorm*
kar yağışı *snowfall*
kar yağmak *to snow*
karanlık *dark*
karar *decision*
karar vermek *to decide, to make a decision*
kardan adam *snowman*
kardeş *sibling, brother or sister*
karikatür *caricature*
karnıyarık *aubergine meal*
karşı *against*
karşı olmak *to be against something/someone*
karşılaşmak *to come across/run into*
karşılaştırmak *to compare*
karşılıklı *facing one another, mutual(ly)*
kart *card*
kart oynamak *to play cards*
kart yollamak *to send a card*
kasap *butcher*
kasım *November*
kaşar peyniri *a type of cheddar cheese*
kaşık *spoon*
kat *floor*
katılmak *to participate, to join*
kavrulmak *to be roasted*
kayak *ski*
kayak yapmak *to ski*
kaybetmek *to lose*
kaybolmak *to be/get lost*
kaydolmak *to enrol, to register*
kayıp *lost, loss*
kayıt olmak *to register*
kaynak *source*
kaynamak *to boil*
kaza *accident*
kazak *jumper*
kazanç *income, earnings*
kazanmak *to win, to earn, to gain*
kebap *kebab (grilled meat dishes)*
kebapçı *kebab shop*
kedi *cat*
kek *cake*
kelebek *butterfly*
kenar *edge, side*
kenarında *by, on the edge of*
kendine iyi bak *take care (of yourself)*
kepenk *shutter*
kereviz *celeriac*
kertenkele *lizard*
kesinlikle *definitely, certainly*
kesmek *to cut*
kestirme *shortcut*
keşke *if only ..., I wish ...*

Kıbrıs *Cyprus*
kırışıklık *wrinkle*
kırk *forty*
kırmak *to break*
kırmızı *red*
kısa *short*
kısa boylu *short (person)*
kısa zamanda *in a short time*
kış *winter*
kışın *in winter*
kıyı *shore, coast*
kıyma *minced meat*
kız *girl, daughter*
kız kardeş *sister*
kızmak *to get/be angry*
ki *that, so that*
kibar *polite*
kilim *rug*
kilit *lock*
kilitlemek *to lock*
kim bilir *who knows*
kim *who*
kimi(si) *some (of them)*
kimin *whose*
kiminle *with whom*
kimle *with whom*
kimler *who*
(hiç) kimse *anybody, nobody*
kira *rent*
kiralamak *to rent, to hire*
kiraya vermek *to rent out*
kiraz *cherry*
kirletmek *to make dirty, to pollute*
kirli *dirty*
kişi *person*
kitap *book*
kitapçı *bookseller, bookstore*
koca *husband*
kola *cola*
kolay *easy*
kolayca *easily*
koltuk *armchair, seat*
kolye *necklace*
komik *funny*
komşu *neighbour*
komut *command*
konser *concert*
konserve *tinned food*
kontrol etmek *to check*
konu *matter, subject, topic*
konuşkan *talkative*
konuşmak *to talk, to speak*
koordinat *coordinate*
kopyalamak *to copy*
korkmak *to be afraid/scared of*
koşmak *to run*
koy *bay, put*
koymak *to put*

koyun *sheep*
köfte *meatball*
köpek *dog*
köprü *bridge*
köşe *corner*
kötü *bad*
kravat *tie*
kravat bağlamak *to tie a tie*
kredi *credit*
kuaför *hairdresser, hairdresser's*
kucaklaşmak *to hug one another*
kulağa hoş gelmek *to sound nice*
kulak *ear*
kule *tower*
kullanmak *to use*
kulüp *club*
kum *sand*
kurmak *to establish, to found*
kurs *course*
kurt *wolf*
kurtarmak *to rescue*
kuru fasulye *dry beans, haricot beans*
kurumak *to dry*
kurutmak *to dry (something)*
kusura bakmayın *forgive me, sorry*
kusursuz *faultless, perfect*
kuş *bird*
kutlamak *to celebrate*
kutlu olsun *have a happy ....*
kutu *box, tin*
kuvvetli *strong*
kuyruk *queue, tail*
kuzen *cousin*
küçük *small, little, young*
küfür etmek *to swear*
külot *panties, underpants, pants*
kültür *culture*
küpe *earring*
kürek *oar, paddle, shovel*
kürek çekmek *to row*
kütüphane *library*

lacivert *navy blue*
lamba *lamp*
lastik *tyre, rubber*
lavabo *sink*
lazım *needed, have to, necessary*
-le, -la *with, by*
leke *mark, stain*
levha *signboard, sign, plate*
lezzet *taste, flavour*
lezzetli *delicious*
lider *leader*
Likya Yolu *Lycian Way*
limon *lemon*
limonata *lemonade*
limon suyu *lemon juice*

lise *high school*
liste *list*
lokanta *restaurant*
lunapark *amusement park*
lüks *luxurious*
lütfen *please*

maalesef *unfortunately*
maaş *salary*
maç *sports match*
maden suyu *mineral water*
mağara *cave*
mahalle *district, neighbourhood*
makarna *pasta, macaroni*
makas *scissors*
makine *machine*
makyaj *makeup*
makyaj yapmak *to put on makeup*
malzeme *ingredient, material*
manav *greengrocer's shop, greengrocer*
mandalina *tangerine*
mangal *barbecue*
mantar *mushroom, cork*
mantı *Turkish ravioli*
manzara *view, scenery*
marangoz *carpenter*
margarin *margarine*
market *grocer's*
mart *March*
masa *table*
mavi *blue*
maydanoz *parsley*
mayıs *May*
mayo *swimming costume*
mecbur kalmak *to feel/be obliged to do something*
mecbur olmak *to feel/be obliged to do something*
-meden, -madan *without ......ing*
medya *media*
-mek/-mak istemek *want to .....*
-mek/-mak yerine *instead of ....*
mektup *letter*
melek *angel*
memnun *glad, happy, pleased*
memnun oldum *I'm pleased*
memur *official, civil servant, clerk*
mendil *handkerchief*
menü *menu*
merak etme *do not worry*
merak etmek *to worry, to wonder*
merak etmek *to be curious*
mercimek *lentil*
merdiven *stairs*
merhaba *hello*
merkez *centre*
mesaj *message*
meslek *job, profession*
meşgul *busy, occupied*

meşrubat *drink*
metal *metal*
mevsim *season*
meydan *(public) square, town square*
-meyeli, -mayalı *since*
meyve *fruit*
meze *starter*
mezun olmak *to graduate*
mırıldanmak *to murmur*
mısır *corn*
mide *stomach*
midem bozuldu *I had a bad stomach*
midye *mussel*
Milano *Milan*
millî *national*
millî piyango *national lottery*
milliyet *nationality*
milliyetiniz *your nationality*
mimar *architect*
miras *heritage, inheritance*
misafir *guest*
-miş/-mış/-müş/-muş gibi *as if*
mobilya *furniture*
monitör *monitor*
mont *jacket*
motor *engine*
motosiklet *motorcycle*
motosiklete binmek *to ride a motorcycle*
muayene etmek *to examine*
muhabir *reporter, correspondent*
muhtemelen *probably*
muhteşem *magnificent*
mum *candle*
musluk *tap*
muslukçu *plumber*
mutfak *kitchen, cuisine*
mutlaka *definitely, certainly*
mutlu *happy*
mutsuz *unhappy*
muz *banana*
mücevherci *jeweller, jewellery shop*
müdür *manager*
mühendis *engineer*
mükemmel *perfect*
mümkün *possible*
münakaşa etmek *to quarrel*
müsaade etmek *to permit*
müsait *available, suitable, convenient*
müşteri *customer, client*
müze *museum*
müzik *music*

nadiren *rarely*
nasıl gidiyor *how is it going*
nasıl *how*
nasılsın *how are you (informal)*
nasılsınız *how are you (formal)*

navigasyon *navigation*
navigasyon cihazı *satnav*
ne *what*
ne .... ne de .... *neither .... nor ....*
ne dersin *what do you say/think*
ne haber *how are things, what's up*
ne hakkında *about what*
ne ile *with what, by what*
ne iş yapıyorsun *what's your job*
ne iş yapıyorsunuz *what's your job*
ne kadar *how much*
ne olur ne olmaz *just in case*
ne yazık ki *unfortunately*
ne zaman *when*
neden *why, reason, cause*
neden olmasın *why not*
nefis *delicious*
nefret etmek *to hate*
nehir *river*
neler *what (plural form of 'ne' (what))*
nerede *where (at)*
nerede oturuyorsun *where do you live (informal)*
nerede oturuyorsunuz *where do you live (formal)*
nereli *what nationality, where from*
nerelisin *where are you from (informal)*
nerelisiniz *where are you from (formal)*
neresi *whereabouts*
neşeli *cheerful*
neyle *with what, by what*
neyse *anyway, whatever, never mind*
neyse ki *fortunately, luckily*
nezle olmak *to have a cold*
niçin *why*
nihayet *eventually, at last*
Nil Nehri *the River Nile*
nine *very old woman*
nisan *April*
nişan bozmak *to break off engagement*
nişanlanmak *to get engaged (in order to marry)*
nişanlı *engaged (to be married), fiancé(e)*
niye *why*
not *note*
not bırakmak *to leave a message*
not almak/tutmak *to take a note*
nöbet *guard, watch*
nöbet tutmak *to guard*
numara *number*
nüfus *population*

o *he, she, it, that*
o kadar *that much*
o kadar ...... ki *so .... that*
o yüzden, onun için *that's why, therefore*
o zaman *then, in that case, at that time*
o zamanlar *then, those days*
ocak *cooker, January*
oda *room*

oğlan *boy*
oğlum *my son*
oğul *son*
ok *arrow*
ok işareti *arrow sign*
okul *school*
okumak *to read*
olabilir *can be, may be, maybe, possible*
olan *the one who/that/which ...., have*
olanlar *the ones who/that/which ....*
olanlar *the things that have happened*
olarak *as*
olay *event, occurrence, incident*
oldu *OK, all right*
olduğu gibi - *as it is, as well as*
oldukça *quite*
olmak *to be, to happen, to become*
olmaz *no, it is not all right*
olsun *let it be, forget it, that's okay*
olumsuz *negative*
olur *it is all right, OK*
olur mu *is that all right, is it OK*
on *ten*
ona *to her/him/it*
onaylamak *to approve*
ondan önce *before that, previously*
ondan sonra *(and) then, after that, afterwards*
onlar *those, they*
onlara *to them*
onlarla *with them*
onun için *that's why, for him/her/it*
onun yerine *instead of that*
onunla *with her/him/it*
orada *there*
oralarda *at those places, around there*
orası *there, that place*
oraya *(to) there*
orman *forest*
orta *middle*
ortalama *approximately*
ortam *environment, media*
ortaokul *secondary school*
otel *hotel*
otobüs *bus*
otobüs durağı *bus stop*
otogar *coach station*
otopark *car park*
oturmak *to sit, to live (reside)*
otuz *thirty*
oynamak *to play, to perform, to act*
oyun *play, game*
oyuncu *player, actor, performer*

öbür gün *the day after tomorrow*
öbür *the other*
öbürleri *the others, the other ones*
öbürü *the other one*

ödemek *to pay*
ödünç vermek *to lend*
öğle *noon, midday*
öğleden önce *before noon*
öğleden sonra *afternoon, in the afternoon*
öğlen *at noon*
öğleyin *at noon*
öğrenci *student*
öğrenmek *to learn, to find out*
öğretmek *to teach*
öğretmen *teacher*
öğüt *advice*
öksürmek *to cough*
öksürük *cough*
ömür *life*
ön *front*
önce *first, firstly, ago, before*
önceden *beforehand*
önde *ahead, in front*
önder *leader, chief*
önderlik *leadership*
önderlik etmek *to lead*
önemli *important*
önemli değil *it's not important*
önemli olan *what really matters is*
öneri *suggestion*
önünde *in front of*
öpmek *to kiss*
örneğin *for example*
örtü *cover, cloth*
öteki *the other (one)*
ötekiler *the others, the other ones*
öyle *like that*
öyle birisi *someone like that*
öyle değil mi *is it not (like that)*
öyle görünüyor *looks like it*
öyle mi *is that right, is that so, really?*
öyle/o kadar ...... ki *so .... that*
öyleyse *in that case, then*
özel *special, private*
özellikle *especially*
özlemek *to miss someone/something*
özür dilemek *to apologize*
özür dilerim *(I'm) sorry, I apologize*

pahalı *expensive*
paket *parcel*
palto *coat*
pamuk *cotton*
pansiyon *guest house*
pantolon *trousers*
para *money*
para biriktirmek *to save money*
paraşüt *parachute*
parfüm *perfume*
park *park*

park etmek *to park*
parlak *bright, shiny*
parmak *finger*
parti *party*
parti vermek *to give a party*
pasaj *passage*
pasta *cake (gateau)*
pastane *patisserie*
patates *potato*
patika *footpath, track*
patlamış mısır *popcorn*
patlıcan *aubergine*
patron *boss*
paylaşmak *to share*
pazar *Sunday, market, bazaar*
pazar günleri *on Sundays*
pazar sabahları *Sunday mornings*
pazarları, pazar günleri *on Sundays*
pazarlık yapmak *to bargain*
pazartesi *Monday*
pek *very, a lot, not really ...., not much/many*
peki *well, well then, all right*
pencere *window*
perde *curtain*
perili *haunted*
peron *platform*
personel *personnel, staff*
perşembe *Thursday*
peynir *cheese*
peynirli *with cheese*
pınar *spring, fountain*
pide *Turkish pizza*
piknik *picnic*
pil *battery*
pilav *rice (meal)*
piliç *chicken*
pis *dirty*
pişirmek *to cook, to bake*
pişman olmak *to regret*
piyango *lottery*
piyango bileti *lottery ticket*
plaj *beach*
plan *plan*
planlamak *to plan*
polis *police*
pompa *pump*
popüler *popular*
portakal suyu *orange juice*
Portekiz *Portugal*
Portekizce *Portuguese*
posta *post, mail*
postacı *postman, postwoman*
postalamak *to post*
postane *post office*
pratik *practice*
pratik yapmak *to practise*
program *program*

radyo *radio*
raf *shelf*
rağmen *in spite of, although, despite*
rahat *comfortable*
rahatsız *uncomfortable*
rahatsız etmek *to disturb*
rahatsız olmak *to be disturbed*
rakam *figure, digit*
rakı *aniseed-flavoured alcoholic drink*
randevu *appointment*
randevu almak *to make an appointment*
rapor *report*
rastlamak *to meet by chance*
reçel *jam*
reçete *prescription*
reddetmek *to refuse*
rejim *diet*
renk *colour*
renkler *colours*
renkli *colourful*
resim *picture*
ressam *painter, artist*
restoran *restaurant*
revani *a kind of dessert*
rezervasyon *reservation*
rica etmek *to request*
romantik *romantic*
röportaj *interview*
ruh *spirit, soul, character*
ruj *lipstick*
Rus *Russian (person)*
Rusça *Russian (language)*
Rusya *Russia*
rutubetli *damp*
rüya *dream*
rüzgâr *wind*

saat *clock, watch, hour*
saat kaç *what is the time*
sabah *morning, in the morning*
sabahları *in the mornings*
sabahleyin *in the morning*
sabır *patience*
sabırlı *patient*
sabırlı olmak *to be patient*
sabretmek *to be patient*
sabun *soap*
saç *hair*
saç kestirmek *to have a haircut*
saçma *nonsense, rubbish, silly*
saçmalamak *to talk nonsense, to be silly*
sade *plain*
sadece *only, just*
sağ *right, alive*
sağ ol *thanks (informal)*
sağ olun *thanks (les informal)*
sağlamak *to provide*

sağlık *health*
sağlıklı *healthy*
sahil *seaside, shore, coast*
sahip *owner*
sakın *mind you do not! beware! do not do it!*
sakin *quiet, calm*
saklamak *to hide, to keep, to store*
saklambaç *hide-and-seek*
saksı *flowerpot*
salata *salad*
salatalık *cucumber*
salı *Tuesday*
samimi *sincere*
sana *to you*
sanat *art*
sanatçı *artist, actor*
sanayi *industry*
sandalye *chair*
sandviç *sandwich*
sanırım *I suppose, I think*
saniye *second*
sanki *as if*
sanmak *to suppose, to think, to reckon*
sapmak *to turn*
sarhoş *drunk*
sarı *yellow*
sataşmak *to harass*
satıcı *salesman, seller*
satılık *for sale*
satın almak *to buy, to purchase*
satmak *to sell*
savunmak *to defend*
saydam *transparent*
sayfa *page*
saygı *respect*
saygılı *respectful*
saygılı olmak *to be respectful*
sayı *number*
Sayın ... *Dear ... (formal)*
saymak *to count*
-se bile, -sa bile *even if*
sebep *reason, cause*
sebze *vegetables*
sebzeli *with vegetables*
seçmek *to choose, to select, to elect, to pick*
sefer *time, occasion*
sekiz *eight*
seksen *eighty*
sektör *sector*
selam *hi*
selam söyle *say hello*
selam söylemek *to say hello*
seminer *seminar*
sen *you*
sence *in your opinion, according to you*
sende *on you, with you*
sene *year*
senin *your, yours*

serin *cool, chilly*
serinlemek *to cool down*
ses *sound, voice*
sessiz *quiet*
sessiz sessiz *quietly*
sessizce *quietly*
Sevgili... *Dear... (informal)*
sevilmek *to be loved*
sevimli *cute*
sevmek *to love, to like*
sevmemek *not to like, not to love*
seyahat *journey, travel*
seyahat etmek *to travel*
seyretmek *to watch*
sezon *season*
sıcak *hot*
sıcak hava dalgası *heat wave*
sıcaklık *temperature, heat*
sıfır *zero*
sık sık *often*
sıkıcı *boring*
sıkılmak *to be/get bored*
sıkıntı *distress, boredom, hardship*
sınav *exam*
sınıf *class, grade, classroom*
sıra *queue, line, turn, desk, row*
sıra beklemek *to wait one's turn*
sırada beklemek *to wait in the queue*
sigara *cigarette*
sigara içmek *to smoke a cigarette*
silmek *to wipe*
sinema *cinema*
sipariş *order*
sipariş vermek *to order*
site *site*
siyah *black*
siz *you*
sizce *in your opinion*
sizin *your, yours*
sofra *dining table*
soğan *onion*
soğuk *cold*
soğuk hava dalgası *cold wave*
soğumak *to cool down*
sohbet etmek *to chat*
sokak *street, road*
sokak kapısı *front door*
sol *left*
solmak *to fade*
son *last, end*
sona ermek *to finish*
sonbahar *autumn*
sonra *later, then*
sonradan *(only) afterwards, later on*
sonuç *result*
sonunda *in the end, finally, at last*
son zamanlarda *lately, recently*
sormak *to ask*

soru *question*
sorumluluk *responsibility*
sosis *sausage*
sosyal *social*
soyadı *surname*
soyadım *my surname*
soyadınız *your surname*
sökülmek *to come unstitched*
söylemek *to say, to sing*
söylenmek *to mutter*
söz tutmak *to keep a promise*
söz vermek *to promise*
sözlük *dictionary*
spiker *presenter*
stok *stock*
stoklamak *to stock (up)*
su *water*
sulamak *to water, to irrigate*
sulu *juicy*
sunucu *presenter*
susamak *to get thirsty, to be thirsty*
susmak *to keep/be quiet, to stop talking*
süper *super*
süpürmek *to sweep*
sürdürmek *to continue, to keep on*
süre *period of time, duration*
sürekli *continuously*
sürmek *to drive, to ride*
sürmek *to last*
sürmek *to rub, to spread*
sürmek *to put on (perfume)*
sürpriz *surprise*
sürpriz yapmak *to make a surprise*
süt *milk*

şaka *joke*
şakacı *joker*
şaka yapmak *to make a joke*
şans *luck*
şans eseri *fortunately, luckily*
şanslı *lucky*
şapka *hat*
şarap *wine*
şarj *charge*
şarj cihazı *charger*
şarj etmek *to charge*
şarja takmak *to put on charge*
şarkı *song*
şarkıcı *singer*
şarkı söylemek *to sing a song*
şart *essential, a must, condition, necessity*
şaşırmak *to be surprised, to be confused*
şaşırtıcı *surprising*
şayet *if*
şehir *city*
şeker *sugar, sweets*
şekerli *with sugar*

Şeker Bayramı *feast just after Ramadan*
şekerpare *a kind of dessert*
şekil *shape*
şelale *waterfall*
şemsiye *umbrella*
şerefe *cheers*
şey *thing*
şiddetli *severe, strong, violent*
şikâyet *complaint*
şikâyet etmek *to complain*
şimdi *now*
şimdilik *for the moment, for now*
şirket *company, firm*
şiş kebap *grilled skewed cubes of meat*
şiş köfte *meatballs grilled on skewers*
şişe *bottle*
şişirmek *to inflate*
şişman *fat*
şişmanlamak *to get fat, to put on weight*
şişmek *to swell, to get swollen*
şoför *driver*
şort *shorts*
şöbiyet *a kind of dessert*
şömine *fireplace*
şöyle bir *roughly, briefly*
şu *that*
şu anda *at the moment*
şubat *February*
şube *branch, office*
şunlar *those*

tabak *plate*
tabii *of course, natural, surely*
tablet *tablet (PC)*
tadını çıkarmak *to enjoy*
tahmin *guess, forecast*
tahmin etmek *to guess, to predict*
tahta *wood*
takdir etmek *to appreciate*
takılmak *to tease, to get caught*
takım *team, kit, set*
takım çantası *tool box*
takım elbise *suit (men's)*
takip etmek *to follow*
takmak *to attach, to wear, to put on*
taksi *taxi*
tam *exact, exactly, whole, just*
tam olarak *exactly*
tamam gibi *seems OK*
tamam *OK, all right*
tamir *repair*
tamir etmek *to repair*
tamirat *repair*
tamirci *mechanic, repairman*
tane *item, piece*
tanımak *to know someone, to recognize*
tanınmak *to be (well) known, recognized*

tanışmak *to meet (for the first time)*
tanıştırmak *to introduce (someone to another)*
taraf *side*
tarak *comb*
taramak *to comb*
tarif *description, direction*
tarif etmek *to describe, to give directions*
tarih *date, history*
tarihî *historical*
tarihî yer *historical place*
tartışmak *to argue, to discuss*
tasma *collar*
taşımak *to carry*
tat *taste*
tatil *holiday*
tatil olmak *to be closed for holiday*
tatil sonunda *at the end of the holiday*
tatil yapmak *to have a holiday*
tatile gitmek *to go on holiday*
tatlı *sweet, dessert*
tatmak *to taste*
tatsız *tasteless*
tavla *backgammon*
tavsiye etmek *to recommend*
tavşan *rabbit*
tavuk *chicken*
taze *fresh*
tebrik etmek *to congratulate*
tecrübe *experience*
tecrübeli *experienced*
tecrübesiz *inexperienced*
tedbirli *cautious*
tehlikeli *dangerous*
tek *single, only*
tekerlek *wheel*
teklif *offer*
teklif etmek *to offer*
tekne *boat*
tekne gezisi *boat trip*
tekne gezisi yapmak *to have a boat trip*
tekne gezisine çıkmak *to go on a boat trip*
teknisyen *technician*
tekrar *again*
tekrar etmek *to repeat*
tekstil *textile*
telaş *hurry, rush*
telefon *telephone*
telefon etmek *to telephone*
televizyon *television*
televizyon dizisi *television series*
tembel *lazy*
tembellik *idleness, laziness*
tembellik yapmak *to be lazy*
temel *basic, main, foundation (building)*
temiz *clean*
temizlemek *to clean*
temmuz *July*
tencere *saucepan*

tenha *empty (uncrowded), quiet*
tenis *tennis*
tepe *hill, top*
tercih etmek *to prefer*
tercüman *interpreter*
tereddüt etmek *to hesitate*
terlemek *to sweat*
tereyağı *butter*
terfi etmek *to be promoted to a higher rank*
terk etmek *to leave, to abandon*
terlik *slipper*
ters *reverse, opposite (way round)*
terzi *tailor, dressmaker*
tesadüf *coincidence*
teslim etmek *to deliver*
teşekkür etmek *to thank*
teşekkür ederim *(I) thank you*
teşekkür ederiz *(we) thank you*
teşekkürler *thanks*
teyze *aunt (mother's sister)*
tıraş *shave*
tıraş olmak *to have a shave*
tırmanmak *to climb*
tilki *fox*
timsah *crocodile*
tipik *typical*
tişört *T-shirt*
tiyatro *theatre*
top *ball*
toplamak *to tidy up*
toplamak *to gather, to add, to collect*
toplamak *to pick (flower, fruit)*
toplantı *meeting*
toprak *soil, earth, land*
torba *carrier bag*
torun *grandchild*
tren *train*
tropikal *tropical*
tur *tour*
turist *tourist*
turistik *touristic*
turizm *tourism*
turkuaz *turquoise*
turuncu *orange*
tutmak *to keep, to hold*
tutmak *to hire*
tuvalet *toilet*
tuz *salt*
tuzlu *salty*
tüm *all, whole*
-in tümü *all of ......, all of it/them*
tür *kind, sort, type*
türbülans *turbulence*
Türk *Turkish (person)*
Türkçe *Turkish (language)*
Türkiye *Turkey*
türlü *mixed vegetable stew with meat*

ucuz *cheap*
ucuzluk *sale*
uç *tip, bit, extreme*
uçak *aeroplane*
uçaktan inmek *to get off a plane*
uçmak *to fly*
uçurum *cliff, precipice*
uçuş *flight*
ufak *small*
ufuk *horizon*
ufukta *on the horizon*
uğramak *to stop/drop by, to pop in*
uğurlamak *to see someone off*
ulaşmak *to reach*
umarım *I hope, hopefully*
umarız *we hope, hopefully*
ummak *to hope*
umutlu *hopeful*
umutsuz *desperate, hopeless*
unutmak *to forget*
utangaç *shy*
uyandırmak *to wake someone up*
uyanık *alert, awake*
uyanmak *to wake up*
uydurmak *to make something up*
uygun *suitable, convenient, appropriate*
uyku *sleep*
uyku kaçırmak *to disrupt/spoil sleep*
uykulu *sleepy*
uyumak *to sleep*
uyuyakalmak *to fall asleep*
uzak *far*
uzaklık *distance*
uzakta *far away*
uzaktaki *.... which is/are in the distance*
uzaktan *from a distance*
uzanmak *to lie down*
uzanmak *to reach (out)*
uzatmak *to stretch, to extend*
uzatmak *to pass, to hand*
uzun *long*
uzun boylu *tall (person)*
uzun süredir *for a long time*

ücret *fee, price*
ücretsiz *free of charge*
üç *three*
üç saat önce *three hours ago*
ülke *country*
ünite *unit*
üniversite *university*
ünlü *famous, vowel*
ürün *product*
üst *top*
üst üste *one after the other*
üst üste *one thing on top of another*

üstelik *moreover, and in addition to that*
üstü kalsın *keep the change*
üstünde *on*
üşümek *to be cold*
ütü *iron*
ütü yapmak *to iron*
ütülemek *to iron*
üye *member*
üzere *about to*
üzerinde *on*
üzgün *sad*
üzülmek *to be/feel sad/sorry*
üzüm *grape*
üzüntü *sadness, sorrow*

vadi *valley*
vakit *time*
vapur *ferry*
var *there is, there are*
var *to have*
var etmek *to create*
var olmak *to exist*
varmak *to arrive*
vazo *vase*
ve *and*
vejetaryen *vegetarian*
vergi *tax*
vermek *to give*
veya *or*
viski *whisky*
vurmak *to hit, to knock, to shoot*
vurulmak *to be hit/knocked/shot*
vücut *body*

ya ... ya ... *either ... or ...*
ya .... ya da .... *either .... or ....*
ya da *or*
ya sen? *and you? / what about you?*
ya! *gosh (exclamation)*
yabancı *foreigner, foreign, stranger*
yabancı dil *foreign language*
yabancı ülke *abroad, foreign country*
yağ *oil, fat*
yağlı *oily, greasy, fatty*
yağmur *rain*
yağmur yağmak *to rain*
yağmurlu *rainy*
yakın *close, near*
yakın arkadaş *close friend*
yakın zamanda *in the near future*
yakın zamanda *recently*
yakında *soon*
yakınlarda *hereabouts*
yakınlarda *near, somewhere close*
yakınlarda *recently*
yakınlarda *in the near future*

yakışıklı *handsome*
yakışmak *to suit*
yaklaşık *approximate(ly), about*
yaklaşmak *to get close, to approach*
yakmak *to burn, to light*
yakmak *to turn on, to switch on*
yalan *lie*
yalan söylemek *to lie*
yalancı *liar*
yalnız *alone, on one's own, lonely*
yalnızca *only, just*
yamaç *slope/side of a mountain, hillside*
yamaç paraşütü *paragliding, gliding parachute*
yamaç paraşütü yapmak *to paraglide*
yan *side*
yangın *fire*
yanı sıra *besides, as well as*
yanımıza *with us (lit. to our side)*
yanımızda *with us, near us*
yanında *beside, alongside, with ...., next to*
yanınızda *with you*
yani *in other words, I mean*
yanlarında *with them, next to them*
yanlış *wrong, false*
yanlışlıkla *by mistake*
yanmak *to burn*
yansımak *to reflect (to be reflected)*
yapışmak *to stick*
yapıştırmak *to stick something*
yapmak *to do, to make*
yaprak *leaf*
yarar *benefit*
yararlı, faydalı *useful*
yardım *help*
yardım etmek *to help*
yardımcı *helpful*
yardımcı olmak *to be helpful*
yarım *half, half past noon/midnight*
yarın *tomorrow*
-in/-ın/-ün/-un yarısı *half (of ......)*
yasak *forbidden*
yasal *legal*
yastık *cushion, pillow*
yaş *age*
yaş günü *birthday*
yaşamak *to live*
yaşlı *old, elderly*
yat *yacht*
yatak *bed*
yatak odası *bedroom*
yatmak *to go to bed, to lie down*
yavaş *slow, slowly*
yavaş yavaş *slowly*
yavaşça *slowly*
yavrum *darling, dear, honey*
yaya *pedestrian*
yaz *summer*
yaz tatili *summer holiday*

yazar *author*
yazdırmak *to print out*
yazıcı *printer*
yazın *in the summer*
yazmak *to write*
yedek *spare*
yedi *seven*
yedinci *seventh*
yemek *meal, to eat*
yemek pişirmek *to cook meal*
yemek tarifi *recipe*
yemek yapmak *to cook*
yemek yemek *to have (eat) a meal*
yemek yememek *not to eat*
yeni *new, recently, just now*
Yeni Zelanda *New Zealand*
yeniden *again*
yenmek *to beat, to overcome*
yer *place, seat, ground, floor*
yer ayırtmak *to book, to make a reservation*
yer vermek *to offer seat (literally: to give seat)*
-ecek/-acak yerde *instead of ….*
yerine *instead*
-in/-ın/-ün/-un yerine *instead of ….*
yerleşmek *to settle*
yerli *local, not foreign*
yeşil *green*
yeşil fasulye *green beans*
yeter *enough, sufficient*
yeterince *sufficient, enough*
yeterli *sufficient, enough*
yetersiz *not enough, insufficient*
yetişmek *to grow (plants growing)*
yetişmek *to grow up*
yetişmek *to catch up with*
yetişmek *to reach*
yetiştirmek *to grow a plant, to raise a child*
yetmek *to be enough*
yetmiş *seventy*
yıkamak *to wash*
yıkanmak *to wash yourself*
yıkmak *to demolish*
yıl *year*
yılbaşı *New Year's Day*
yıldız *star*
yırtık *torn, ripped*
yine *again, still*
yine de *still, yet, however, though*
yirmi *twenty*
yiyecek *food*
yoğun *busy, intensive*
yoğurt *yogurt*
yok *there is not, there are not*
yok *it's not OK, no*
yok olmak *to disappear, to vanish*
yoksa *or, otherwise*
yol *road, way*
yol almak *to move forward, to proceed, to advance*

yola çıkmak *to set off on a journey*
yolcu *passenger*
yolculuk *travel, journey*
yolculuk etmek *to travel*
yolda *on the road*
yollamak *to send*
yorgun *tired*
yorulmak *to be tired, to get tired*
yön *direction*
yönlendirmek *to direct*
yukarıdan *from above, from the top*
yukarıya *upwards*
yumurta *egg*
yumuşak *soft*
Yunan *Greek (person)*
Yunanca *Greek (language)*
Yunanistan *Greece*
yurt *country, dormitory*
yurt dışı *abroad*
yüksek *high, loud*
yürümek *to walk*
yürüyerek *on foot*
yürüyüş *walk (noun)*
yürüyüşe çıkmak *to go (out) for a walk*
yürüyüşe gitmek *to go (out) for a walk*
yüz *hundred, face*
yüzme havuzu *swimming pool*
yüzmek *to swim*
yüzük *ring*
yüzünden *because of ……*
-in/-ın/-ün/-un yüzünden *because of ……*

zaman *time*
zaman geçirmek *to spend time*
zaman zaman *from time to time*
zamanında *on time*
zannetmek *to assume, to think*
zarf *envelope*
zaten *already, anyhow, in any case*
zayıf *thin, weak, slim*
zayıflamak *to lose weight*
zeki *clever, intelligent*
zengin *rich*
zeytin *olive*
zeytin ağacı *olive tree*
zil *bell*
zil çalmak *to ring the bell*
ziyaret *visit*
ziyaret etmek *to visit*
zor *difficult*
zorunda kalmak *to feel/be obliged to do something*
zorunda olmak *to feel/be obliged to do something*
zorunlu *compulsory, obligatory*

English - Turkish glossary

a few birkaç (tane)
a few of them birkaçı, birkaç tanesi
a little later biraz sonra
a little, some biraz
a lot of, so many birçok
a type of cheddar cheese kaşar peyniri
a while ago bir süre önce
a, an bir
to be able to -abil, -ebil
about aşağı yukarı
about (concerning, regarding) hakkında
about to üzere
about what? ne hakkında?
about, around civarında
about, as ... as ... kadar
above yukarı, üstünde
abroad yurt dışı
abroad, foreign country yabancı ülke
to accept, to admit kabul etmek
accident kaza
according to -e göre, -a göre
according to what I've heard duyduğuma göre
according to what they say dediklerine göre
ache ağrı
to ache ağrımak
acquaintance tanıdık
actor aktör
actually, in fact aslında
to add toplamak, eklemek
to add up toplamak
to add, to attach eklemek
additionally, moreover, separately ayrıca
address adres
to adjust ayarlamak
to admit kabul etmek
adult yetişkin
advertisement reklam
advice öğüt
the Aegean Sea Ege Denizi
aeroplane uçak
to be afraid/scared of korkmak
Africa Afrika
African (person) Afrikalı
after .... -den sonra, -dan sonra
after a while bir süre sonra
after nine dokuzdan sonra
after sonra
after that ondan sonra
afternoon öğleden sonra
in the afternoon öğleden sonra
afterwards ondan sonra
only afterwards sonradan
again tekrar, yine, gene, yeniden
once again bir kere daha

again, still yine
against karşı
age yaş
ago önce
to agree anlaşmak
(we) agreed anlaştık
agreement anlaşma
ahead ileri, ileride
ahead, in front önde
air hava
airport havaalanı, havalimanı
ajar aralık
alcohol alkol
alcoholic drink içki
alert, awake uyanık
alike benzer
all along, throughout boyunca
all bütün, hep, hepsi
all day bütün gün
all of ...., all of it/them (-in) hepsi
all of ...., all of it/them (-in) tümü
all of these bunların hepsi
all of us hepimiz
all of you hepiniz
all the time, every time, forever hep
all together hep beraber
all, whole bütün, tüm
to allow izin vermek
almost hemen hemen, neredeyse
alone, on one's own, lonely yalnız
along boyunca
alongside, with ...., yanında
already çoktan, daha şimdiden
already, anyhow, in any case zaten
also hem, de/da, ayrıca
always her zaman, hep
am -im
America, USA Amerika
American (person) Amerikalı
among arasında
amount miktar
amusement park eğlence parkı, lunapark
and at the same time bir yandan da
and then ondan sonra
and ve
and you? (what about you?) ya sen?
angel melek
angry kızgın
animal hayvan
aniseed-flavoured alcoholic drink rakı
ankle ayak bileği
announcer (presenter) spiker
annual yıllık
another başka bir

another bir diğer
another diğer bir
another one bir başka
another one bir başkası
another one bir diğeri
answer cevap
to answer cevap vermek, cevaplamak
any hiç, herhangi
anybody, nobody (hiç) kimse
anything, nothing hiçbir şey
anyway, whatever neyse, her neyse
apart from ...... -in/ın/ün/un dışında
apart from this/that bunun/onun dışında
to apologize özür dilemek
(I) apologize özür dilerim
to appear görünmek
apple elma
application başvuru
application date başvuru tarihi
to apply başvurmak
appointment randevu
to make an appointment randevu almak
to appreciate takdir etmek
to approve onaylamak
approximate(ly), about yaklaşık
approximately ortalama, aşağı yukarı
April nisan
apron önlük
aquarium akvaryum
Arabic (language) Arapça
architect mimar
area, region alan, semt, bölge
to argue, to discuss tartışmak
arm kol
armchair, seat koltuk
around etrafında, çevresinde
around there oralarda
around this time bu zamanlarda
to arrange düzenlemek
arrival geliş, varış
to arrive gelmek, varmak
arrogant küstah
arrow ok
arrow sign ok işareti
art sanat
artist, actor sanatçı
as far as -a kadar, -e kadar
as if -miş/-mış/-müş/-muş gibi
as if sanki
as it used to be, as before eskisi gibi
as olarak
as soon as -ir -mez
Asia Asya
to ask sormak
to assume, to think zannetmek
at a discount, reduced indirimli
at -de/-da
at home evde

at least en azından
at night geceleyin
at this time of the night gecenin bu saatinde
at noon öğleyin, öğlen
at once bir an önce
at six altıda
at that moment şu anda, bu sırada
at the same time aynı zamanda
at the weekend hafta sonunda
at this time of the year yılın bu zamanında
at those places, thereabouts oralarda
at, on, in -da, -de
to attach, to wear, to put on takmak
attention, interest ilgi
aubergine patlıcan
August ağustos
aunt (mother's sister) teyze
author yazar
autumn sonbahar
available, suitable, convenient müsait
to be aware (of) farkında olmak

baby bebek
back geri, arka
backgammon tavla
backwards geriye, geriye doğru
bad kötü, fena
bag çanta
bag seller, bag shop çantacı
balcony balkon
ball top
banana muz
bank banka
banker, bank employee bankacı
bank manager banka müdürü
bar bar
barman barmen
to barbecue barbekü yapmak
barbecue mangal
barber berber
to bargain pazarlık yapmak
basic, main temel
basketball basketbol
bathroom banyo
battery pil
bay koy
to be born doğmak
beach plaj
bean fasulye
bear ayı
to bear dayanmak, katlanmak
to beat, to overcome yenmek
beautiful güzel
beauty güzellik
because çünkü
because of ...... yüzünden, -den/-dan dolayı
because of this bunun için, bundan dolayı

because of that ondan dolayı, onun için
bed yatak
bedroom yatak odası
beer bira
before önce
before .... ing -den önce, -dan önce
before .... -den önce, -dan önce
before noon öğleden önce
before that, previously ondan önce
beforehand önceden
to begin başlamak
to behave davranmak
behaviour davranış
behind arkasında, arkada
beige bej
to believe inanmak
bell zil
to belong to ait olmak
belonging, thing, furniture eşya
benefit fayda, yarar
beside, next to yanında
besides, as well as yanı sıra
best en iyi
bet bahis
to bet bahse girmek
better daha iyi
between, among arasında
bicycle bisiklet
big büyük
bill, account hesap
bird kuş
birth doğum
birthday doğum günü, yaş günü
black siyah
blackberry böğürtlen
blanket battaniye
bleach çamaşır suyu
bless you çok yaşa
block of flats apartman
blood kan
blouse bluz
blue jeans blucin
blue mavi
light blue açık mavi
dark blue koyu mavi
boat tekne, bot
boat trip tekne gezisi
body vücut
to boil kaynamak
bon appétit (enjoy your meal) afiyet olsun
book kitap
to book, to make a reservation yer ayırtmak
bookseller, bookstore kitapçı
boot çizme, bot
to get/be bored canı sıkılmak
to get/be bored sıkılmak
boring sıkıcı
to be born doğmak

the Bosphorus Boğaz, Boğaziçi
boss patron
both (of them) ikisi de
both .... and .... hem .... hem de ....
both ikisi
bottle şişe
bottom alt, dip
boulevard bulvar
box kutu
boy oğlan, erkek çocuk
boyfriend erkek arkadaş
bracelet bilezik
brain beyin
branch office şube
bread ekmek
to break down bozulmak
to break kırmak, kırılmak
to break off engagement nişan bozmak
breakfast kahvaltı
bridge köprü
to bring down, to lower indirmek
to bring getirmek
broad geniş
brochure broşür
broken, out of order bozuk
brother erkek kardeş
brother or sister kardeş
brown kahverengi
to browse bakmak
brush fırça
to brush fırçalamak
to brush teeth diş fırçalamak
bug, insect böcek
to build inşa etmek
builder inşaatçı
building bina
Bulgaria Bulgaristan
bunch demet
a bunch of flowers bir demet çiçek
to burn yanmak
to burn something yakmak
bus otobüs
bus stop otobüs durağı
bush çalı
businessman iş adamı
businesswoman iş kadını
business trip iş gezisi
busy, occupied meşgul, yoğun
but ama, fakat
butcher kasap
butter tereyağı
butterfly kelebek
button düğme
to buy, to purchase satın almak, almak
by mistake yanlışlıkla
by the end of -(n)in sonunda/sonuna kadar
by the seashore deniz kenarında
by yanında

by ile, -la, -le
by, on the edge of kenarında
by/around this time bu saatlerde

caffeine kafein
cake kek
cake (gateau) pasta
to call (telephone) aramak, telefon etmek
to call (out) çağırmak
called, so that diye
camel deve
camera joke kamera şakası
camera kamera
camp kamp
can be, may be, maybe, possible olabilir
can -abil, -ebil
Canada Kanada
to cancel iptal etmek
candidate, applicant aday
candle mum
capital city başkent
captain kaptan
car araba
car park otopark
card kart
to care aldırmak
care, attention dikkat
careful dikkatli
to be careful dikkatli olmak
careful, carefully dikkatli
carefully dikkatlice
careless dikkatsiz
caricature karikatür
carpenter marangoz
carpet halı
carpet seller halıcı
carpet shop halıcı
carrier bag torba
carrot havuç
to carry taşımak
casserole, stew güveç
castle kale
cat kedi
to catch yakalamak
cautious tedbirli
cave mağara
to celebrate kutlamak
celeriac kereviz
centre merkez
century yüzyıl
certain emin, kesin, belirli
chair sandalye
chance şans, tesadüf, fırsat
change bozuk para
change değişiklik
to change değişmek
to change (something) değiştirmek

to change (to vary) değişmek
to change/replace something değiştirmek
chap adam
charge şarj
to charge şarj etmek
charger şarj cihazı
to chat sohbet etmek
cheap ucuz
to check kontrol etmek
cheerful neşeli
cheers şerefe
cheese peynir
chemist (pharmacist) eczacı
chemist's eczane
cherry kiraz
chicken tavuk, piliç
child çocuk
childhood çocukluk
China Çin
Chinese (language) Çince
Chinese (person) Çinli
chocolate çikolata
to choose, to select, to elect, to pick seçmek
to chop doğramak
cigarette sigara
cigarette lighter çakmak
cigarette lighter socket (in car) çakmak soketi
cinema sinema
circle daire
city şehir, kent
class, grade, classroom sınıf
clean temiz
to clean temizlemek
clear açık, berrak
clever, intelligent zeki
clever, smart, wise akıllı
cliff, precipice uçurum
climate change iklim değişikliği
climate iklim
to climb tırmanmak
clock saat
clock, watch, hour saat
close friend dost, yakın arkadaş
to close kapamak, kapatmak
close, near yakın
to be closed for holiday tatil olmak
closed, overcast kapalı
closest en yakın
clothes giysi
cloud bulut
cloudy bulutlu
cloudy (blurry) bulanık
club kulüp
coach otobüs, antrenör *(trainer)*
coach station otogar
coast sahil, deniz kenarı
coat palto
coffee kahve

coffee table sehpa
coincidence tesadüf
cola kola
cold soğuk
to be cold üşümek
cold wave soğuk hava dalgası
collar tasma
to collect toplamak, biriktirmek
to collide çarpışmak
colour renk
colourful renkli
comb tarak
to comb taramak
to come across/run into karşılaşmak
to come gelmek
come on, let's ..., haydi, hadi
to come to mind akla gelmek
to come true gerçekleşmek
to come unstitched sökülmek
comfortable rahat
command komut
communication iletişim
company, firm şirket
to compare karşılaştırmak
competition yarışma
to complain şikâyet etmek
complaint şikâyet
complete tam, tamam
to complete tamamlamak
compulsory, obligatory zorunlu
computer bilgisayar
computer firm bilgisayar firması
concerning hakkında
concert konser
condition, situation durum
to congratulate tebrik etmek
to connect bağlamak
connection bağlantı
to consider göz önüne almak
consonant sessiz harf
construction inşaat
to consult danışmak
consultant danışman
contagious bulaşıcı
to continue, to keep on devam etmek
continuously sürekli, sürekli olarak
cook aşçı
to cook meal yemek pişirmek
to cook pişirmek, yemek yapmak
cooker, January ocak
cool box buzluk
to cool down serinlemek, soğumak
cool, chilly serin
coordinate koordinat
copy kopya
to copy kopyalamak
corn mısır
corner köşe

to correct, to straighten düzeltmek
correct, true, straight doğru
cost fiyat
cotton pamuk
to cough öksürmek
cough öksürük
to count saymak
country ülke
couple, pair çift
a couple of ......, several birkaç (tane)
courage cesaret
courageous, brave cesaretli, cesur
course kurs
cousin kuzen
cover, cloth örtü
cover, lid, cap kapak
cow inek
to create yaratmak, var etmek
credit kredi
credit card kredi kartı
crisps cips
crispy çıtır çıtır
to criticize eleştirmek
crocodile timsah
to cross (karşıya) geçmek
cross, angry kızgın
crowd kalabalık
crowded, crowd kalabalık
to cry ağlamak
to cry out bağırmak
cucumber salatalık
culture kültür
cultural kültürel
cup fincan
cupboard dolap
to be curious merak etmek
curtain perde
cushion, pillow yastık
custom, tradition âdet
customer, client müşteri
to cut kesmek
cute sevimli
Cyprus Kıbrıs

dad baba
daffodil nergis
daily günlük
damp rutubetli, nemli
dance dans
to dance dans etmek
dangerous tehlikeli
dark karanlık, koyu
darling, dear, honey yavrum
date, history tarih
daughter kız
day gün
Dear... (informal) Sevgili...

debt borç
December aralık
to decide karar vermek
decision karar
deep derin
to defend savunmak
to define tanımlamak
deer geyik
definitely, certainly kesinlikle, mutlaka
deflated inik
degree, thermometer derece
to delay geciktirmek
delicious nefis
to deliver teslim etmek
to demolish yıkmak
dentist diş hekimi, dişçi
to depart hareket etmek
departure kalkış
to describe tanımlamak
to describe, to give directions tarif etmek
description, direction tarif
desert çöl
to design tasarlamak
to desire arzu etmek, arzulamak
desperate, hopeless umutsuz
determined azimli
to develop (something) geliştirmek
device cihaz
diary ajanda, günlük
dictionary sözlük
to die ölmek
diet rejim
difference fark
different değişik, farklı, ayrı, başka
difficult zor
digital dijital
to direct yönlendirmek, yönetmek
direction yön
dirty dishes bulaşık
dirty kirli, pis
to disappear, to vanish yok olmak
to discuss tartışmak, ele almak
to disrupt/spoil sleep uyku kaçırmak
distance uzaklık
distant uzak
distress, boredom, hardship sıkıntı
district, neighbourhood mahalle
district, region bölge
to disturb rahatsız etmek
to be disturbed rahatsız olmak
to do the washing çamaşır yıkamak
to do, to make yapmak
to do/make/perform etmek
doctor doktor
document doküman
dog köpek
dollar dolar
do not worry merak etme

door, gate kapı
dormitory yurt
dough, pastry hamur
to download indirmek
downwards aşağı, aşağıya
to draw çizmek
drawer çekmece
dream rüya
to dream (in sleep) rüya görmek
to dream (imagine) hayal kurmak
dress elbise
to dress up iyi giyinmek
drink içecek, meşrubat
to drink içmek
drink, alcoholic drink içki
to drive/ride (car, horse, bike) sürmek
driver şoför
to drop (something) düşürmek
drowsy uykulu
drunk (passive form of 'to drink') içilir
drunk sarhoş
dry beans, haricot beans kuru fasulye
dry kuru
to dry kurumak, kurutmak, kurulamak
Dutch (person) Hollandalı
duty görev
dye boya

each her
each other birbiri, birbirleri
each/every time her seferinde
ear kulak
early erken
to earn kazanmak
earnings kazanç, gelir
earring küpe
earth dünya, toprak
easily kolayca
east doğu
easy kolay
to eat yemek
to eat/have a meal yemek yemek
edge, side kenar
effort çaba
egg yumurta
eight sekiz
eighty seksen
either ... or ... ya ... ya (da) ...
elder brother ağabey, abi
elder sister abla
elderly yaşlı
electric elektrik
electrician, electrician's elektrikçi
else başka, ayrıca
to be embarrassed utanmak, bozulmak
e-mail e-posta (elektronik posta)
to employ, to recruit işe almak

empty (uncrowded), quiet tenha
empty space/seat, vacancy boş yer
empty, free, vacant boş
to end bitirmek
end son
enemy düşman
energy enerji
engaged (to be married), fiancé(e) nişanlı
engine motor
engineer mühendis
England İngiltere
English (language) İngilizce
English (person) İngiliz
English lesson İngilizce dersi
to enjoy tadını çıkarmak
enough yeter, yeterli
to be enough yetmek
enough, sufficient yeter
to enrol, to register kaydolmak
to enter girmek
entertaining eğlenceli
entertainment, fun, amusement eğlence
entrance, entry giriş
entry giriş
envelope zarf
environment çevre
environment, media ortam
equal eşit
error, mistake, fault hata
especially özellikle
to establish, to found kurmak
estate agent emlakçı
Europe Avrupa
even bile, hatta
even if -se bile, -sa bile
evening akşam
in the evening akşam, akşamleyin
event, occurrence, incident olay
eventually, at last nihayet, sonunda
ever şimdiye kadar, hiç
every evening her akşam
every her
every month her ay
every night her gece
every day her gün
every morning her sabah
every summer her yaz
every week her hafta
everybody herkes
everything her şey
everywhere her yer
exact, exactly, whole, just tam
exactly tam olarak
exam sınav
to examine incelemek, muayene etmek
example örnek
except hariç
exciting heyecanlı, heyecan verici

excited heyecanlı
excluded, except hariç
exercise alıştırma
to exist var olmak
exit çıkış
to expect beklemek, ummak
expensive pahalı
experience tecrübe
experienced deneyimli, tecrübeli
to explain açıklamak
eye göz
eyeglasses, spectacles gözlük

fabulous harika, inanılmaz
face yüz
facing one another, mutual(ly) karşılıklı
factory fabrika
to fade solmak
to faint bayılmak
to fall asleep uyuyakalmak
to fall down aşağı düşmek
to fall düşmek
to fall in love âşık olmak
family aile
as a/with the whole family ailece
famous meşhur, ünlü
to fancy canı çekmek
far away uzakta
far uzak
farm çiftlik
fascinating büyüleyici
fast, quick hızlı, çabuk
fat şişman *(person)*, yağ *(on meat)*
father baba
faultless, perfect kusursuz
faulty, defective defolu
favour iyilik
to fear korkmak
fear korku
February şubat
fee, price ücret
to feed beslemek
to feel dizzy başı dönmek
to feel hissetmek
feeling duygu
female dişi, kadın
female, lady bayan
ferry vapur
few az
field kır, tarla
figure, digit rakam
file, folder dosya
to fill (in) doldurmak
film, movie film
to find bulmak
fine güzel, iyi
finger parmak

to finish (something) bitirmek
to finish bitmek
fire fighter itfaiyeci
fire yangın, ateş
fireplace şömine
firm, company firma
first birinci, ilk
first of all ilk önce, her şeyden önce
first, firstly, ago, before önce
first, for the first time ilk
for the first time ilk defa
fish balık
to fit uymak
five beş
five each beşer
five years ago beş yıl önce
flame alev
flat daire *(apartment)*, düz *(straight)*
flight uçuş
floor yer, kat *(storey)*
florist çiçekçi
flower çiçek
flowerpot saksı
flu grip
fly sinek
to fly uçmak
to follow takip etmek, izlemek
food stand büfe
food yiyecek
foot ayak
football futbol
footballer futbolcu
footpath, path patika
footstep adım
for a long time çoktan beri, uzun süredir
for a while bir süre
for example örneğin
for için, -e/-a
for now şimdilik
for sale satılık
for the first time ilk defa, ilk kez, ilk sefer
for the moment şimdilik
for two days iki gündür
for two people iki kişilik
forbidden yasak
foreign country yabancı ülke
foreign exchange döviz
foreign language yabancı dil
foreigner, foreign, stranger yabancı
forest orman
to forget unutmak
to forgive affetmek
forgive me, sorry kusura bakmayın
form form
fortunately, luckily neyse ki, şans eseri
forty kırk
forward ileri
foundation (building) temel

four dört
fox tilki
frame çerçeve
France Fransa
free (free of charge) bedava, ücretsiz
free (not imprisoned) özgür
French (language) Fransızca
French (person) Fransız
fresh taze
Friday cuma
fridge buzdolabı
friend arkadaş, dost
to be friends arkadaş olmak
friends arkadaşlar
to be/make friends with arkadaşlık etmek
friendship arkadaşlık
from a distance uzaktan
from above, from the top yukarıdan
from between/among arasından
from -den, -dan
from now on artık
from outside dışarıdan
from time to time zaman zaman
front door sokak kapısı
front ön
in front of .... -in önünde
fruit meyve
fuel, petrol benzin
full dolu, tam
fun eğlence
to have fun eğlenmek
funny komik
to furnish döşemek
furniture mobilya
further on, ahead ileride
future, next gelecek
in the future gelecekte, ileride

to gain kazanmak
game oyun
gap aralık
garage garaj
garden bahçe
gardener bahçıvan
gas gaz, benzin *(petrol)*
gate kapı
to gather toplamak
gel jel
gelatine jelatin
gender cinsiyet
general genel
generally (usually) genellikle
generally, in general genelde
gentle kibar
German (person) Alman
German (language) Almanca
Germany Almanya

to get almak
to get along anlaşmak, geçinmek
to get angry kızmak
to get close, to approach yaklaşmak
to get divorced boşanmak
to get dressed giyinmek
to get engaged (in order to marry) nişanlanmak
to get fat, to put on weight şişmanlamak
to get locked out kapıda kalmak
to get married evlenmek
to get off inmek
to get off a plane uçaktan inmek
to get on, to get by geçinmek
to get on/in a bus/car, to ride a bicycle/horse binmek
to get out of (taxi, car) inmek
to get ready/prepared hazırlanmak
to get something through geçirmek
to get thirsty, to be thirsty susamak
get well soon geçmiş olsun
to get/be angry kızmak
to get/be fed up bıkmak
to get/stand up, to depart, to take off kalkmak
gift hediye
girl, daughter kız
to give a gift hediye vermek
to give a party parti vermek
to give something as a gift hediye etmek
to give vermek
glacier, iceberg buzul
glad, happy memnun
glass (for alcoholic drink), wine glass kadeh
glass (tumbler) bardak
glass cam
to go bad/off (food) bozulmak
to go/climb down inmek
to go for a stroll gezmeye gitmek
to go for a walk yürüyüşe gitmek
to go forward, to move ahead ilerlemek
to go gitmek
to go in, to enter girmek
to go on a boat trip tekne gezisine çıkmak
to go on holiday tatile gitmek
to go out dışarı çıkmak
to go out for a stroll gezmeye çıkmak
to go out for a walk yürüyüşe çıkmak
to go to bed, to lie down yatmak
to go to the theatre tiyatroya gitmek
to go gitmek
to go/come out, to come out/off çıkmak
to go out on a date çıkmak
to go up çıkmak
going/coming back dönüş
gold altın
golf golf
good evening iyi akşamlar
good idea iyi fikir
good iyi
good morning günaydın

it's good (that) .... iyi ki
good, well iyi
goodbye hoşça kal
gosh (exclamation) ya!
gossip dedikodu
GPS coordinates GPS koordinatları
to graduate mezun olmak
grammar gramer
grandchild torun
grandfather büyükbaba, dede
grandmother (father's mother) babaanne
grandmother (mother's mother) anneanne
grape üzüm
grass çimen, çim
great büyük, çok iyi
Greece Yunanistan
Greek (language) Yunanca
Greek (person) Yunan, Yunanlı
green beans yeşil fasulye
green yeşil
greengrocer's shop manav
greengrocer manav
grey gri
grocery store, grocer bakkal
ground yer
group grup
to grow büyümek
to grow, to grow up yetişmek
to grow, to raise yetiştirmek
guess, forecast tahmin
to guess, to predict tahmin etmek
guest house pansiyon
guest misafir
guide rehber, kılavuz
guitar gitar
guitarist gitarist
gun silah
guy adam

hair saç
hairdresser, hairdresser's kuaför
half buçuk, yarım
half of .... -in/-ın/-ün/-un yarısı
half past noon/midnight yarım
hammer çekiç
hand el
handful avuç dolusu
handkerchief mendil
handsome yakışıklı
to hang asmak
to happen, to become olmak
happy mutlu
to harass sataşmak
harbour liman
hard sert, zor *(difficult)*
hardworking çalışkan
hat şapka

to hate nefret etmek
haunted perili
to have a bath banyo yapmak
to have a boat trip tekne gezisi yapmak
to have a cold üşütmek, nezle olmak
to have a haircut saç kestirmek
have a happy .... kutlu olsun
to have a holiday tatil yapmak
have a nice day iyi günler
have a nice holiday iyi tatiller
have a nice journey iyi yolculuklar
to have breakfast kahvaltı etmek/yapmak
to have fun eğlenmek
have fun iyi eğlenceler
to have headache başı ağrımak
to have sahip olmak
have to, supposed to, to be necessary gerekmek
he o
head kafa
headache baş ağrısı
headline, title, heading, headgear, cap başlık
health sağlık
healthy sağlıklı
to hear, to feel duymak
heart kalp
heat sıcaklık
heat wave sıcak hava dalgası
heaven cennet
heavy, slow ağır
helicopter helikopter
hello merhaba
help yardım, imdat
to help yardım etmek
helpful yardımcı
to be helpful yardımcı olmak
her onun
to her/him/it ona
her/his friends arkadaşları
(at) here burada
(to) here buraya
(from) here buradan
here you are buyurun
hereabouts, around here buralarda
hereabouts, near, recently yakınlarda
heritage, inheritance miras
to hesitate tereddüt etmek
to sweat terlemek
hi selam
to hide, to keep, to store saklamak
hide-and-seek saklambaç
high school lise
high, loud yüksek
hill tepe
him onu, ona
to hire kiralamak
his onun
historical place tarihî yer
historical tarihî

history tarih
to be hit/knocked/shot vurulmak
to hit, to knock, to shoot vurmak
to hit, to strike çarpmak
to hold tutmak
hole delik
holiday tatil
Holland Hollanda
home ev
home-made meal ev yemeği
honey bal
honeymoon balayı
hook, catch kanca
to hope ummak
hope ümit, umut
hopeful umutlu
hopefully inşallah
horizon ufuk
horse at
hospital hastane
hostess, stewardess hostes
nice, pleasant hoş
hot sıcak
hotel otel
hour saat
house, home ev
housewife ev hanımı
housework ev işi
how are things, what's up ne haber
how are you nasılsın, nasılsınız
how is it going nasıl gidiyor
how many each kaçar (tane)
how many hours kaç saat
how many kaç (tane)
how many people kaç kişi
how many times kaç defa, kaç kere
how many times kaç kez, kaç sefer
how many years kaç sene
what time (saat) kaçta
how much (price) kaça, ne kadar
how much (amount) ne kadar
how nasıl
to hug one another kucaklaşmak
huge kocaman
human, person insan
hundred, face yüz
to be/get hungry acıkmak
hungry aç
I'm hungry acıktım, açım
to hurry acele etmek
hurry up acele et
hurry, rush telaş
to hurt acımak, acıtmak
husband koca

I ben
I am bored canım sıkılıyor

I hope, hopefully umarım
I suppose, I think sanırım
I understand anlıyorum
I wonder (if) acaba
I'm not sure emin değilim
I'm pleased memnun oldum
ice buz
ice-cream dondurma
idea fikir
if eğer, -sa, -se, şayet
*if only ..., I wish ...*keşke
ignore aldırmamak
to be ill hasta olmak
I'm fine, goodness iyilik
I'm sure eminim
to imagine hayal etmek
important önemli
impossible imkânsız
to improve ilerletmek, ilerlemek
in a .... way, in the act/event of .... hâlinde
in a different way farklı bir şekilde
in a short time kısa zamanda
in a/one day bir günde
in front of önünde
in front önde
in his/her twenties yirmili yaşlarda
in içinde
in my life hayatımda
in my opinion, according to me bence
in no way, by no means bir türlü
in other words, I mean yani
in spite of, although, despite rağmen
in that case, then öyleyse
in the beginning, at first ilk zamanlar
in the end, finally, at last sonunda
in the evening akşamleyin
in the evenings akşamları
in the future gelecekte
in the meantime, by the way bu arada
in the mornings sabahları
in the morning sabahleyin, sabah
in the near future, recently yakın zamanda
in olden times eski zamanlarda
in the past eskiden
in the summer yazın
in their lives hayatlarında
in winter kışın
in your opinion, according to you sence, sizce
included dâhil
income, earnings kazanç
to increase artmak
to increase (something) artırmak
indeed gerçekten de
independent bağımsız
industry endüstri
to inflate şişirmek
to inform, to let someone know haber vermek
information bilgi

information, advice, consultation danışma
ingredient, material malzeme
insect böcek
instead of ..... -eceğine, -acağına
instead of ..... -ecek yerde, -acak yerde
instead of .... -in/-ın/-ün/-un yerine
instead of ..... -mek/-mak yerine
instead of that onun yerine
instead onun yerine
to be interested ilgilenmek
interesting ilginç
international uluslararası
interpreter tercüman
interval aralık
interview röportaj
interview, meeting görüşme
inexperienced tecrübesiz
to introduce (somebody to another) tanıştırmak
invalid geçersiz
invitation davetiye
to invite davet etmek
invoice, bill (electricity bill, etc.), receipt fatura
inwards, in içeri, içeriye
Iraq Irak
Ireland İrlanda
Irish İrlandalı
iron ütü
to iron ütü yapmak, ütülemek
iron ütü, demir *(metal)*
is that all right, is it ok olur mu
is that right, is that so, really öyle mi
island ada
is it not değil mi
it is all right, ok olur
it makes no difference fark etmez
it o
it's good (that) .... iyi ki
Italian (language) İtalyanca
Italian (person) İtalyan
Italy İtalya
item, piece tane
it's not clear, it's not known belli değil
it's not important önemli değil

jacket ceket, mont
jam reçel
January ocak
Japan Japonya
Japanese (language) Japonca
Japanese (person) Japon
jazz caz
jerrycan bidon
jeweller, jewellery shop mücevherci
job, profession meslek
job, work, business iş
to join katılmak
joke espri, şaka

to make a joke espri/şaka yapmak
journalist gazeteci
journey, travel seyahat
joy neşe, keyif
joyful neşeli, sevinçli
juicy sulu
July temmuz
to jump atlamak
jumper kazak
June haziran
just a moment ago az önce, biraz önce
just in case her ihtimale karşı, ne olur ne olmaz
just now daha şimdi
just sadece, yalnızca

kangaroo kanguru
kebab (grilled meat dishes) kebap
kebab shop kebapçı
to keep a diary günlük tutmak
to keep a promise söz tutmak
keep the change üstü kalsın
to keep, to hold, to hire tutmak
to keep/be quiet, to stop talking susmak
key anahtar
key ring anahtarlık
keyhole anahtar deliği
kilometre kilometre
kind çeşit, tür, tip *(type)*, nazik *(polite)*
to kiss öpmek
to kiss each other öpüşmek
kitchen, cuisine mutfak
knee diz
knife bıçak
to know (about), to be aware haberi olmak
to know bilmek
to know someone, to recognize tanımak
knowledge, information bilgi
to be known bilinmek
to be (well) known, recognized tanınmak

lady kadın, hanımefendi
lady, Mrs / Miss / Ms hanım
lake göl
lamp lamba
land arsa, arazi, toprak
to land inmek *(aeroplane)*, konmak *(bird, fly)*
landlord, landlady, homeowner ev sahibi
language dil
large geniş, büyük
to last sürmek
to last dayanmak
last month geçen ay
last night dün gece
last son, geçen
last Saturday geçen cumartesi
last time geçen sefer

last week geçen hafta
last year geçen yıl, geçen sene
last, end son
to be late gecikmek, geç kalmak
late geç
lately, recently son zamanlarda
later daha sonra
later on daha sonra, sonradan
later, then sonra
latest en geç
to laugh gülmek
laundry, underwear çamaşır
lawyer, solicitor avukat
to lead önderlik etmek
leader, chief önder, lider
leadership önderlik
leaf yaprak
to lean dayanmak
to learn, to find out öğrenmek
least en az
at least en az, en azından
to leave a message not bırakmak
to leave ayrılmak, terk etmek
to leave, to give up bırakmak
left sol
leftover artık
leg bacak
legal yasal
lemon limon
lemonade limonata
to lend ödünç vermek
length uzunluk, boy
lentil mercimek
less daha az
lesson ders
let it be, forget it, that's okay olsun
let's ..., come on, go on haydi
letter mektup, harf
lettuce marul
liar yalancı
library kütüphane
licence, driving licence ehliyet
to lie down uzanmak
to lie yalan söylemek
life hayat
lift asansör
to lift, to raise kaldırmak
light bulb ampul
light ışık, hafif *(not heavy)*, açık *(colour)*
to like hoşlanmak, sevmek
to like beğenmek, hoşa gitmek
like gibi
like that öyle
like this, such, in this way böyle
like, such as gibi
line hat, çizgi, satır
lip dudak
list liste

to listen dinlemek
litter, rubbish çöp
little (quantity), few az
little (small) küçük
to live yaşamak, oturmak (to reside)
lizard kertenkele
loads of bir sürü
local authority, district council belediye
local yerli (not foreign)
lock kilit
to lock kilitlemek
lonely yalnız
long uzun
to look after bakmak
to look at bakmak
to look for aramak
to look forward to dört gözle beklemek
to look like, to resemble benzemek
looks all right/fine iyi görünüyor
looks like it öyle görünüyor
looks like/as if .....gibi görünüyor
to lose kaybetmek
to lose weight zayıflamak
to be/get lost kaybolmak
lost, loss kayıp
lottery piyango
lottery ticket piyango bileti
to love, to like sevmek
low alçak
luck şans
lucky şanslı
lung akciğer
luxurious lüks
Lycian Way Likya Yolu

machine makine
mad deli
madam hanımefendi
magazine dergi
magnificent muhteşem
main, primary, mother ana
to make (something) come true gerçekleştirmek
to make a joke espri yapmak, şaka yapmak
to make an appointment randevu almak
to make dirty, to pollute kirletmek
make marka (make of a product)
to make noise gürültü yapmak
to make something up uydurmak
to make, to do yapmak
makeup makyaj
male bay, erkek
man erkek, adam, male
manager müdür
many çok
map harita
March mart
margarine margarin

mark iz, leke
market pazar, çarşı
married evli
to marry evlenmek
match (as in 'box of matches') kibrit
match (football) maç
to match eşleştirmek, uymak
matter, subject, topic konu
it doesn't matter önemli değil
maybe, perhaps belki
May mayıs
me beni, bana
to me, for me bana
meal, to eat yemek
to mean demek istemek
meat et
meatball köfte
mechanic, repairman tamirci
media medya
medicine ilaç, tıp (the study)
the Mediterranean Sea Akdeniz
to meet (for the first time) tanışmak
to meet (someone somewhere) buluşmak
to meet by chance rastlamak
meeting toplantı
melon kavun
to melt erimek
to melt (something) eritmek
member üye
memory (what is remembered) anı
memory hafıza
to mention bahsetmek
menu menü
message mesaj
metal metal
middle orta
in the middle ortada
might -ebil, -abil
mile mil
military police station jandarma karakolu
military police, gendarmerie jandarma
milk süt
million milyon
mind akıl
mine benim, benimki
minute dakika
mirror ayna
to miss (a vehicle, a chance), to kidnap kaçırmak
to miss someone/something özlemek
to mix karıştırmak, karışmak
mobile phone cep telefonu
moment an
Monday pazartesi
money para
monitor monitör
moon ay
month ay
more daha, daha çok, daha fazla

(once) more bir kere daha
more, much (daha) fazla
moreover, and in addition to that üstelik
morning, in the morning sabah
mosque cami
most çoğu, en
mostly, (the) most en çok
mostly, usually çoğunlukla
mostly, usually, generally genellikle
mother anne
motorcycle motosiklet
motorway services dinlenme tesisi/tesisleri
mountain dağ
mouse fare
moustache bıyık
mouth ağız
to move forward, to proceed yol almak, ilerlemek
to move hareket etmek
Mr bey
Mrs / Miss / Ms Hanım
much çok
much more çok daha fazla
mud çamur
muddy çamurlu
mulberry dut
to murmur mırıldanmak
muscle kas
museum müze
mushroom, cork mantar
music müzik
mussel midye
must -meli, -malı
to mutter söylenmek
my benim
my condolences başın(ız) sağ olsun
my life, my dear, darling hayatım
my mother and family annemler
my name benim adım
my one benimki
my son oğlum
my surname soyadım
my benim
my one benimki

name ad, isim
narrow dar
nation millet
national lottery millî piyango
national millî
nationality milliyet
native language ana dili
natural doğal
naturally doğal olarak
nature doğa
naughty yaramaz
navigation navigasyon
navy blue lacivert

near yakın
necessary gerekli, lazım
necessary, needed gerekli
necessity, need, have to gerek
neck boyun
necklace kolye
need ihtiyaç
to need, to be in need of ihtiyacı olmak
needed, have to, necessary lazım
negative olumsuz
to neglect ihmal etmek
neighbour komşu
neither .... nor .... ne .... ne de ....
never hiç, asla, hiçbir zaman
never mind, forget it boş ver
New Year's Day yılbaşı
new yeni
new year yeni yıl
New Zealand Yeni Zelanda
news haber(ler)
newspaper gazete
next month gelecek ay
next sonraki, gelecek *(future/coming)*
next week gelecek hafta
night gece
night, at night gece
the (river) Nile Nil Nehri
nine dokuz
ninetieth doksanıncı
ninety doksan
no hayır
no need gerek yok
no, goodness, charity hayır
no, it is not all right olmaz
nobody, anybody hiç kimse
noise gürültü
noisy gürültülü
no longer artık
no more bir daha, artık
none of .... (-in)/(-den) hiçbiri(si)
none of us hiçbirimiz
none, any, at all, nothing, never, ever hiç
nonsense, rubbish, silly saçma
noon, midday öğle
(at) noon öğleyin
north kuzey
nose burun
notebook defter
not again bir daha (hiç)
not değil
not enough, insufficient yetersiz
not to eat (yemek) yememek
not to know bilmemek
not to like, not to love sevmemek
not to spend (money/time) harcamamak
not to tell a lie yalan söylememek
not to waste boşa harcamamak
note not

nothing hiçbir şey, hiç
to notice fark etmek
noun isim
November kasım
now şimdi
nowadays bugünlerde
number numara, sayı, rakam
nurse hemşire

oar, paddle, shovel kürek
obvious, clear belli
occasionally ara sıra, arada bir
October ekim
of course, natural, surely tabii
of -den, -nin
to offer food, drink, etc. to a guest ikram etmek
to offer seat (to give seat) yer vermek
medicine ilaç
offer teklif
to offer, to propose teklif etmek
office büro, ofis
officer, attendant görevli
official, civil servant, clerk memur
often sık sık
oh dear ah canım
oh no! (exclamation) eyvah!
oil, fat yağ
oily, greasy, fatty yağlı
OK then, well then iyi o zaman
OK, all right oldu, tamam
old (objects) eski
old, elderly yaşlı
oldest en yaşlı, en eski
olive tree zeytin ağacı
olive zeytin
on foot yürüyerek
on leave izinli
on me (with me) bende
on Saturdays cumartesi günleri
on Sundays pazar günleri, pazarları
on the road yolda
on time zamanında
on üstünde, üzerinde
on you (with you) sende
on, in, at -de/-da
once bir kere, bir sefer, bir kez
once a day günde bir kere/kez/sefer/defa
once a week haftada bir kere/kez/sefer/defa
once upon a time bir zamanlar
one after the other üst üste
one, a, an bir
in a/one day (bir) günde
one day bir gün
one of .... -den/-dan biri(si)
one of .... -in/-ın/-ün/-un biri(si)
one of us birimiz
one of you biriniz

one thing on top of another üst üste
in a/one year bir yılda
one year later bir yıl sonra
onion soğan
only just daha yeni
only, just sadece, yalnızca
open açık
to open açmak
open, clear, light açık
to be opened açılmak
opposite aksi, karşı
or so, and so on, et cetera filan *(informal)*
or veya, ya da, yoksa
or, otherwise yoksa
orange juice portakal suyu
orange portakal
orange (colour) turuncu
to order ısmarlamak, sipariş vermek
order sipariş
other başka, diğer
other than ...... -in/-ın/-ün/-un dışında
other than this/that bunun/onun dışında
other, different, apart from başka
others başkaları
otherwise aksi takdirde
Ottoman Osmanlı
our bizim
our everything her şeyimiz
ours bizim, bizimki
out dışarı
to go out dışarı çıkmak
out, outside, outwards dışarı
outside dışarı
outside dışarıda
outside, at the outside of .... dışında
outwards dışarıya, dışarı
own kendi
to own sahip olmak
owner sahip

page sayfa
pain acı
paint boya
to paint boyamak
painter (artist) ressam
painter boyacı
pair çift
panties, underpants, pants külot
paper kâğıt
parachute paraşüt
to paraglide yamaç paraşütü yapmak
paragliding, gliding parachute yamaç paraşütü
parcel paket
pardon? efendim?
park park
to park park etmek
parsley maydanoz

to participate, to join katılmak
party parti
to pass geçmek
to pass, to hand uzatmak
passage pasaj
passenger yolcu
past geçmiş
pasta, macaroni makarna
patience sabır
patient sabırlı
to be patient sabırlı olmak, sabretmek
patisserie pastane
to pay attention, to be careful dikkat etmek
to pay ödemek
peace barış
pear armut
pedestrian yaya
pencil kalem
people halk, insanlar
pepper biber
perfect mükemmel
perfume parfüm
perhaps belki
period, duration, time süre
permission izin
to permit izin vermek, müsaade etmek
persistence, insistence ısrar
persistently ısrarla
person kişi
personnel, staff personel
petition dilekçe
petrol station benzin istasyonu, benzinci
photograph fotoğraf
to pick toplamak
picnic piknik
picture resim
piece parça, adet (unit)
pine çam
place, seat, ground, floor yer
to these places buralara
at these places buralarda
from these places buralardan
plain sade
plan plan
to plan planlamak
plant bitki
plaster alçı
plate tabak
platform peron, platform
to play a musical instrument, to ring çalmak
to play cards kart oynamak
play, game oyun
to play, to perform oynamak
player, actor, performer oyuncu
please lütfen
plot, land arsa
plug (on an electrical cord), receipt fiş
plumber muslukçu

pocket cep
pocket money harçlık
to point göstermek, işaret etmek
pointless anlamsız
pole kutup
police polis
pool havuz
poor fakir
to pop in uğramak
popcorn patlamış mısır
poppy gelincik
popular popüler
population nüfus
port liman
Portugal Portekiz
Portuguese Portekizce
position konum, yer, pozisyon
possible mümkün
possibly, perhaps belki, herhâlde
post office postane
to post postalamak
post, mail posta
postman, postwoman postacı
to postpone ertelemek
potato patates
to pour, to spill, to empty dökmek
practice pratik
to practise pratik yapmak
to prefer tercih etmek
pregnant hamile
to prepare hazırlamak
to get prepared hazırlanmak
prescription reçete
present (gift) hediye
presenter sunucu
to press basmak, bastırmak
to presume tahmin etmek, sanmak
presumably, I assume herhâlde
pretty sevimli, güzel
previous evvelki
previously, before daha önce
price fiyat
prime minister başbakan
to print out yazdırmak
to print basmak
printer yazıcı
private özel
probably muhtemelen, herhâlde, galiba
problem problem
product ürün
profession meslek
program program
to promise söz vermek
property eşya (belongings)
property emlak, mülk (real estate)
to provide sağlamak
to prune budamak
public umumi, halk (people)

to pull çekmek
pump pompa
to purchase satın almak, almak
pure/bright white bembeyaz
to push itmek
to put koymak
to put on (dress) giyinmek, giymek
to put on charge şarja takmak
to put on makeup makyaj yapmak
to put on (tie) takmak
to put up with katlanmak, çekmek

quality kalite
to quarrel münakaşa etmek
quarter çeyrek
question soru
queue kuyruk, sıra
to be in the queue sırada/kuyrukta olmak
to queue up sıraya/kuyruğa girmek
quick çabuk
to be quick çabuk olmak
quickly çabucak
quickly, fast çabuk
quiet sessiz
quiet, calm sakin
quietly sessiz sessiz, sessizce
quite oldukça

rabbit tavşan
radio radyo
railway demiryolu
rain yağmur
to rain yağmur yağmak
rainy yağmurlu
rarely nadiren
raw çiğ, ham
to reach (out) uzanmak
to reach ulaşmak
to read okumak
ready hazır
to be/get ready hazır olmak
to get ready/prepared hazırlanmak
real estate, property emlak
real, true, truth gerçek
really, truly gerçekten
really? gerçekten mi?
rear, back, behind arka
reason, cause neden, sebep
to receive almak
recently, just now, new yeni
recipe yemek tarifi
to recognize tanımak
to be recognized tanınmak
to recommend tavsiye etmek
to recover iyileşmek, kurtarmak
red kırmızı

to refuse reddetmek
regarding -a/-e dair, hakkında, ile ilgili
region bölge
to register kayıt olmak
to regret pişman olmak
regular, tidy düzenli
regularly düzenli olarak
related -a/-e dair, ile ilgili
relative akraba
religious/national/public holiday bayram
to rely güvenmek
to remain, to be left, to stay kalmak
to remember hatırlamak
to be remembered hatırlanmak
to remind hatırlatmak
to remove çıkartmak, çıkarmak
rent kira
to rent out kiraya vermek
to rent, to hire kiralamak
repair tamir, tamirat
to repair tamir etmek
to repeat tekrar etmek, tekrarlamak
reply cevap
to reply cevap vermek
report rapor
reporter, correspondent muhabir
republic cumhuriyet
to request rica etmek
to rescue kurtarmak
to research, to investigate araştırmak
reservation rezervasyon
residence ikamet
to resist dayanmak
respect saygı
respectful saygılı
to be respectful saygılı olmak
responsibility sorumluluk
to rest dinlenmek
restaurant restoran, lokanta
result sonuç
to retire emekli olmak
retired emekli
to return geri dönmek
return journey, turn dönüş
reverse, opposite (way round) ters
rice (meal) pilav
rice (grain) pirinç
rich zengin
to ride a bicycle bisiklete binmek
to ride (bicycle or horse) binmek, sürmek
right sağ
on the right sağda
right (correct) doğru
to ring the bell zil çalmak
ring yüzük
river nehir, ırmak
road, way yol
to roast kavurmak

to be roasted kavrulmak
rock kaya, taş
romantic romantik
room oda
rose gül
roughly, briefly şöyle bir, kabaca
round yuvarlak
row sıra *(queue, line)*
to rub sürtmek, ovmak
rubbish bin çöp kutusu
rubbish çöp *(garbage)*, saçma *(nonsense)*
rug kilim
rule kural
to run away, to escape kaçmak
to run koşmak
Russia Rusya
Russian (language) Rusça
Russian (person) Rus

sad üzgün
to be/feel sad/sorry üzülmek
sadness, sorrrow üzüntü
salad salata
salary maaş
sale ucuzluk
salesman, seller satıcı
salt tuz
salty tuzlu
same aynı
sand kum
sandwich sandviç
satnav navigasyon cihazı
Saturday Cumartesi
Saturday morning cumartesi sabahı
Saturday mornings cumartesi sabahları
saucepan tencere
sausage sosis
to save (up) biriktirmek
to save money para biriktirmek
say hello selam söyle
to say hello selam söylemek
to say söylemek, demek
scent koku
school okul
scissors makas
Scotland İskoçya
Scottish İskoçyalı
screen ekran
sea deniz
to search aramak
search engine arama motoru
seaside deniz kenarı, deniz kıyısı, sahil
season mevsim, sezon
seat koltuk
second (ordinal number) ikinci
second (a sixtieth of a minute) saniye
secondary school ortaokul

sector sektör
to see görmek
see you görüşürüz
seed tohum
to seem, to appear, to look görünmek
seems OK tamam gibi
to be seen görünmek
to select seçmek
self kendi
to sell satmak
seminar seminer
to send göndermek, yollamak
to send a card kart yollamak
sense duygu, duyu
to sense hissetmek *(to feel)*, algılamak
sentence cümle
to make a sentence cümle yapmak
separate ayrı
to separate ayırmak
to separate/get divorced/split up ayrılmak
September eylül
serious ciddi
to serve servis yapmak
to set kurmak, batmak (sun)
to set off on a journey yola çıkmak
to settle yerleşmek
seven yedi
seventh yedinci
seventy yetmiş
several birkaç (tane)
severe, strong şiddetli
to sew, to plant dikmek
shape şekil
to share paylaşmak
shared taxi dolmuş
sharing paylaşım, paylaşma
sharp keskin
shave tıraş
to have a shave tıraş olmak
she o
sheep koyun
sheet çarşaf
shelf raf
shell kabuk
to shine parlamak
shiny parlak
ship gemi
shirt gömlek
shoe ayakkabı
shoe polish ayakkabı boyası
shoe store, shoe seller ayakkabıcı
to shop alışveriş yapmak/etmek
shop, store dükkân, mağaza
shopping alışveriş
to do shopping alışveriş yapmak/etmek
to go shopping alışverişe gitmek
shopping mall alışveriş merkezi
shops, shopping centre, market çarşı

shore, coast kıyı, sahil
short (person) kısa boylu
short kısa
shortcut kestirme
shortly, a little later az sonra
shorts şort
shoulder omuz
to shout bağırmak
to show göstermek
shower duş
to shred ditmek
shutter kepenk
shy utangaç
sick, ill, patient hasta
side taraf, yan, kenar
to sign imza atmak, imzalamak
sign, mark işaret
signature imza
signboard, sign, plate levha
silent sessiz
silly, stupid aptal
silver gümüş
similar benzer
simple basit
since, for -den beri, -dan beri
since -meyeli, -mayalı
sincere samimi
to sing a song şarkı söylemek
*to sing (şarkı) söylemek
singer şarkıcı
single (unmarried person) bekâr
single, only tek
to sink batmak
sink lavabo
Sir beyefendi
Sir, Madam efendim
sister kız kardeş
to sit, to live (reside) oturmak
site site
six altı
sixty altmış
size ebat, beden, numara
ski kayak
to ski kayak yapmak
skin deri
skirt etek
sky gök, gökyüzü
sleep uyku
to sleep uyumak
sleepy uykulu
slice dilim
slightly hafifçe
slipper terlik
slow yavaş, ağır
slowly yavaşça, yavaş yavaş
small change bozuk para
small küçük, ufak
small, little, young küçük

smell koku
to smile gülümsemek
to smoke a cigarette sigara içmek
snow kar
to snow kar yağmak
snowstorm kar fırtınası
snowfall kar yağışı
snowman kardan adam
so .... that o kadar ...... ki, öyle ...... ki
so böylece
so, in this way, as a result, thus böylece
soap sabun
social sosyal
sock, stocking çorap
sofa kanepe
soft yumuşak
soil, earth, land toprak
soldier asker
solution çözüm
to solve çözmek
some (of them) kimi(si)
some bazı, biraz
some of ....-in/-den bazısı/bazıları/bir kısmı
some of you bazılarınız
someone else başka biri(si), başkası
someone like that öyle birisi
someone, one of .... (-in)/(-den) birisi
something else, anything else başka bir şey
something, anything bir şey
sometimes bazen, ara sıra, arada bir
(at) somewhere bir yerde
somewhere bir yer
son oğul
song şarkı
soon yakında
soon, in a little while, a little later birazdan
(I'm) sorry özür dilerim
sorry, excuse me affedersiniz
to sort out halletmek
to sound nice kulağa hoş gelmek
sound, voice ses
soup çorba
source kaynak
south güney
souvenir hediyelik eşya
space yer, boşluk
Spain İspanya
Spanish (language) İspanyolca
Spanish (person) İspanyol
spare time boş zaman
spare yedek
spare, much, too much, too many fazla
to speak konuşmak
special özel
specification özellik
speech konuşma
speed hız
to spend (money) harcamak

to spend (time) harcamak, geçirmek
spice baharat
spice shop, spice seller baharatçı
spinach ıspanak
spoon kaşık
sports match maç
spouse eş
spring ilkbahar
spring, fountain pınar
square kare
to squeak gıcırdamak
staff, personnel eleman
stairs merdiven
stale bayat
to stand ayakta durmak
to stand (put up with) katlanmak
to stand (resist) dayanmak
star yıldız
to start başlamak
start başlangıç
starter meze
state (condition) durum
state (government) devlet
station istasyon
to stay kalmak
steak biftek
to steal çalmak
steel çelik
step adım
stew etli/sebzeli sulu yemek
stewed fruit, compote hoşaf
to stick something yapıştırmak
to stick yapışmak
still, yet hâlâ
still, yet, however, though yine de
to stock (up) stoklamak
stock stok
stomach mide
stone taş
to stop durmak, durdurmak
stop, bus stop durak
to stop/drop by uğramak
store dükkân, mağaza
storm fırtına
story hikâye, masal *(tale)*
straight away, immediately hemen
straight düz, doğru
strange, awkward garip, acayip, tuhaf
stranger yabancı
strawberry çilek
street cadde, sokak
street, avenue cadde
street, road sokak
to stretch germek
to stretch, to extend uzatmak
string ip
to stroll, to tour, to walk around dolaşmak
strong kuvvetli, güçlü

student öğrenci
to study çalışmak
stuffed peppers biber dolma
stuffed vegetables dolma
subject konu
to succeed, to achieve başarmak
success başarı
successful başarılı
such a …. böyle/öyle/şöyle bir ….
such as örneğin
such (like that) böyle
suddenly aniden, birdenbire
to suffer çekmek
sufficient, enough yeterince, yeterli, yeter
sugar, sweets şeker
to suggest önermek
suggestion öneri
suit (men's) takım elbise
to suit yakışmak, uymak
suitable, convenient, appropriate uygun
suitcase bavul
summer holiday yaz tatili
summer yaz
in the summer yazın
sun güneş
to sunbathe güneşlenmek
Sunday morning pazar sabahı
Sunday mornings pazar sabahları
Sunday pazar
sunglasses güneş gözlüğü
sunny güneşli
super süper
to suppose, to think, to reckon sanmak
sure, certain emin
to be sure emin olmak
surname soyadı
surprise sürpriz
to be surprised, to be confused şaşırmak
surprising şaşırtıcı
surroundings etraf, çevre, dolay
to swap değiştirmek, değiş tokuş etmek
to swear küfür etmek
Sweden İsveç
Swedish (language) İsveççe
Swedish (person) İsveçli
to sweep süpürmek
sweet, dessert tatlı
to swim yüzmek
swimming costume mayo
swimming pool yüzme havuzu
Swiss İsviçreli
Switzerland İsviçre
Syria Suriye
system sistem

table masa
tablet (PC) tablet

tailor, dressmaker terzi
to take a look at göz atmak, göz gezdirmek
to take almak
take care (of yourself) kendine iyi bak
to take lesson ders almak
to take notice aldırmak
to take out çıkartmak, çıkarmak
to take permission izin almak
to take picture fotoğraf çekmek
to take place, to pass geçmek
to take shower duş almak
to talk konuşmak
to talk nonsense saçmalamak
talkative konuşkan
tall (person) uzun boylu
tangerine mandalina
tank, depot, warehouse depo
tap musluk
taste tat
to taste tatmak
taste, flavour lezzet
tasteless tatsız
tax vergi
taxi taksi
tea çay
tea garden çay bahçesi
to teach öğretmek
teacher öğretmen
team, kit, set takım
teapot çaydanlık
to tease, to get caught takılmak
technician teknisyen
telephone telefon
to telephone telefon etmek, aramak
television series televizyon dizisi
television televizyon
to tell anlatmak
to tell the truth doğrusu
temperature, heat sıcaklık, ısı
temporary geçici
ten on
tennis tenis
textile tekstil
than -den, -dan, -den/-dan daha
to thank teşekkür etmek
(I) thank you teşekkür ederim
(we) thank you teşekkür ederiz
thanks for your welcome hoş bulduk
thanks sağ ol *(informal)*
thanks sağ olun *(less informal)*
thanks teşekkürler *(informal)*
that much o kadar
that o, şu
that, so that ki
that's why onun için, ondan dolayı, o yüzden
the day after tomorrow öbür gün
the day before bir gün önce
the day before yesterday evvelki gün

the future gelecek
the next day ertesi gün
the other day geçen gün
the other night geçen gece
the other öbür, diğer, öteki
the other (one) öteki, diğeri, öbürü
the others diğerleri, öbürleri, ötekiler
the power went off elektrikler kesildi
the same aynı, aynısı
the two/both of us, you and I/me ikimiz
theatre tiyatro
their onların
them onları, onlara
then (at that time) o zaman
then (after that) ondan sonra
then (in that case) o zaman
then (those days) o zamanlar
there are, there is var
there are not, there is not yok
is there, are there var mı
therefore onun için, ondan dolayı, o yüzden
(at) there orada
(from) there oradan
(to) there oraya
there, that place orası
these bunlar
(to) these places buralara
(at) these places buralarda
(from) these places buralardan
they onlar
thick kalın
thief hırsız
thin, slim (not fat) zayıf
thin (opposite of 'thick') ince
thing şey
to think düşünmek
third üçüncü
thirty otuz
this bu
this evening, tonight bu akşam
this month bu ay
this morning bu sabah
this time bu sefer, bu kez, bu defa
this much, that's it bu kadar
this place, here burası
this time bu kez
this week bu hafta
this year bu sene, bu yıl
thorn diken
those onlar, şunlar
though yine de
thought düşünce
thousand bin
thread, string ip
three hours ago üç saat önce
three üç
throat boğaz
through arasından

to throw fırlatmak, atmak *(to dispose of)*
to throw to the bin çöpe atmak
thunder gök gürültüsü
Thursday perşembe
thus böylece
ticket bilet
to tidy up toplamak
to tie a tie kravat bağlamak
to tie bağlamak
tie kravat
time saat, zaman, vakit
time, occasion defa, sefer, kez, kere
timer zaman saati
timidly, bashfully, shyly çekinerek
tinned food konserve
tiny minik
tip bahşiş
to tip bahşiş vermek
tip, bit, extreme uç
tired yorgun
to be tired, to get tired yorulmak
to -a, -e
today bugün
together beraber, birlikte
toilet tuvalet
token jeton
tomato domates
tomorrow yarın
tongue, language dil
too, also, as well, and da, de
too much, too many (çok) fazla
tool alet
tool box takım çantası
tooth diş
toothache diş ağrısı
toothbrush diş fırçası
toothpaste diş macunu
top üst
torn, ripped yırtık
total toplam
to touch dokunmak
tour tur
to tour, to stroll, to walk around gezmek
tour, trip gezi
tourism turizm
tourist turist
touristic turistik
towards -a doğru, -e doğru
tower kule
town centre şehir merkezi
town square, (public) square meydan
town şehir, kent
tradition gelenek
traditional geleneksel
train tren
to transfer aktarmak
transparent saydam
travel, journey yolculuk

to travel seyahat etmek, yolculuk yapmak
treat, what's offered to a guest, discount ikram
tree ağaç
trip gezi, seyahat
tropical tropikal
trousers pantolon
true gerçek, doğru
trust güven
to trust, to rely on güvenmek
to try (to do something) çalışmak
to try denemek
T-shirt tişört
Tuesday salı
turbulence türbülans
Turkey Türkiye
Turkish (language) Türkçe
Turkish (person) Türk
Turkish pizza pide
Turkish ravioli mantı
to turn dönmek, sapmak
turn dönüş
to turn off kapamak, kapatmak *(light/TV/heater/PC)*
to turn on açmak *(light/TV/heater/PC)*
to turn on, to switch on yakmak *(light/heater)*
turquoise turkuaz
twenty yirmi
two of them ikisi
two of us ikimiz
two each ikişer
two iki
two months later iki ay sonra
two years ago iki sene önce
type tip, tür, çeşit
typical tipik
tyre, rubber lastik

ugly çirkin
umbrella şemsiye
unbelievable inanılmaz
uncle dayı
under altında
to understand anlamak
I understand anlıyorum
I do not understand anlamıyorum
do you understand anlıyor musun(uz)
don't you understand anlamıyor musun(uz)
underwear iç çamaşırı
undo (lit.: take it back) geri al
unfortunately maalesef, ne yazık ki
unhappy mutsuz
unit ünite
unit (piece) adet
universe evren
university üniversite
to unplug fiş çekmek
until, as far as -a kadar / -e kadar
up yukarı, yukarıda

to update güncellemek
to be upset/embarrassed bozulmak
upwards yukarıya
to us bize
us bizi
to use kullanmak
to be used to alışkın olmak
usual her zamanki
usually genellikle

vacancy boş yer (oda, pozisyon)
valid geçerli
valley vadi
valuable değerli
value, worth, price değer
variety, sort, kind, type çeşit
various çeşitli
to vary değişmek
vase vazo
vegetable sebze
vegetarian vejetaryen
vehicle araç
verb fiil
very early çok erken, erkenden
very little, very few çok az
very soon çok yakında
very, many, a lot, much çok
vest fanila
view, scenery manzara
view, vision görüntü
village köy
visit ziyaret
to visit ziyaret etmek
voice ses
vowel sesli harf, ünlü

waist bel
to wait beklemek
to wait in the queue sırada beklemek
to wait one's turn sıra(sını) beklemek
waiter garson
to wake someone up uyandırmak
to wake up uyanmak
walk (noun) yürüyüş, yürüme
to walk yürümek
wall duvar
wallet, purse cüzdan
to want istemek
to want to ..... -mek/-mak istemek
wardrobe gardırop
warm ılık
to warm up ısınmak
was, were idi, -di
to wash the dirty dishes bulaşık yıkamak
to wash yıkamak
to waste boşa harcamak

watch saat
to watch seyretmek
water su
to water, to irrigate sulamak
waterfall şelale
wave dalga
to wave hand el sallamak
way yol
we biz
we hope, hopefully umarız
to wear giymek, takmak
weather, air hava
web site web sitesi, internet sitesi
Wednesday çarşamba
week hafta
weekend hafta sonu
weekend, at the weekend hafta sonu
weekends, at the weekends hafta sonları
weekly haftalık
weight ağırlık
welcome hoş geldin, hoş geldiniz
well done aferin
well iyi
well, well then, all right peki
west batı
wet ıslak
what ne, neler
what else? başka?
what's it to you sana ne
what's the time saat kaç
what nationality, where from nereli
what's up ne haber
what's your job ne iş yapıyorsun(uz)
whatever, anyway her neyse
wheat buğday
wheel tekerlek
when? ne zaman?
when -ince
when -diğinde, -eceğinde
when -diği zaman, -eceği zaman
where (at) nerede
where (from) nereden
where (to) nereye
where, remember hani *(informal)*
whereabouts neresi
whether, if eğer, -sa/-se
which .... (in ordinal series) kaçıncı
which hangi
which one hangisi
while iken, -ken
while, as, when iken, -ken
whisky viski
whistle ıslık
to whistle ıslık çalmak
white beyaz
white cheese (feta cheese) beyaz peynir
white good beyaz eşya
who kim, kimler

who knows kim bilir
whole bütün
whose kimin
why neden, niçin, niye
why not neden olmasın
wide, large, broad geniş
wife karı
to win kazanmak
wind rüzgâr
window pencere
windy rüzgârlı
wine şarap
wing kanat
winter kış
to wipe silmek
wish dilek
to wish dilemek
to wish, to desire arzu etmek
with admiration hayranlıkla
with each other birbirleriyle
with friends arkadaşlarla
with her/him/it onunla, onla
with ile
with me benimle, benle
with meat etli
with a sea view deniz manzaralı
with strawberry çilekli
with them onlarla
with them, next to them yanlarında
with us bizimle
with what, by what neyle, ne ile
with whom kiminle, kimle
with, by -le, -la, ile
to withdraw (money) çekmek
without olmadan, -siz/-sız/-süz/-suz
without ......ing -meden, -madan
wolf kurt
woman kadın
to wonder merak etmek
wonderful harika
word kelime
to work çalışmak
work iş
worker işçi
workplace iş yeri
world dünya
to worry merak etmek
wrinkle kırışıklık
wrist bilek
to write yazmak
wrong, false yanlış
wood tahta

yacht yat
year sene, yıl
yellow sarı
yes evet

yesterday dün
yet, still, just now henüz
yogurt yoğurt
to you sana
you sen *(informal)*
you siz *(formal)*
young genç
youngster genç, delikanlı
your name adın, ismin *(informal)*
your name adınız, isminiz *(formal)*
your nationality milliyetin *(informal)*
your nationality milliyetiniz *(formal)*
your senin *(informal)*
your sizin *(formal)*
your surname soyadın *(informal)*
your surname soyadınız *(formal)*
yours senin, seninki *(informal)*
yours sizin, sizinki *(formal)*
you're welcome, not at all bir şey değil
youth gençlik

zero sıfır

Index

Notes

Made in the USA
Middletown, DE
24 August 2023

37327444R00126